Enterprise Independent Innovation Supporting System
operating mechanism–mechanism ofaction–system simulation

2012年
黑龙江省社会科学学术著作出版资助项目

企业自主创新支持系统

运行机制·作用机理·系统仿真

QIYE ZIZHU CHUANGXIN ZHICHI XITONG

杜 军 著

哈爾濱工業大學出版社

内容提要

本书在全面整理和分析现有企业自主创新系统、创新支持系统等理论的基础上，确定了企业自主创新支持系统的结构，并对其内涵、要素、结构功能、运行机制、作用机理进行了细致分析，提出了按照企业边界将企业自主创新支持系统划分为内部支持系统和外部支持系统的研究模式，构建了企业自主创新支持系统运行效果微粒群算法（PSO）评价模型。在此基础上，对黑龙江省装备制造企业自主创新支持系统的运行效果进行实证评价，并进行系统动力学（SD）仿真模拟。本书在理论上深化和发展了自主创新及其相关领域的研究；在实践上为优化黑龙江省装备制造企业自主创新支持系统提供了切实可行的方法和对策。

本书可供企业、科研机构、高校师生、政府部门的研究者、管理者和决策者参考，也适合对企业自主创新相关问题感兴趣的人士阅读。

图书在版编目（CIP）数据

企业自主创新支持系统：运行机制·作用机理·系统仿真/杜军著. —哈尔滨：哈尔滨工业大学出版社，2012.12

ISBN 978-7-5603-3866-8

Ⅰ.企… Ⅱ.①杜… Ⅲ.①企业创新－研究 Ⅳ.①F270

中国版本图书馆 CIP 数据核字（2012）第 291869 号

责任编辑　田新华
封面设计　李澜涛
出版发行　哈尔滨工业大学出版社
社　　址　哈尔滨市南岗区复华四道街 10 号　邮编 150006
传　　真　0451－86414749
网　　址　http://hitpress.hit.edu.cn
印　　刷　哈尔滨工业大学印刷厂
开　　本　787mm×960mm　1/16　印张 13.75　插页 2　字数 268 千字
版　　次　2012 年 12 月第 1 版　2012 年 12 月第 1 次印刷
书　　号　ISBN 978-7-5603-3866-8
定　　价　48.00 元

（如因印装质量问题影响阅读，我社负责调换）

序

半个多世纪以来，世界各国都在实现工业化和现代化的道路上进行着积极的探索。中东国家依靠其丰富的自然资源优势实现经济成长；拉美一些国家依附于美国的资本和市场，依靠区位优势拉动经济；亚洲一些发展中国家依靠低廉的劳动力成本和广阔的市场空间，吸引外部资本进入以增加国民财富；另外还有一些国家将科技创新作为带动经济发展的引擎，如美国、日本和德国等，国际学术界将其称为创新型国家。

2006 年中国人均国民收入达到 2 010 美元，按照世界银行的划分标准，中国步入中等收入国家的行列。在取得改革开放丰硕成果的同时，中国原有的土地和劳动力成本优势正逐步丧失，中国的经济腾飞需要新的驱动力。在此背景下，胡锦涛同志于 2006 年 1 月 9 日在全国科技大会上宣布了中国在 2020 年建成创新型国家的目标，将中国未来经济社会的发展寄托于科技实力的提升和经济转型的成功。

建设创新型国家，需要加快推进自主创新能力的建设。中国必须紧紧抓住新一轮世界科技革命的战略机遇，加快科技成果向生产力转化，谋求经济长远发展的主动权。国际上公认的创新型国家具有的显著标志是：科技进步对经济发展的贡献率在 70% 以上，研究与试验发展（R&D）投入占国内生产总值（GDP）的比重超过 2%，技术成果产业化能力强等。2011 年我国 R&D 经费支出 8 610 亿元，占 GDP 的 1.83%，已接近于创新型国家的水平；而科技进步对经济发展的贡献率目前国内尚没有统一标准，但从各地区通报的数据看，仅个别发达地区超过了 50%，并且技术成果产业化能力仍是薄弱环节。这说明，自主创新能力的提升不仅要依靠政府增加投入，而且如何调动企业研发积极性更是核心问题。

目前，我国企业家队伍还较弱，创新意识不强。近年来，受到部分行业（如房地产业）暴利的吸引，更是将企业家创业、创新的积极性降到了最低点。需要强调的是，没有一大批有创新积极性的企业家，大量科技成果只能躺在保险箱里“睡大觉”，难以形成经济效益和产业集群，创新就成了一句空话。同时，企业家的创新意识不仅受到创新氛围的影响，创新资源投入能力、知识存量以及为创新产品配套的先进制造和营销能力也会影响企业的创新风险，进而束缚企业家的手脚，使其难以将创新作为企业成长的核心战略。

另外，提升企业的创新意识，还要为企业家营造良好的市场环境、政策环境、资源配给环境、服务环境、技术环境和社会文化环境。国内学者的研究成果表明，现有许多环境条件并不利于创新，许多体制机制与创新要求也不相适应。比如，多数科技型企业的融资渠道并不畅通；对企业创新战略的研究与开发激励不够；风险资本投入的退出机制不健全；政策容易向已有产品倾斜，而对科技含量高但风险大的新产品并不热衷。在现有的政策框架内，能源消耗和资源浪费普遍存在，而新能源和新材料的开发利用则受到种种限制。因此，在一定程度上，环境保障是技术创新的前提，是激发创新主体积极性的原动力，是建设创新型国家的制度保障。

企业的内、外部因素共同构成了企业自主创新的支持系统。各要素之间相互作用、相互影响，外部因素除了作用和影响到企业内部因素的变化，也会直接影响企业的创新决策行为；而要素和要素之间也存在着交互作用关系。也就是说，企业创新的支持系统是一个复杂系统，必须基于复杂系统理论的研究才能做出恰当的解释。

杜军博士的这部《企业自主创新支持系统：运行机制·作用机理·系统仿真》，将企业自主创新支持系统视为复杂系统，在对企业自主创新的支持系统理论进行全面梳理和研究的基础上，通过微粒群算法(PSO)和系统动力学(SD)等分析工具，以黑龙江省装备制造业企业自主创新为对象展开研究工作，并为黑龙江省装备制造业企业自主创新支持系统的建设和发展提出了现实对策，展现了作者诸多独到的见解和分析，是中国大陆地区迄今出版的第一部全面解读和梳理企业自主创新支持系统理论和模型构建的专业理论书籍。我充满期待并相信此书的出版将会对企业推进自主创新，进而推动政产学研用协同创新大有裨益。

中国商业经济学会
商业经济应用与管理研究分会常务理事
2012年11月30日

前　言

自主创新作为集知识、经济与社会等多种因素交互作用的具有开放性、非线性特征的复杂巨系统，需要定位明确、功能完善的支持系统提供保障。推动企业自主创新的根本途径是构建企业自主创新支持系统，这是由影响企业自主创新过程的支持要素、条件要素的多样性、层次性决定的，更是由自主创新的复杂性与企业自主创新现状之间的矛盾所决定的。构建和分析企业自主创新支持系统，对于企业有效地培育和展现创新活力，建立和保持竞争优势，获得最佳经济效益具有重要的现实意义。

首先，本书从理论上构建了装备制造企业自主创新支持系统，分析其内涵、特征、结构及功能。具体包括对企业自主创新支持系统的内涵进行界定；探索自主创新支持系统与自主创新系统的关系；研究企业自主创新支持系统；分析企业自主创新支持系统的结构，并对各子系统的构成要素和功能进行分析，确定了按企业边界将装备制造企业自主创新支持系统分为内部支持系统和外部支持系统两部分的研究模式。其中，内部支持系统作为企业保持持续竞争力和发展力所必备的内部物质和文化环境，由管理与制度支持子系统、创新资源投入支持子系统、知识存量支持子系统、生产制造支持子系统、市场营销支持子系统构成；外部支持系统则是指企业外部与创新系统相联系的创新支持要素，包括市场环境支持子系统、政策法规支持子系统、资源环境支持子系统、服务环境支持子系统、科学技术支持子系统、社会文化支持子系统。

其次，本书研究了企业自主创新支持系统的运行机制及作用机理。从复杂系统耦合的角度，探析了企业自主创新支持内外系统及系统整体的运行机制；指出决策机制、协调机制、激励机制、分配机制是内部支持系统的主要运行机制；政府宏观调控机制、市场导向机制、动力机制、协同机制和条件保障机制是外部支持系统的主要运行机制；这些运行机制共同作用从而融入企业自主创新系统中，通过外部支持系统提供机遇，内部支持系统提供条件保障，确保企业自主创新系统实现良性运行。在此基础上，从企业自主创新支持系统的构建目的出发，提出了企业自主创新支持系统的作用机理，包括自主创新支持系统下的企业创新动力、行为、能力的形成机理等。

再次，本书以黑龙江省装备制造企业为例，对其自主创新支持系统的现状、运行效果进行了评价及系统动力学仿真分析。第一，对黑龙江省装备制造企业发展现状、自主创新情况、自主创新支持系统的现状进行详尽分析；第二，在相关理论的指导下，依据基于装备制造企业自主创新支撑系统的“企业自主创新动力—自主创新行为—自主创新能力”形成机理，设计能够反映出装备制造企业自主创新支撑功能的指标体系，对黑龙江省装备制造企业自主创新支持系统的运行效果及支撑状况进行综合评价；第三，通过上述实证研究和理论分析，将子系统的相互关系运用系统动力学方法进行归纳、整理和分析，找出一般规律及发展趋势，建立起装备制造企业自主创新支持系统的发展状况模型。

最后，本书对黑龙江省装备制造企业自主创新支持系统的优化进行了对策研究。在结合黑龙江省装备制造企业自主创新支持系统的运行效果及仿真分析的基础上，提出符合黑龙江省装备制造企业自身需求及发展规律的自主创新支持系统优化的对策。同时，通过对典型企业的案例研究，分析企业如何优化自主创新内部支持系统。

本书在理论上深化和发展了自主创新及其相关领域的研究；在实践上，为优化黑龙江省装备制造企业自主创新支持系统提供了切实可行的方法和对策。

本书的出版得到了黑龙江省社会科学学术著作出版资助项目（项目编号：201213－13）、黑龙江省自然科学基金资助项目（项目批准号：201011）、教育部人文社会科学研究青年项目（项目批准号：10YJC630422）的支持。

哈尔滨工程大学的多位教师对本书的编撰提供了许多宝贵的意见和建议，本书还参考了部分国内外文献，在此向相关教师及文献作者表示衷心的感谢。

限于作者水平和写作时间，书中难免存在疏漏和不妥之处，恳请专家和读者批评指正。

作　者

2012 年 11 月

目　录

第一章　绪　论

第一节　研究背景、目的和意义

一、研究的背景

2012年7月，全国科技创新大会在北京召开，胡锦涛同志在讲话中强调："要坚定不移走中国特色自主创新道路，切实把科学技术摆在优先发展的战略地位，把增强自主创新能力作为战略基点，牢牢把握发展主动权，抢占未来发展先机。"科技部部长万钢在新一轮科技体制改革中提出"创新驱动、服务发展，企业主体、协同创新，政府支持、市场导向，统筹协调、遵循规律，开放合作、互利共赢"的原则。企业既是市场竞争的主体，又是技术创新的主体。对国家而言，加快建立以企业为主体、市场为导向、产学研结合的技术创新体系，培育大批创新型企业，是完善国家创新体系建设的重要要求，是建设创新型国家的坚实基础，而如何为企业自主创新能力的提升提供支持，营造有利于国家核心技术发展和企业成长的创新系统是当前面临的重要难题；对企业而言，纵观世界五百强企业，创新是使其保持竞争优势的重要因素。随着全球化和知识经济的快速发展，我国企业正处于一个全新的、复杂的和竞争激烈的市场环境之中，如何在规模、实力存在差距的情况下，找准前进方向，依靠良好的内部支持系统，加快改革，提升竞争力，是当前企业所急需解决的核心问题。

近年来，国家明确提出东北地区振兴战略。实施地区经济协调发展战略，对地区经济结构进行战略性调整，是我国经济进入新的发展阶段战略目标的要求。党的十六大提出了全面建设小康社会的宏伟目标，做出了新世纪、新阶段我国经济发展的一系列重大部署，明确提出支持东北地区等老工业基地加快调整和改造，这既是东北等地区自身改革发展的迫切要求，也是实现国家经济社会协调发展的重要战略举措。

装备制造业是制造业的"母机"，它是为国民经济发展提供技术装备的基础性产业，也是衡量一个国家或地区工业化水平及综合竞争力的重要标志。多年来，黑龙江省装备制造业的整体素质和综合技术水平不断提高，已发展成为基础雄厚、特色突出的装备工业基地，发电设备制造、大型铸锻件生产、轨道交通装备等行业已成为东北地区的标志性产业，为国民经济和国防建设做出了重大贡献。自 2003 年 10 月实施东北老工业基地振兴战略以来，黑龙江省装备制造业发展的积极变化是速度提升、效益改善、资产规模逐年扩大，如表 1.1 所示。

表 1.1　黑龙江省装备制造业主要指标及增速

	企业个数/个	主营业务收入/亿元	资产总值/亿元	利税/亿元	利润/亿元	从业人数/万人
2003 年	538	373.8	854.6	21.0	4.5	27.7
2010 年	1069	1 359.6	1 958.1	157.9	103.1	23.7
累计增长/%	98.7	263.7	129.1	651.9	2191.1	-14.4
平均增长/%	14.1	37.7	18.4	93.1	313.0	-2.1

数据来源：《黑龙江省统计年鉴 2011》

当前我国进入了一个新的历史发展时期，全面提升装备制造业整体水平，已经成为国家战略发展布局中的关键环节，成为国家综合国力、实力和国家富强的基本保证。国家把振兴装备制造业提升到前所未有的高度。黑龙江省作为国家老工业基地，在发展装备工业方面得天独厚、责任重大。黑龙江省装备制造业企业要抓住现实机遇，实现跨越式发展，提高核心竞争力，真正拥有核心技术和品牌，从整体上跻身国际一流，肩负起国家使命，推进老工业基地全面振兴。

二、研究的目的和意义

本书研究的目的是通过分析影响黑龙江省装备制造企业自主创新的主要因素，构建黑龙江省企业自主创新支持系统，分析其运行机制、作用机理，并对黑龙江省企业自主创新支持系统的运行效果进行评价及系统动力学仿真模拟；提出能够发挥支持系统有效支撑效果的黑龙江省装备制造企业自主创新支持系统的优化对策，以此来探索黑龙江省装备制造企业在新型工业化进程中，如何实现平稳较快增长。

（一）本书的研究对于完善创新系统理论具有重要意义

区域创新系统作为国家创新系统的基础和有机组成部分，是国家创新系统在区域层次上的延伸和细化，充分体现了创新系统的层次性，具体内容涉及创新主体、环境和机制等方面。提高区域创新系统的创新效率，降低创新成本，有效整合与合理配置区域内的创新资源，充分利用区域内的各种信息，是提高区域创新系统创新效率、增强区域创新能力及竞争力的根本途径。本书所研究的黑龙江省装备制造企业支持系统结合了区域创新系统和产业创新系统的特点，以地方政府、行业、企业为自主创新条件提供的合作同盟，创造一个有利于黑龙江省装备制造企业自主创新的内外部环境及条件，支撑其进行普遍的、持续的、富有效率的创新，进而推动黑龙江省工业的整体技术进步及产业结构升级。本书的研究是对创新系统研究的理论探索与延伸，对完善创新系统理论具有重要意义。

（二）本书的研究对于深化科技管理和创新体系建设具有重要现实意义

装备制造业是国家的支柱产业，与其他产业关联度大，带动性强。在当前的宏观背景下，大力发展装备制造业，对于扩大内需、促进就业都有十分重要的意义。创造良好的发展软环境，在政策、融资、法制、舆论等方面予以倾斜，支持装备制造企业快速发展，是新时期科技发展对科技管理与科技支持的需求。本书研究建立适应新型工业化的黑龙江省装备制造企业自主创新支持系统，对其构建目标和战略措施进行探索，并建立支持系统运行效果的评价模型，明确影响支持系统发挥理想效果的关键因素和优化方向，提出黑龙江省装备制造企业自主创新支持系统优化的对策建议，这对落实黑龙江省推动装备制造业发展相关文件和要求，研究如何实现黑龙江省装备制造业平稳较快发展具有重要现实意义。

（三）本书的研究对于完善区域产业发展战略的研究具有重要的理论和现实意义

本书以企业的自主创新能力为切入点，在深入、系统、全面地研究装备制造企业内外部的创新支撑结构及要素的基础上，结合黑龙江省装备制造业的地域特色、产业发展状况及装备制造企业自主创新活动中的“动力—行为—能力”三要素，构建了黑龙江省装备制造企业自主创新支持系统，并对这一系统的运行效果进行评价，进而提出系统优化对策。这种基于企业支持系统推进的产业发展战略研究深化了产业发展战略的研究，使装备制造企业自主创新支持系统的研究与产业发展战略融为一体，使对产业竞争优势的研究更加透彻、更加具有应用效果。这不仅对研究装备制造业产业发展战略研究具有重要的理论和现实意义，而且对产业竞争力的理论和产业发展战略理论的研究具有重要的学术价值。

第二节　国内外相关研究综述

一、国外研究综述

（一）自主创新环境的国外研究现状

创新环境是国家创新系统和区域创新系统的一个组成部分。研究创新环境是对国家创新系统进行的深入探索。创新环境这一概念最早由欧洲创新研究小组（GREMI）于 1985 年提出，并逐渐形成了创新环境学派。

Storper 等学者(1997)认为,创新环境是根据促进创新活动生成的条件,企业、研究机构、政府等创新行为主体创造而形成的复杂的网络结构[1]。Maillat(1998)认为,创新环境是孕育创新过程的组织,它是企业外部的物质与非物质的资源所组成的[2]。

创新环境概念一经提出,就呈现出强大的生命力。目前,对创新环境的研究动向主要包括:(1)不同层次的创新环境的研究,主要是基于所研究的对象主体,来确定其创新环境,如区域创新环境、企业创新环境、产业或企业集群创新环境。(2)研究创新环境的动态发展,集中于创新环境的演化发展道路或轨迹或规律,如 M. Porter(1998)指出高技术产业的区域创新环境在其发展过程中具有遗传特性[3]。(3)创新环境优化的研究,一种是从创新管理与决策者的视角,如何实现创新环境的完善与优化;另一种则是从企业自身角度,如何从创新战略出发,来实现企业创新活动与所处环境的匹配。

(二)创新支持系统的国外研究现状

本书的核心内容为创新支持系统运行机理与运行效果评价、优化研究,与"创新支持系统"的近义词有"创新支撑系统"、"创新支持体系"、"创新支撑体系"等,而英文中一般用"innovation support system","innovation supporting system"等。

应用 ELSEVIER、PQDT 和 ISTP3 个数据库进行检索,其中 ELSEVIER 为全球知名的电子期刊全文数据库,PQDT 是目前世界上最大和最广泛使用的学位论文数据库,ISTP 为世界三大检索工具之一,这 3 个数据库基本涵盖了主要英文文献,检索结果如表 1.2 所示。

表 1.2　相关外文文献统计表

检索词		ELSEVIER	PQDT	ISTP
"innovation support system"		2	0	5
"innovation supporting system"		0	0	1
"innovation" & "support system"		6	2	8
"innovation" & "supporting system"		1	0	4
备注	检索期间	All Years	All Dates	All Dates
	检索项	Title	Title	Title

检索时间:2012－10－05

命中文献中,包含"innovation support system"和"innovation supporting system"完整子句的文献有 8 篇,其中 Ye Feng(2006)[4]主要研究的是基于现代信息技术的创新支持系统工具软件;Li Xinmiao(2007)[5]研究的是企业在知识创新过程中,基于 Web 的团队知识创新支持系统提出及应用。Zhang Jing(2008)[6]探索了基于集成框架的电信运营商协作创新支持系统的概念和功能。Xie Ruiping(2008)[7]对中小企业的技术创新支持体系的构成要素进行探讨,并将该体系划分为外部支持体系和内部支持体系,对于中小企业来说,外部支持体系更为重要。

命中文献中,涉及"innovation" & "support system"和"innovation" & "supporting system"的文献共有21篇(除去包含"innovation support system"和"innovation supporting system"完整子句),其中C. Botter(1985)、Jintrawet(1991)、A. Kaklauskas(2007)和J. H. Smith(2004)[8~11]涉及管理创新的决策支持及决策支持系统的创新;Elfvengren(2006)[12]涉及创新的团队支持系统。Chen Yuchan(2007)、Gu Qinqin(2007)、Liu Xiangbin(2008)[13~15]涉及中国的民营企业或中小企业服务支持系统的构建,包括政府财政支持、法律支持等。因此,可以认为英文文献中尚未出现与本书相关的成果。

二、国内研究综述

(一)自主创新环境的国内研究现状

国内许多学者从不同的角度对创新环境的内涵进行了阐释。王缉慈(1999)认为,创新环境是区域创新行为主体基于长期知识合作及交流基础上形成的正式或非正式的相对稳定的系统,它对于区域高技术产业的发展至关重要[16]。盖文启(2002)从静态的环境和动态的创新环境两个层面来界定区域创新环境的含义[17]。蔡秀玲(2004)认为,创新环境是指为创新提供规则和机会的体制和结构因素,它是国家政策与法规、管理体制、市场和服务的统称[18]。国内将创新环境的研究作为国家创新系统理论研究的分支,视其为企业生存和发展的社会大环境,并进行多角度分析。国内学者在该领域的研究具体有以下几个方面。

1. 创新环境的系统研究

纪德尚(2002)认为创新环境是各类高新技术园区得以发展的基本条件,其建设状况的好坏直接关系到园区内高新技术产业的发展[19]。韩立民,赵新华(2006)认为,企业在创新活动中,会受到市场、经济、体制和法律等环境因素的制约,并且以青岛市为例,分析了该市企业自主创新环境建设的现状、创新环境存在问题及企业自主创新环境的优化对策[20]。朱建新,冯志军(2009)通过对高新技术企业自主创新过程中的创新环境要素的作用机理进行理论分析,提出各要素对创新活动作用关系的相关假设,运用结构方程模型方法对哈尔滨市高新技术企业的调研数据进行了实证研究[21]。黄攸立,熊宇(2010)在对现有区域创新环境识别理论回顾的基础上,通过要素分析、关系分析、矩阵分析3个层次构建了区域创新环境要素的识别模式,运用这一识别模式,研究和识别出区域创新环境由信息环境、政策环境、研发基础设施、创业水平、技术水平、市场需求、创新人才、法制环境8个关键环境要素构成[22]。

2. 创新环境中某一个或几个侧面的研究

邱成利，魏际刚(2003)认为，文化与创新有着相当密切的关系，良好的创新文化氛围是企业成长的温床，有利于科学发展与技术创新，并提出要从加强有利于创新的制度建设、政府从管理者向服务者转变、加强创新体系要素间的内在联系与互动等3个方面来构建区域创新文化环境[23]。同时对技术创新环境进行研究的学者还有冯之浚[24]。王燕梅与李刚等人则分别对我国企业融资环境和孵化器支撑环境进行了分析。

3. 创新环境的评价研究

薛风平(2007)在对区域创新环境进行文献回顾的基础上，构建了我国区域创新环境的评价指标体系，通过主成分分析法和聚类分析法对我国省级区域的创新环境进行了实证分析[25]。翁媛媛，高汝熹(2009)在对科技创新环境内涵界定基础上，采用因子分析法对上海市的科技创新环境进行了分析，依此建立了科技创新环境的评价指标体系[26]。申晋哲，耿玉德(2009)针对黑龙江省工业企业技术创新的实际情况，运用层次分析法基本思想原理，构建了黑龙江省工业企业技术创新环境的评价指标体系，并对全省工业企业技术创新环境的各个环境指标赋予权重，应用模糊综合评判法对技术创新环境的优劣进行了综合评价[27]。

4. 创新环境与创新绩效的关系

李习保(2007)分析了创新环境因素对创新产出效率的影响。其研究结果表明：一个地区对教育的投入程度和政府对科技的支持力度是促进创新效率提升的两个显著因素[28]。张永安，李志豹(2008)在界定集群创新环境与中小企业技术创新能力的基础上，阐述集群创新环境对中小企业技术创新能力提升的作用机制，并重点分析了基于集群创新环境的中小企业技术创新能力提升机理[29]。白俊红，江可申，李婧，李佳(2009)应用 DEA - Tobit 两步法对我国省际区域创新效率的环境影响因素进行分析。实证结果表明，劳动者素质与区域创新效率之间存在显著的正相关关系，而创业水平与区域创新效率之间则呈现显著的负相关关系[30]。

总体而言，创新环境作为国家创新系统的延伸，逐渐成为我国学术界的一个研究热点，但对我国创新环境的研究还有待系统、全面地分析和阐述。

(二)创新支持系统的国内研究现状

在信息检索过程中，通过对 1978 ~ 2012 年中国期刊全文数据库(中国期刊)、中国优秀博硕士学位论文全文数据库(博硕学位论文)、中国重要会议论文全文数据库(会议论文全文)和中国重要报纸全文数据库(重要报纸)的不同检索项目和检索词的检索，得到检索结果如表 1.3 所示。

表 1.3　相关中文文献统计表

检索类别	检索词	中国期刊	博硕学位论文	会议论文全文	重要报纸	总计
主题	创新支持系统	67	19	0	15	101
题名	创新支持系统	23	2	0	0	25
主题	创新支撑系统	16	6	0	0	22
题名	创新支撑系统	3	0	0	0	3
主题	创新支持体系	54	24	1	3	82
题名	创新支持体系	23	7	1	3	34
主题	创新支撑体系	76	29	1	9	115
题名	创新支撑体系	19	2	1	9	31

检索时间:2012－10－05

主题词检索命中文献中(除题名也命中外)皆为将其作为对策而提出的,如王磊(2007)、金桔红(2002)、后锐(2006)、李建军(2007)[31～34]。其中大部分文献将其作为中小企业技术创新的对策建议[35～36],严格意义上而言,并未与本书做类似工作。

题目命中文献主要工作成果如下:

傅家骥(1998)是国内最早提出技术创新支持系统的学者。他认为要推动企业实施有效的技术创新,必须解决创新积极性、解决创新带头人、明确创新努力的方向、对企业予以政策支持和引导,即企业技术创新支持系统包含企业制度子系统、企业家精神子系统、创新战略子系统、政策法规子系统等 4 个方面[37]。

汪洋(2004)针对我国民营企业发展中因制度与运营机制的滞后性所导致的“断裂型”障碍(二次创业启动障碍),分析了民营企业制度创新支撑系统并构建其运行机制模型[38]。

王树林(2005)结合科技创新的有关理论,对科技创新系统的科技中介机构、金融机构、人力资源、产业组织、政府制度和社会文化支持子系统的演进规律和内在联系进行分析,并对这些子系统的功能进行优化设计。认为区域科技创新支持系统是一个地区内有关部门和机构相互作用而形成的推动科技发展的支撑体系,它包括区域内各个科技创新单元作为结点及其所联结的网络,还包括区域内各种环境因子,所以说区域科技支持系统是区域网络与区域创新有效叠加而成的系统,在成功的科技发展过程中扮演着重要角色。在整个科技创新支持网络体系中包含科技中介机构、金融机构、人力资源、产业组织结构、政府制度和社会文化 6 个支持子系统[39]。

吴晓倩(2006)在分析了专利制度对技术创新支持系统的前提下,揭示了在专利制度中存在的不利于技术创新的 4 个方面。在此基础上,从哲学的角度深刻分析了造成这些现象的原因,尝试提出了完善专利制度对技术创新支持系统的四大原则:激励原则、法制原则、平衡原则以及科学发展观原则。通过这四大原则的确立,为我国完善专利制度对技术创新的支持系统提供一个纲领性的指导[40]。

赵林海(2006)依据创新系统的结构和特征,构建基于创新系统理论的中小企业技术创新支持体系的设想。认为中小企业技术创新支持体系的目标是有效地促进技术创新的交互式学习过程、推动技术信息共享和提升企业技术创新能力。而完善的中小企业技术创新支持体系应由法律支持体系、联合创新的政策支持体系、技术创新服务支持体系、金融支持体系、财政税收支持体系等构成[41]。

陈丹红(2007)研究国有企业技术自主创新支持系统的构建,包括系统的界定、系统构建的意义。在此基础上,提出基于企业内部的技术自主创新支持体系和基于企业环境的技术自主创新支持体系[42]。

颜永才(2007)分析了企业产品创新支持体系的内涵及目标,并构建了面向知识管理的企业产品创新支持体系,该支持体系主要由知识识别系统、知识获取平台、知识共享体系、知识创新系统、知识应用系统以及知识评价系统等六大分系统组成。最后,设计了企业产品创新支持体系绩效评价的指标体系,并运用复合 DEA 模型进行实证分析[43]。

陈申(2008)基于要素供给主体的性质是否具有营利性,将科技型中小企业技术创新支持体系要素划分为公益性要素和营利性要素。其中,营利性因素对提高企业创新活动效率的贡献率更高[44]。

王珍(2010)分析我国科技型企业自主创新中面临的机遇与挑战,在探究科技型企业自主创新的环境约束及成因的基础上,从建立健全风险投资机制、完善科技型企业技术创新财税支持体系、完善科技型企业技术创新法律支持体系、完善科技型企业技术创新服务支持体系等方面阐述我国企业自主创新支持体系的建构思路与具体举措[45]。

陈伟(2011)在界定企业自主创新支持系统内涵的基础上,将其划分为企业自主创新内部支持系统和外部支持系统,并从复杂系统耦合的角度,探析了企业自主创新支持内外系统及系统整体的运行机制[46]。

李美葳(2012)在分析我国装备制造业现状及形成原因的基础上,按照构建装备制造业技术创新支持系统的原则构建支持系统,从孵化功能、人才培育功能、资金支持功能、督促监管功能和纽带功能等方面,分析装备制造业技术创新支持系统的具体功能,为政府构建支持系统提供了理论依据与分析框架[47]。

其余命中文献主要研究的是创新支持系统模型及开发技术,如吴江(2005)、张伟(2007)[48~49]。

三、国内外研究述评

国内外研究检索结果表明,创新支持系统相关的研究逐渐引起了国内外学者的关注，其研究仍然处于起步阶段。

相对而言，国内的研究略领先于国外的研究，这是由我国特定的国情决定的，中国作为一个后起的工业化国家，创新资源投入比例远低于西方发达国家；另外，科技创新尤其是自主创新活动投入高、产出周期长、风险高，造成企业普遍缺乏创新的动力及必备资源。这就决定了我国自主创新活动是由政府推动的条件支持型创新，科技创新管理体制是自主创新活动的助推器。因此，国内学者在对创新系统理论进行多层次，多角度（国家层面、区域层面、产业层面、企业层面、国际一体化层面）研究后，开始探索研究创新支持这一领域。部分学者认为，外部支持要素对我国企业的技术创新、自主创新起着关键性作用，逐步从探索我国的创新支持要素及其作用转换到以系统观来研究，包括创新支持系统的内涵、功能、结构，创新支持系统与创新系统的关系等，目前，国内对于该领域的研究集中于概念界定、系统设计及功能界定阶段。

因此，关于创新支持系统研究工作的方向应当是，强调系统对企业自主创新的支持作用，从企业对创新支持系统的要求出发，以企业在创新支持系统所塑造的环境条件下的可能行为为基础，研究创新支持系统的优化方向与具体对策。这也是本书主要解决的问题。

第三节 主要内容及研究方法

一、主要内容

本书研究的思路是：首先，从理论上构建企业自主创新支持系统，分析其内涵、特征、结构及功能，探索自主创新支持系统与自主创新系统的关系；其次，在构建的企业自主创新支持系统的基础上，分析其运行机制及作用机理，构建企业自主创新支持系统运行模型；第三，以黑龙江省装备制造业为例，对黑龙江省装备制造业发展现状、自主创新情况进行系统分析，并对黑龙江省装备制造企业自主创新支持自主创新活动的支撑条件与要素存在的问题进行分析；然后，对黑龙江省装备制造企业自主创新支持系统的运行效果进行实证评价，并进行仿真模拟。最后，结合实证分析结果和仿真结果，提出对策建议。根据上述思路，本书的内容大体分为4个部分，总体框架如图1.1所示。

第一部分为企业自主创新支持系统的构建。从理论上构建企业自主创新支持系统，分析其内涵、特征、结构及功能。具体包括对企业自主创新支持系统的内涵进行界定；探索自主创新支持系统与自主创新系统的关系；研究企业自主创新支持系统；分析企业自主创新支持系统的结构，并对各构成子系统的构成要素和功能进行分析。

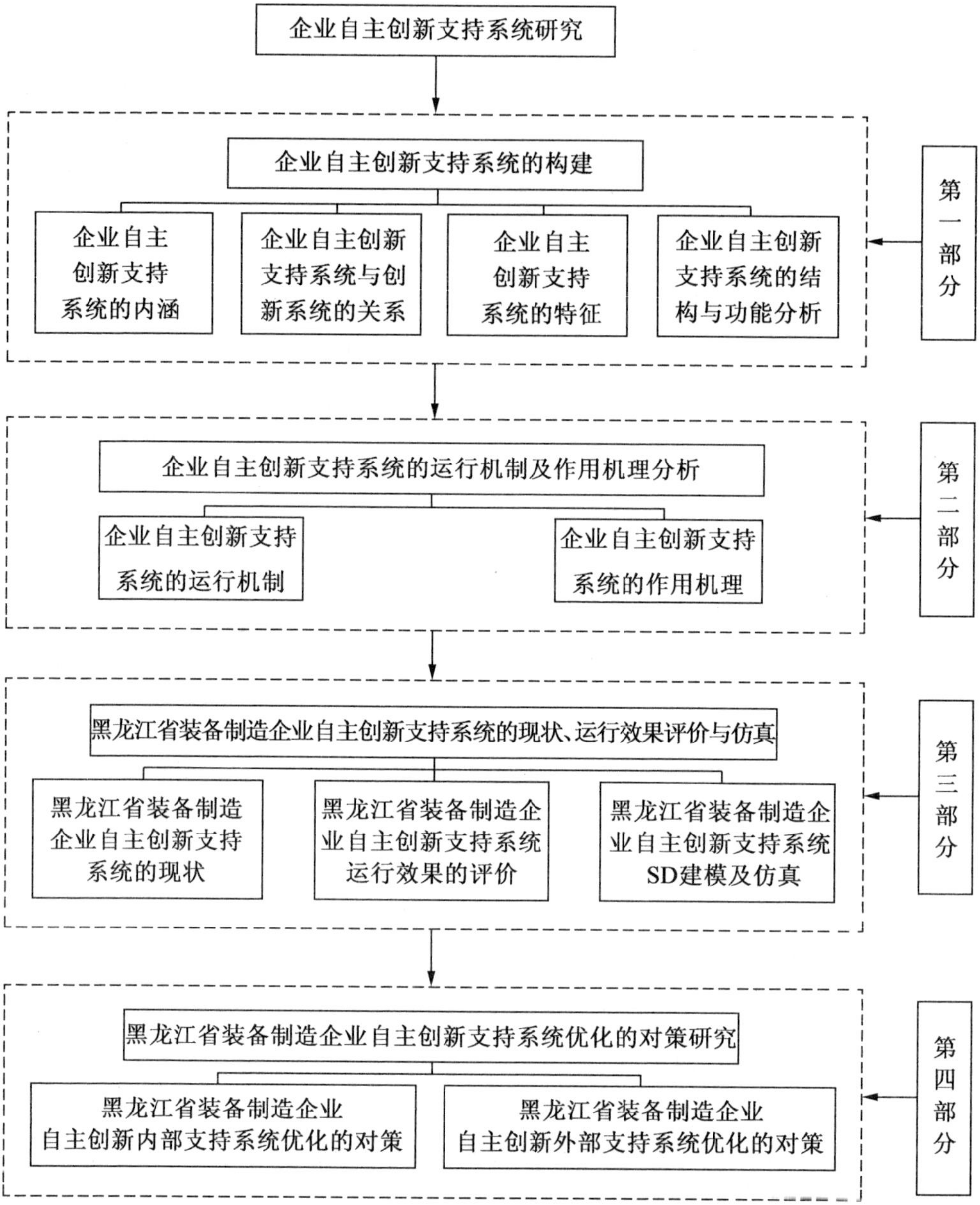

图 1.1　本书研究的技术路线图

第二部分为企业自主创新支持系统的运行机制及作用机理分析。首先，在将企业划分为企业自主创新内部支持系统和外部支持系统的基础上，从复杂系统耦合的角度，探析了企业自主创新支持内外系统及系统整体的运行机制。然后，从企业自主创新支持系统的构建目的出发，提出了企业自主创新支持系统的作用机理，包括自主创新支持系统下的企业创新动力、行为、能力的形成机理等。

第三部分为黑龙江省装备制造企业自主创新支持系统的现状、运行效果的评价及系统动力学仿真分析。首先，对黑龙江省装备制造企业发展现状、自主创新情况、自主创新支持系统的现状进行详尽分析；然后，在相关理论的指导下，依据基于装备制造企业自主创新支撑系统的“企业自主创新动力—自主创新行为—自主创新能力”形成机理，设计能够反映出装备制造企业自主创新支撑功能的指标体系，对黑龙江省装备制造企业自主创新支持系统的运行效果及支撑状况进行综合评价；最后，通过上述实证研究和理论分析，将子系统的相互关系运用系统动力学方法进行归纳、整理和分析，找出一般规律及发展趋势，建立起装备制造企业自主创新支持系统的发展状况模型。

第四部分是黑龙江省装备制造企业自主创新支持系统优化的对策研究。在结合第三部分的评价结果及仿真分析的基础上，提出符合黑龙江省装备制造企业自身需求及发展规律的自主创新支持系统优化的对策。

二、研究方法

（1）继承性创新和融合性创新相结合。在继承国内外学者关于“创新支持”相关研究的基础上，对企业自主创新支持系统的内涵、特征、结构、功能以及运行机制、作用机理进行系统分析，构建了本书的理论基础；融合了自主创新能力形成机理、创新动力学、创新行为学、创新环境、创新系统等相关理论，构建了企业自主创新支持系统运行效果的评价指标模型。

（2）理论研究和实证研究相结合。结合相关理论研究成果和对黑龙江省装备制造企业典型单位的试点研究构造本书的理论基础，在理论基础的指导下设计调查问卷及选择微粒群算法模型（PSO）来评价黑龙江省企业自主创新支持系统的运行状况。最后根据实证研究结果，为完善黑龙江省装备制造企业自主创新支持系统提出对策，以此来全面提升其自主创新效益（动力—行为—能力），进而提高产业竞争力。

（3）多学科、多方法集成，定量分析与定性分析相结合。在研究过程中，综合运用技术创新学、技术经济学、管理学、系统工程学、运筹学等多学科对企业自主创新支持系统进行界定，实现研究的科学化、全面化、系统化；另外，综合国内外相关研究成果及试点结果对企业自主创新支撑条件及要素做定性描述；在定性描述的指导下，运用数理分析的方法和模型对黑龙江省装备制造企业进行系统研究与评价，选取的模型方法有：微粒群优化算法（PSO）、系统动力学模型（SD）。

（4）文献分析与统计分析相结合。统计分析方法主要应用于对国内外研究现状的整理、分析以及规律寻找，从而得出目前国内外创新支持相关研究领域的分布状况，了解目前国内外研究的重点、趋势、问题以及问题解决的方法，为本书研究奠定基础。同时,本书利用传统的文献搜集、网络文献检索工具等方法,查阅国内外有关自主创新理论、自主创新环境、创新支持系统(体系)的研究文献几百篇,包括期刊、学位论文、著作等,充分分析、借鉴有价值的观点与研究经验,寻找到本书研究的思路和切入点,开展研究。

第四节 创新之处

本书研究的创新之处主要体现在以下几个方面。

(1)较为系统地提出了企业自主创新支持系统理论。虽然很多学者赞同企业自主创新需要许多条件或因素支持(包括企业内部和外部),但是还是局限于承认支持要素的存在或是构建简单的线性支持体系分析。基于复杂系统理论,本书从理论上构建了企业自主创新支持系统,分析了支持系统的内涵、功能、特征、结构等。

(2)构建了企业自主创新支持系统的结构框架。基于已有创新环境的相关研究,以企业为研究主体,对企业自主创新支持系统的层次结构进行分析,依次划分为:企业自主创新内部支持系统,包括管理与制度支持子系统、创新资源投入支持子系统、知识存量支持子系统、生产制造支持子系统和市场营销支持子系统5个子系统;企业自主创新外部支持系统,包括市场环境支持子系统、政策法规支持子系统、资源环境支持子系统、服务环境支持子系统、科学技术支持子系统和社会文化支持子系统6个子系统。从微观角度,各个子系统独立支撑着自主创新的各个过程,形成支撑分力,并且呈现出一种相互推进,兼有反馈的支撑力流,各子系统呈现出一种非平衡演化状态。从宏观角度,整个支撑系统以自组织的方式形成空间、时间或功能有序结构的条件、特点及开放状态下的动力系统。

(3)构建了企业自主创新支持系统运行效果的微粒群算法(PSO)评价模型。以黑龙江省装备制造业为例,在确定评价指标体系的基础上,根据调查问卷的汇总数据,构建隶属度矩阵;根据隶属度矩阵,通过以最优和最劣评价对象距离之和最小为准则,建立一个关于权重的非线性规划问题,运用微粒群算法确定指标的权重。在此基础上,依照模糊评价的步骤对黑龙江省装备制造企业自主创新支持系统的运行效果做出评价。结果表明,由于微粒群算法具有很强的工程背景,明显优于采取线性加权转化成单目标优化的传统方法。

(4)构建了企业自主创新支持系统的SD模型并进行仿真。根据系统动力学理论,构建企业自主创新支持系统的动力学模型,进行系统分析;在仿真黑龙江省装备制造业自主创新活动及支持系统作用机理的基础上,探索自主创新内外支持系统对企业的作用环节和作用效果,并以此为基础设计企业自主创新支持系统与其自主创新效益的关系模型,运用Vensim软件进行了仿真,借此设计支持系统优化的措施与政策。

第二章　企业自主创新支持系统的相关理论分析

第一节　自主创新的基本理论

一、自主创新的含义

(一)什么是自主创新

自主创新作为实现进步的重要方式,是企业内部运行机理和外部环境因素共同作用的结果。傅家骥教授最早在《技术创新学》中指出,“自主创新是企业通过自身努力和探索产生技术突破,攻破技术难关,并在此基础上依靠自身的能力推动创新的后续环节,完成技术的商品化,获取商业利益,达到预期目标的活动。”陈至立认为:“自主创新主要包括3个方面的含义,一是加强原始性创新,努力获得更多的科学发现和技术发明;二是加强集成创新,使各种相关技术有机融合,形成具有市场竞争力的产品和产业;三是在引进国外先进技术的基础上,积极促进消化吸收和再创新。”[50]两者分别从微观和宏观的角度对自主创新的定义进行了阐述。

随着知识经济的进一步发展,“标准”与“创意”作为高附加值的输出已经逐渐取代资本输出成为发达国家进行经济扩张的主要手段。由于技术壁垒在各行各业的普遍存在,我国作为发展中国家,想通过技术引进的方式提高自身核心技术及产业竞争力几乎无可能。因此,通过自主创新活动摆脱单纯的技术引进、技术模仿对国外先进技术的依赖,依靠国内科技力量及创新主体,获取拥有自主知识产权的核心技术、把握创新核心环节的主动权,是我国增强产业竞争力、发展经济的重要手段。一般而言,自主创新的成果,包括新的科学发现,拥有自主知识产权的技术、产品和品牌等。

(二)自主创新概念的产生

1. 我国技术落后的现实催生“自主创新”概念的形成

18世纪中叶,英国开始工业革命,随后向整个欧洲大陆乃至北美传播,拉开了现代经济社会发展的序幕,也逐渐将“先进国家”和“落后国家”区分开来。西方国家凭借其工业技术的飞速发展和经济实力的迅速强大,一方面成为世界经济霸主,另一方面更是技术标准的制定者。我国作为发展中国家,与世界先进国家在科学技术上的差距是必须承认的,差距意味着技术的进步必须从获取和吸收先进国家的技术开始,但并不意味着技术创新是发达国家的专利;相反,发展中国家想要持续发展、想要跨越式发展,必须进行创新活动。“自主创新”的概念正是这种思路的体现。

2.“自主创新”概念的产生与我国经济发展中技术战略有关

改革开放以来,我国一直面临西方国家的技术封锁,尽管通过技术引进的方式学习了西方的先进技术并在相当一部分行业能实现自主生产,但许多先进技术及核心产业技术长期被西方垄断。单纯通过技术引进并不能全面提升我国的工业水平,永远无法从技术角度缩小我国与西方国家的差距。随着我国经济发展的提速,接下来的发展更需要通过技术的突破,更需要在当前的基础上通过自主创新获得持续不断的动力。

3.“自主创新”概念的产生与世界经济的发展相关

近年来,世界经济市场已由卖方转向买方,相应的,从高利润时代走进微利时代已是大势所趋。由于我国国民生活水平的普遍提高,劳动力成本上升迅速,加上全球范围内的反倾销浪潮,我国长期从事低附加值的制造业企业生存和发展受到很大的制约,国际价值链分工格局窃取了我国经济发展的果实,使我国陷入了付出资源、环境、人力等巨大代价却收效甚微的“贫困增长”模式。面对这种情况,无论是站在政府的角度,还是站在企业的角度,都必须通过提升自主创新能力来获得生存和发展空间。

(三)自主创新的形成条件

自主创新是企业内部机制和外部因素共同作用的结果,因此,若要成功实现企业自主创新,需要提供以下几点保障。

1. 自主创新的主体保障

自主创新的主体是企业。目前世界科技研发投资的80%、技术创新的71%,均由世界500强企业所创造和拥有,62%的技术转让在500强企业间进行[51]。技术创新活动的成功主要取决于企业的创新能力,即创新认知能力和创新实践能力,而创新产品则是企业的“化身”和“投影”。这主要是因为,企业具有把适合市场的科技成果转化为产品的先天优势,并拥有直接面向市场和了解市场需求的灵敏机制,有实现持续的科技创新条件。根据国际经验,企业技术开发投入占销售收入的比例应该达到3%以上,高新技术企业应该达到10%以上。当然,企业是自主创新的主体,并不意味着企业就需要完成自主创新的全部过程,自主创新活动的高知识技术密集性决定了它对于知识和人才具有很高的需求，并且自主创新的成果并不独立于企业本身，加之自主创新具有高投入和高风险的特性。因此，自主创新需要一个鼓励创新、宽容失败的制度和文化环境，也需要政府、科研院所、其他社会机构如金融、商业机构等的大力帮助，以发挥自主创新行为主体的协同优势。

2. 自主创新的外部保障

良好的政府管理和社会环境可以增加企业的创新活力。企业进行自主创新离不开政府以及社会的参与和支持，市场调控作为看不见的手是企业进行自主创新的内在动力来源，而资源的有效配置则会为企业创新提供要素保障。自主创新的技术溢出性将产生巨大的外部效益并直接转化为企业进行创新的外部成本；自主创新的高度风险性和不确定性也使得企业进行创新需要社会环境从文化氛围到价值评价上的有效支持。因此，从社会和政府层面思考创新环境，是十分必要的。第一，社会文化氛围应鼓励创新并宽容创新失败，为企业自主创新的高度不确定性共同承担风险。第二，社会的价值评价体系应当不单单看重企业自主创新的最终成果，而是企业自主创新的过程和发现的新的要素，并把更多的专家、学者吸引到从事研究开发的工作上来。第三，政府应努力创造公平公正的环境以弥补市场资源配置的不足，通过完善的立法确定企业自主创新的主体地位，并引领资源流向创新活动。第四，政府应大力健全企业自主创新的法律环境，切实保护知识产权，消除企业自主创新的外部成本，并创造支持企业创新的税收、金融政策，分散企业的创新风险。第五，政府应为创新提供公共教育和基础设施建设等公共产品。

3. 自主创新的内部保障

自主创新的内部保障主要是针对企业而言。首先，充足的自主创新资金，是企业自主创新获得成功的前提。自主创新的风险性决定了创新成本的不确定性，只有充足的资源保障，才能使企业有足够的信心进行自主研发工作。其次，技术创新的孵化器作为进行自主创新的主要机构，它包含了各种技术创新中心和研发中心等。现代化的创新平台是将理论成果转化成技术的重要保证。缺乏一流的创新平台和实验设备，一方面将会增加自主创新成果出现的难度；另一方面也难以留住一流的创新人才。因此，必须重视创新机构的建设，为企业自主创新提供硬件保障。

二、自主创新的特点

自主创新具有以满足市场需求为导向，高投入、高风险、长周期促成高回报，内生性等特点。

（一）以市场需求为导向

自主创新活动的本质目的在于为企业开拓新的利润源泉从而获取更多利润。企业开拓新的利润源泉的唯一途径在于推出被市场乐于接受的产品，因此，自主创新必须以市场需求为导向，从而提供符合市场需求的产品或服务。又由于自主创新的周期较长，因此，符合市场需求应不仅包括符合当前的市场需求，还应面向潜在市场需求。

（二）高风险、高投入、长周期促成高回报

1. 自主创新的风险性很高

自主创新的过程是从创新概念形成到创造价值的全部过程，包括孕育、调查、预测、决策、立项、计划、设计、试验、鉴定、试生产、标准、计量、质量、工艺、设备、营销、服务、评价、改进提高等。每一个环境都有其自身的困难，稍有不慎，就可能导致自主创新的失败[52]。

自主创新的风险主要是技术风险、生产风险和市场风险。技术风险指的是自主创新项目能否获得技术上的成果，从而实现预期的性能。生产风险指的是自主创新项目能否实现对新产品的稳定生产，在预期的成本之内实现预期的质量和性能。而市场风险指的是公司最后形成的产品（服务）能否获得市场的认可。

自主创新是企业对新技术领域的主动探索，意味着没有先例可循，因而自主创新属于在摸索中前进的模式，具有比较高的不确定性，能否成功、如何成功都是难以预料的，这也是自主创新面临较大技术风险的主要原因。

生产方面，新的产品意味着需要新的生产工艺、新的生产线，对于企业而言也就是需要购买新的生产设备、培训新员工。首先，新设备需要反复磨合和调试、新工艺需要员工在实践中不断熟练，磨合与熟练时间的长短、是否能真正批量生产都具有风险。其次，由于企业缺乏新产品的生产经验，是否能实现稳定的生产，也具有相当的不确定性。最后，企业创造价值的唯一途径就是产品（服务）能被市场接受，而自主创新推出的新产品（工艺），虽然在创新设计阶段通过了详尽的市场调研，但真正生产出来能否被较多的客户接受，也存在着很大的不确定性。

美国布兹·阿伦和哈密尔顿咨询公司的调查结果标明，从新产品的设想到产业化成功，平均每 40 项新产品设想约有 14 项能通过筛选进入经营效益分析，符合有利可图的条件，得以进入实体开发设计的只有 12 项，经试制试验成功的只有 2 项，最后能通过试销和上市而进入市场的只有 1 项。综上所述，我们认为自主创新具有高度的不确定性。

2. 自主创新需要很大的投入

自主创新的投入主要包括技术开发的投入、生产系统建设的投入和市场开发的投入。在当代，由于各学科的互相渗透交叉，自主创新可能要涉及机械、电子、材料、控制等多个学科的知识，技术复杂度的增加使自主创新风险增加的同时，更增加了企业的开发成本。一方面，为了获得有效的技术突破，企业必须拥有一支实力雄厚、结构合理的科研队伍，并有先进的实验条件和开发设备；另一方面，企业还必

需购置为了实现设备开发而需要的各种测试设备，这些都会给企业带来很高的成本。

前文已提到，在生产阶段中，企业需要新的生产工艺、新的生产线，也就是需要购买新的生产设备、培训新员工。一般来说，新产品的投产需要引进许多新的生产、调试、监测、辅助设备，特别是对于一些特别新颖的技术，很大一部分设备还需要自主研发，这都意味着高昂的生产设备投资。培训新员工以使他们能熟悉新的生产工艺，也需要企业进行资金的投入。

自主创新还面临着市场开发的高投入。对于自主创新的产品，一部分是属于消费者迫切需求的产品，另一部分可能是消费者在未来需求量大的产品。无论创新成果属于哪一种，当面向市场的时候，消费者都会产生怀疑的态度，由于没有相应的消费观念和消费习惯，在推向市场的初期，一般情况下，市场将缺乏有效需求。这就需要企业投入大量的资金进行调研、向潜在的用户宣传新产品的功能、优越性、使用方法以及给用户带来的便利。由于是对全新产品的推广，无法利用广告和宣传的非零博弈过程，自主创新企业将在一定时期内面临独自开发市场的局面。

3. 自主创新的周期很长

企业进行自主创新时，无论是在技术领域的探索还是在市场领域的调研，都具有相当大的复杂性，必然会遇到许多难以料想的难题。对此，企业需要不断地进行评估、尝试，寻找解决办法，这些往往会导致自主创新需要花费更多的时间。权威的调查表明，大约 80% 的创新设计研发项目超过了估算的时间进度，大型项目平均交付时间比原计划超出 20% ~50% 。

4. 自主创新的成果具有很高的回报

对于产品创新而言，创新成果在投放市场时，由于其独占性而具有的垄断地位，只要市场开始接受这类型产品，便可获得大量的超额利润。对于管理、工艺创新而言，由于其降低了企业的运营成本或产品的生产成本，自然也可以使企业获得超额利润。事实上，国际著名的大公司都是通过不断的自主创新，不断实现技术领先，从而得以迅速发展壮大的。

(三)内生性

内生性是自主创新的最根本的特征。站在宏观的环境，自主创新的内生性是指创新技术和产品所需的关键性知识和能力来源于国家的范围，来自于本国政府的、民间的、大学的以及各级各类的研究机构、实验室。从微观环境而言，自主创新的内生性主要在于企业自主创新在构想、研究、开发、设计、实验、生产制造、销售等环节的创新，都离不开企业内部的相应知识与能力的支持、企业自主创新设计的主要工作及核心技术由企业自身提供。

三、自主创新的影响因素

自主创新的影响因素主要包括市场环境、组织特征和所属区域创新系统环境。

(一)市场环境

外部控制理论认为,组织外部环境是企业战略和绩效的主要动力。市场环境是组织外部环境的最主要部分,其主要包括市场竞争程度、环境的可预测性和创新资源的流动性。

市场竞争程度产生的影响是熊彼特学派内生增长理论的重点。近年来,有关市场竞争程度对于自主创新的影响进入了新的阶段,许多学者从不同方面对其进行了阐述。Nickell 于 1996 年提出自主创新和市场竞争程度之间表现出正相关关系[53]。A. Minniti 认为,当市场竞争变得激烈时,大部分厂商采取的是提高产品质量的低水平创新方式来改善当前局面[54]。Tang Jianmin 通过对 1999 年加拿大统计局统计的企业创新调查结论进行分析,认为市场的竞争力对公司是否进行创新行为有很大的影响,但其影响可能是积极的也可能是消极的,主要取决于公司自身的竞争意识以及公司进行何种的创新行为[55](主要是指自主创新还是模仿创新)。

从风险的角度而言,企业愿意承担的风险是一定的。Hoskisson 和 Busenitz 指出,一般而言,当环境具有高度不确定性时,企业不会选择风险性较高的自主创新模式,此时,通过价格等手段增强竞争力、通过模仿创新来为企业增强活力均具有较高的可能性和重要性[56]。因此,当环境可预测性较强时,即企业面临的风险不确定性降低时,企业会愿意承担较大的自主创新风险,更倾向于选择自主创新模式。

创新资源的流动性是指创新资源在相关企业间流动的容易程度。创新资源流动性实际反映了信息和只是在企业间转移的难度。当资源流动性高时,组织间进行信息交流和学习的成本相对较低,资源共享容易,此时,模仿创新的成本将会远低于自主创新,并且企业不会存在技术上的明显领先,通过自主创新获得的产品容易被其他企业模仿,因此,对自主创新的进行会造成负相关的影响。

(二)组织特征

组织特征对自主创新的影响主要是通过企业规模、领导者特质和企业技术能力等途径。

企业规模是影响企业自主创新的硬环境。但企业规模对于企业自主创新的影响不单单是正相关。Becheikh 等对 1993～2003 年发表的关于创新影响因素的论文进行整理分析,其中有 55% 的文章把企业规模作为影响创新行为的一个解释变量。总共的 108 篇文章中,有 36 篇认为企业规模对自主创新存在显著的积极影响,4 篇研究发现企业规模与自主创新存在显著的负相关,11 篇认为两者相关性不大,还有

5 项研究认为两者关系在数轴上呈 N 形排列,3 项研究认为两者是呈 U 形排列。

领导者特质可以从风险偏好、管理柔性以及企业文化等方面影响自主创新。勇于承担风险、积极进取的企业家所领导的企业更倾向于选择自主创新模式。管理柔性是管理控制能力和影响的结果。Philips 和 Tuladhar 指出,柔性能对任何复杂系统提供支持,管理柔性能帮助企业抓住商业机会,柔性组织表现出高市场导向和高创新导向。领导者的品质对企业文化也会造成影响,持续性地改进企业文化、创新氛围等对自主创新和全面质量管理都呈现正相关关系。

(三)区域创新系统

区域创新系统的概念是英国学者 Cooke 于 1992 年首先提出的。他认为,区域创新系统主要由地理上相互分工与关联的生产企业、研究机构和高等教育机构等构成的区域性组织体系,这种体系支持并能孵化创新。有关区域创新系统的详细内容在本章第三节中有详细的介绍。

四、自主创新的分类

企业自主创新可以根据主体、功能、创新战略等方式进行分类。这里主要从功能及创新战略的角度对自主创新进行划分。

(一)以创新功能为标准划分自主创新类型

根据系统理论的观点,系统是结果与功能的统一体,企业自主创新的基本功能是推进技术创新以及为实现技术创新而进行的组织创新、管理创新以及合作创新等。企业自主创新系统的目的在于通过自主创新,优化配置企业资源和内部知识,并通过与外部资源、外部知识的整合,产生新的知识与技术,由此形成和提高企业的自主创新能力,促进企业可持续发展。因此,以创新功能为标准,可以将企业自主创新划分为技术创新、制度创新。

1. 技术创新

技术创新是指人类通过新技术改善经济福利的商业行为,是企业自主创新的最核心部分,通过技术创新,企业能够培育和形成持续的自主创新能力,保证企业的核心竞争力。

2. 制度创新

对于企业而言,制度创新是指在现有的生产条件下,通过设计新的、更能通过激励、规范等方式提高企业运行效率的变革,其主要包括组织创新和管理创新。组织创新是通过调整和变革组织结构及管理方式,使其能够适应外部环境及组织内部条件的变化,从而提高组织活动效益的过程,是企业创新中需要研究解决的重要问题之一,企业应该根据当前所处的环境以及企业目标合理地进行组织创新。管理创新主要是通过企业把新的管理要素(如新的管理方法、新的管理手段、新的管理模式等)或要素组合引入企业管理系统,以更有效地实现组织目标的活动。健全和良好的企业管理制度对企业整体运营有着重大的影响,也是技术创新能取得预期效果的制度保证。管理创新能有效降低技术创新的风险,提高资源配置效率,促进创新成果的生产力转化。

(二)以创新战略为分类标准划分自主创新

自主创新主要包括原始创新、集成创新以及模仿创新(消化、吸收再创新)3 种方式,这 3 种自主创新方式所需的资源、难度和意义有所区别,企业在实际中该采取何种创新方式主要取决于企业现有资源的构成和未来资源的预期,以及企业的发展战略。

1. 原始创新

中国工程院院士沈德忠认为:“原始创新是创造出来能改进人类的生存质量,推进社会发展进步的,发明前人所没有的知识、技术或技能的活动。”原始性创新意味着是独有的发现或发明,是最根本的创新,在基于创新战略划分的 3 种创新方式中处于核心地位。

原始创新始于问题,孕于积累。站在国家的角度,原始创新作为科技创新的重要源泉,一方面将带来科学技术的重大突破,带来新兴产业的崛起、传统产业的变革甚至是经济结构的改变;另一方面原始创新带来的知识产权和专利也孕育着巨大的市场利益。在企业层面,企业进行原始创新的最根本目的在于获得其他企业所不具备的优势,赢得竞争优势,最终发展企业获得利润。因此,企业原始创新主要着力于应用研究,通过市场需求的反馈,通过对已存在的理论和技术进行探索,将原有的理论、技术应用到新的领域,从而推动企业的发展。

原始创新之所以有别于集成创新和模仿创新,主要体现在以下几点:首先是原创性,原始创新的成果是前所未有、与众不同的,其结果或是产生了新的产品、或是导致了产业变革乃至科学革命等。二是突破性,其在原理、技术、方法上可能会实现重大变革,甚至引起革命性的变化,从而带来进步或发展的机会。正因为如此,在原始创新成果推广的初期,可能会难以得到大多数人的认同。三是带动性,一方面,在纵向上,原始创新成功以后,往往在一段时间内带动与之相关的科学技术和知识产生连锁反应;另一方面,在横向上,可能引发行业竞争态势的变化,给经济结构和产业形态带来重大变革。

2. 集成创新

“集成”就是将一些孤立的事物或元素通过一定方式组合在一起,使其产生联系,并通过量的积累而发生质变,形成新的有机整体。集成就是要在要素的结合过程中,注入创造性的思维,与集合不同,不是将各个要素通过某种条件简单组合,而是需要各个要素对新组成的整体均有贡献，彼此之间优势互补，形成紧密联系的有机整体。

对于集成创新的定义，国际上并没有形成统一的定论。1982 年，美国学者 R. Nelson 和 S. Winter 从生物进化理论的角度提出了创新系统演进的观点。他们认为技术创新过程的集成促进了各种资源要素的优选，并以合适的结构形成了一个有利于资源要素优势互补的有机整体。F. Kodama 提出了技术融合的概念，即通过将已有的分散在不同技术领域的技术创新进行混合，从而产生可能导致市场变革的新产品。M. Iansiti 提出了技术集成的概念，他认为技术集成是通过组织把好的资源、工具和解决方法与其实际应用情景进行匹配，并由此提出了技术集成的三阶段模型[57]。Best 基于 M. Iansiti 的研究成果，提出了基于专业技能、商业模式和制造系统的集成创新模型，强调以开放系统的产品建构把网络化的企业群连接起来，并注重对知识的管理[58]。Best 的“系统集成”模式进一步明确了“集成”的普遍适用性。

查尔斯·萨维奇提出：“集成正在影响着企业的根本结构，如果企业希望能够更加迅速灵活地应付复杂的不断变化的全球市场，希望不同的职能部门之间能够更好地并行合作，希望管理好供应商、合伙人及顾客之间的多种战略联盟，希望保持企业内部和外部联系的关键模式，集成都是必要的。”这一描述展示了企业集成创新的基本思想，使集成创新理论得到了很大的发展。

我国学者从 20 世纪 90 年代开始专注于集成创新的研究。其中，成思危认为，集成创新就是将现有的东西经过系统的组合、移植从而产生不同以往的新的创新模式。集成创新的本质就是要提供一个整体解决方案(Total Solution)[59]。黄燕认为，集成创新有狭义和广义之分。狭义的集成创新特指技术方面的集成创新；而广义的集成创新是指针对不同的创新主体所拥有的知识、技术、市场、管理、文化以及制度的差异，对其采用系统的思想，创造性地进行综合集成，从而实现创新目的的实践过程。慕玲、路风从产品知识构建的视角对集成创新进行了解释，认为集成创新的开展要从本土市场的实际应用环境产生或形成自主的产品概念，以开放的产品建构来选择和集成各种技术，在产品系统层次上进行技术知识的学习并掌握相应的建构技术能力，开发出具有市场竞争优势的产品[60]。张米尔、杨阿猛从技术来源集成的角度，通过案例研究，指出技术集成有助于企业在利用外部技术来源的同时，掌握产品开发主动权，促进自主技术能力的成长[61]；李垣和乔伟杰从产品价值链集成的视角构建了基于价值链管理的企业创新系统框架，分析了集成系统中不同要素之间的关系，并初步界定了要素内涵[62]。

集成创新作为创新系统的一种运行模式，具有以下特点。

(1)创新内容多元化。随着全球化竞争加剧、信息技术的快速发展以及企业外部环境的复杂多变，集成创新的构成要素不断复杂化，其不仅包括传统的技术要素,还应考虑组织结构、战略规划、企业文化等方面的协同作用。因此,集成创新的内容呈现多样化,涵盖了战略、组织、文化、技术、知识、流程等方面。

(2)创新过程与组织逐渐网络化、复杂化。由于科学技术的进步、市场需求的不确定性增加,企业研发的技术难度和创新过程的复杂性程度大大增强,单个创新主体很难完成日趋复杂的创新活动。要在这样一种技术日新月异、用户需求多变的环境中完成创新任务,很多情况下必须建立企业之间的网络联系,通过合作,形成优势互补的组织网络,一方面,要在战略上体现整体性,既要以提升企业核心竞争力为中心,又要满足创新单体经营业绩的需要,另一方面,要求企业技术创新过程中不同的层次和要素全面协同和集成,任何一个环节的欠缺,都会影响企业集成创新的进程。

(3)集成放大现象显著。集成创新是由不同组织、不同部门协同合作实现的,而能将不同团队、职能部门、合作伙伴乃至竞争对手团结在一起进行集成创新,其原因在于能够快速地实现创新目标,达到 1+1>2 的效果。因此,集成创新需要通过科学合理的机制将企业内外现有的知识、技术、设备、现金等创新要素合理组织,实现集成放大的整体效应。

3. 模仿创新

模仿创新的概念最早是由莱维特提出的。他通过案例的形式,认为模仿远比创新要更加普遍,通过模仿的创新也能获得成功[63]。斯奈尔将企业介于创新与模仿之间的过渡状态归结为假货、剽窃;仿冒、克隆;设计改进等形式[64]。这体现了模仿创新的两种形式,即完全模仿创新以及模仿后创新。

完全模仿创新是指对市场上现有的产品进行仿制。由于新技术从诞生到市场饱和需要一定时间,因此,在创新产品投入市场的一定时间内,使模仿者有很大的市场空间,也使得技术模仿成为可能。

模仿后创新是指企业通过对率先进入市场的产品进行分析借鉴,模仿并总结先创新者的创新思路和设计理念,经过消化吸收,学习和吸取领先者的成功经验和失败教训,获得甚至超过原来的技术水平,并在此基础上进一步开发和完善自己的产品。

模仿创新的优势主要表现在:

(1)积极跟随性。在技术方面,模仿创新主要是通过对领先者的技术进行引进、跟随、吸收、学习和改进;在市场方面,模仿创新企业不需要独自开辟全新的市场,而是充分利用领先者开辟的市场,只需对新市场空间进行进一步扩展和扩充。

(2)回避风险。一方面,模仿创新的研发是有目的的,并且是确定可以获得成功的,其研发活动的针对性可以极大地降低研发风险,节约研发费用;另一方面,需要模仿的产品肯定是进入市场备受欢迎的。因此,模仿创新企业可以有效回避市场成长初期的不稳定性,降低了市场开发的风险。

(3)聚焦于制造环节。模仿创新可以省去新技术探索性开发的投入和新市场建设的投入,能够把力量集中投入到创新链的中下游环节中。即将大量的创新资源投入到产品的生产制造阶段,集中对工艺改进、质量控制、生产管理等方面加以改进,从而能够生产出更具有试产竞争力的产品。

但由于模仿创新总是以率先创新者的创新思路和创新行为为标杆,因此,其时间上的受制于人不可避免,并且许多新的技术并不是总能轻易被模仿,随着知识产权保护意识的不断增强,专利制度日趋完善,模仿创新的劣势日益明显。首先,其技术追随战略定位,使得模仿创新者很少进行研发上的广泛探索,因此,在技术方面只能被动适应,难以形成长远规划,在遇到难以模仿的创新成果时,其战略很难完整实现。其次,领先企业越来越注重技术的保密性,通过技术的拆分、知识产权与专利保护等方式,不断提高产品的技术壁垒,这将进一步影响模仿创新者的战略路径。

第二节　国家创新系统理论

一、国家创新系统的提出

1987 年,弗里曼在其著作《技术和经济运行:来自日本的经验》一书中,首次提出国家创新系统(National Innovation System, NIS)的概念。他认为国家创新系统是一种公共和私营部门机构的网状结构,这些公共和私营部门的行为以及其相互作用将会创造、引入、改进和扩散新技术。通过对日本经济的分析,他认为日本经济的飞速发展与其国家创新系统关系十分密切,并由此提出了制度创新对缩小国家之间技术差距的重要性。1992 年,弗里曼提出了国家创新系统的狭义与广义之分。广义的国家创新系统包括经济体系中凡是涉及到引入、扩散新产品的所有机构;狭义的国家创新系统主要涵盖与科技活动直接相关的机构以及支持这些机构的教育系统、技术培训系统等。弗里曼的国家创新系统中,主要对政府政策、企业研发、学习和产业结构加以研究,其认为四者的关系如图 2.1 所示。

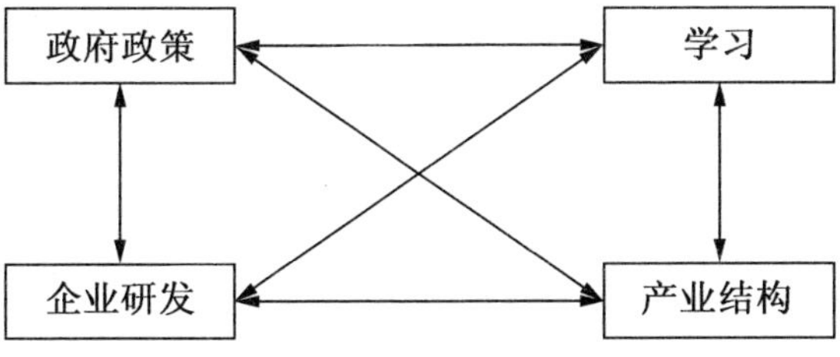

图 2.1　弗里曼国家创新系统结构图

国家创新系统的概念由弗里曼提出之后，学术界从不同角度对国家创新系统概念和结构进行了深入研究。1988 年美国学者威尔逊在《作为演变过程中的技术变革》一书中介绍了美国的国家创新系统，他通过分析政府、企业以及科研机构在技术创新中的作用，认为科研机构和企业是创新中的复合机构，而政府的作用主要在于制度设计，使创新成果在私有和公有之间建立一种平衡。1993 年，威尔逊在《国家创新系统》一书中，通过剖析国家创新系统的要素及其相互作用，强调了现代国家创新系统在制度上已相当复杂，其中，以盈利为目的的厂商是创新系统的核心。威尔逊认为，一个经济体的主要任务就是保持“技术的多元结构”，这就意味着需要制度的差异和分享技术、知识的机制。值得注意的是，尽管弗里曼和威尔逊提出了国家创新系统的概念，但他们均没有给出明确的定义。

二、国家创新系统发展

1992 年，伦德瓦尔通过考察用户与生产商之间的相互关系，从微观上探索了国家创新系统。伦德瓦尔在《国家创新系统：构建创新和交互学习的理论》一书中提出，所谓国家创新系统就是“对经济有用的知识在生产、扩散和应用过程中相互作用的各种构成要素及其相互关系组成的有机整体，并且这一有机整体都位于或者说根植于一国的疆界之内。”他认为，技术创新就是一个用户与生产者之间相互作用或者说是一个学习的过程。因此，国家创新系统实际上是一个社会体系，其中心活动就是学习，包括人与人之间的相互作用，也是一个动态的系统，以正反馈和再生产为特征，见图 2.2。

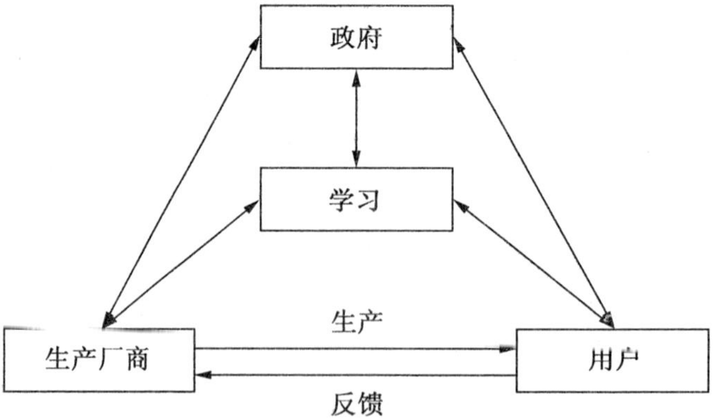

图 2.2　伦德瓦尔国家创新系统结构图

1994 年，佩特尔和帕维蒂（Patel&Pavitt）从功能角度对国家创新系统进行了探究。他们认为国家间由于各方面的差异，其技术投资的政策也会不同，从而造成技术分化与差距扩大，而国家创新系统理论可以帮助国家确定如何进行技术投资，并从投资的效果上去理解不同国家在投资上的差异。因此，佩特尔和帕维蒂将国家创新系统定义为“决定一个国家内技术学习的方向和速度的国家制度、激励方式和竞争模式”。

波特（Porter）在《国家竞争优势》一书中，将国家创新体系的微观机制与宏观运行情况相联系。他认为，国家的竞争优势是建立在技术创新成功的企业的基础之上的。从某种意义上来说，是微观企业的竞争优势构成了国家的优势，而国家只是作为一个宏观环境来加强或削弱企业的作用。基于上述理论，波特提出了国家优势的 4 个决定性因素，即要素、需求、支持产业、企业战略及竞争状况。

三、经济合作与发展组织关于国家创新系统研究

经济合作与发展组织（OECD）于 1994 ~ 2002 年开展了 3 个阶段的“国家创新系统”项目。1996 年 OECD 将知识概念引入国家创新系统，认为知识流动是国家创新系统中的核心要素。1997 年 OECD 发表《国家创新系统研究报告》，认为创新过程中各主体之间的联系对于改进技术至关重要。创新是不同主体和机构间复杂的互相作用的结果。技术变革并不以一个完美的线性方式出现，而是系统内部各要素之间的互相作用和反馈的结果。这一系统的核心是企业，主角主要包括科研机构、大学和中介组织，他们之间通过合作研究、人员交流、专利共享、相互购买等形式联系。认为国家创新系统是“由不同机构组成的集合，也可以作为政策分析工具”。

第三节　区域创新系统理论

一、区域创新系统的内涵

区域创新系统（Regional Innovation System，简称 RIS）由英国卡迪夫大学的库克教授最先提出，他在《区域创新系统：全球化背景下区域政府管理的作用》一书中，提出区域创新系统是由相互分工与关联的生产企业、研究机构和高等院校等构成的支持和产生创新的区域性组织体系，或者定义为企业及其他机构经由以根植性为特点的制度环境系统从事交互学习[65]。随后，国内外学者对区域创新系统进行了深入的研究。

Lundvall 于 1992 年提出，区域创新系统是包括公司组织、公司间关系、公共部门、财政部门的制度结构和 R&D 组织[66]。Asheim 认为区域创新系统主要由两大主体及他们之间的关系构成。第一主体是区域产业集群中的企业；第二主体是支

撑企业的基础结构，包括科研机构、高效、技术扩散及培训机构、金融机构等。因此，产业集群发展成为区域创新系统的前提条件是在集群内企业开展创新合作的同时，有强有力的制度支撑和基础结构[67]。

我国学者陈光依据国家创新系统理论，认为区域创新系统是“一定区域内与创新过程相关的组织机构和现实条件所构成的网络系统”。王稼琼等认为区域创新系统是由创新的执行机构、创新的基础设施、创新资源和创新环境组成的系统[68]。我国区域创新能力报告中将区域创新系统定义为一个区域内有特色的、与地区资源相关联的、推进创新的制度组织网络，其目的是推动区域内新技术或新知识的产生、流动、更新和转化。

通过综合分析区域创新系统的国内外研究成果，区域创新系统的内涵应包括以下方面：

（1）具有特定的地域空间范围，一般通过地理、行政区域划分。原因在于行政区域内具有相似的社会、经济、文化基础；其产业相关性较大；且区域内政策和管理保持相对统一。

（2）创新主体包括生产企业、研究与开发机构、高等院校、地方政府机构等。

（3）创新主体之间相互关联，在一定的制度安排下，按照一定的运行机制，相互协作，进行“学习性”互动，推动区域内知识、技术的传播和应用，并对区域社会、经济和生态产生影响。

（4）通过与外界环境（政治、经济、文化、自然）的作用和系统自组织作用维持区域创新的持续运行。

二、区域创新系统的功能

区域创新系统建立的目的是通过特定区域内各要素的有序组合、循环利用，使区域中的创新资源得到更高效、合理的利用，提高区域创新能力和区域竞争力。具体来说，它具备以下功能：

（一）优化资源配置

通过考察区域内部政治、经济、人文、社会历史等客观环境，将区域内部的各个要素如技术、资金、人才等通过相互配置、相互关联，从而形成一个有机的创新整体。一方面，提升创新资源的数量和质量；另一方面，可以对创新资源进行合理分配，将稀缺的资源率先投入到区域的重点行业，实现协调发展、优化配置。

（二）调控发展目标

之所以构建区域创新系统，其原因在于“区域性差异”，这就要求区域创新系统能与区域经济发展的目标紧密联系，从区域发展的实际情况出发，建立调控机制，以便于区域创新系统偏离预定的方向时进行调节和调控，依据发展需要开展针对性较强的创新活动。

（三）促进发展

区域创新系统的目标是提高区域创新水平和创新能力，带动区域产业结构升级，实现区域经济跨越式发展。产业结构升级是指从技术层次较低的产业形态转向技术层次高的结构形态，以提高生产效率、环境效率等。区域经济跨越式发展，主要需要通过区域创新系统提升先进技术快速消化和消化后创新的能力，在短时间内缩短与先进区域的差距，发挥后发优势。

（四）激励功能

区域创新系统在建设之初，就设置有明确的目标，其目标性非常明确。同时，区域创新机制具备激发各要素朝着设定目标前进的功能，将为区域创新系统的建设提供不竭的动力[69]。

三、区域创新系统模型

（一）Autio 区域创新结构模型

1998 年，Autio 认为区域创新系统由根植于相同的社会经济和文化的两个子系统以及区域外背景组成。两个子系统分别是知识投入和利用子系统、知识产生和扩散子系统。前者包括客户、供应商、合作者、竞争者；后者主要由技术中介组织、劳动力中介组织、公共研究机构和教育机构构成。而区域外背景主要包括国家创新系统、国家创新政策、其他区域创新系统及国际环境，其关系如图 2.3 所示。Autio模型主要从区域内“知识衍生为生产力”的角度构建，子系统内部和子系统之间通过资源的流动有着密切的联系。此外，区域创新系统的持续稳定运行需要多层次的政府体系加以干涉，并为其提供发展动力。

（二）Michael 钻石结构模型

Michael 将区域创新系统的构成要素展现成钻石结构，如图 2.4 所示。该模型主要用于研究影响区域创新系统的内部因素，即不包括政府影响。模型中的实线是各要素之间的相互作用和要素对创新的作用；而虚线用于说明创新对各要素的反作用情况。通过 Michael 钻石结构模型可以看出，创新应以公共机构支持的基础研究为基础；创新过程的完成也离不开社会与经济的融合，且与个人学习和组织学习密切相关，这说明了区域创新网络的重要作用。

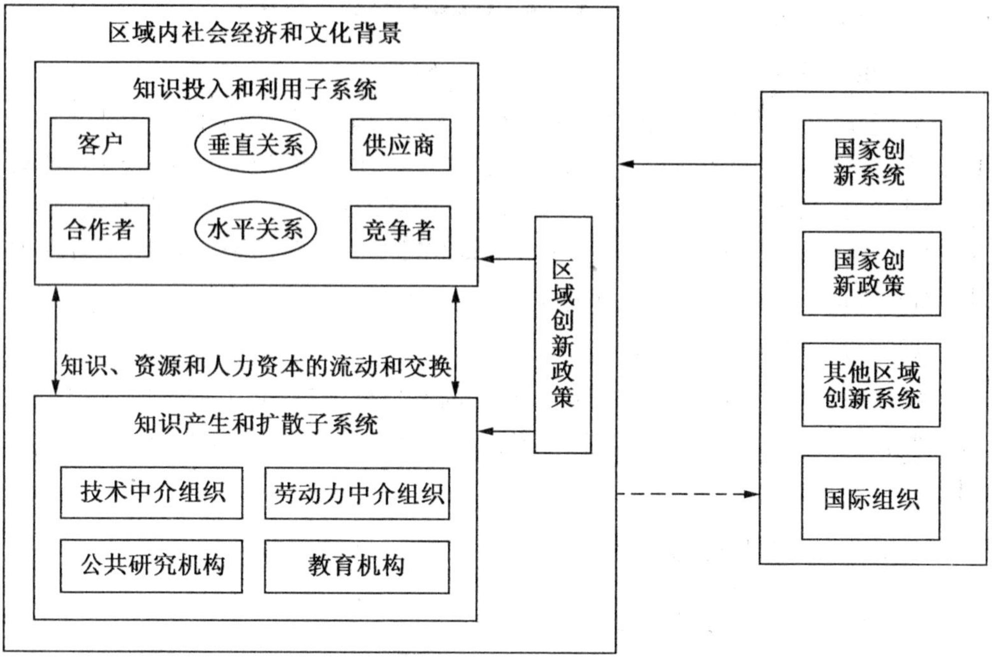

图 2.3　Autio 区域创新系统(RIS)结构图[70]

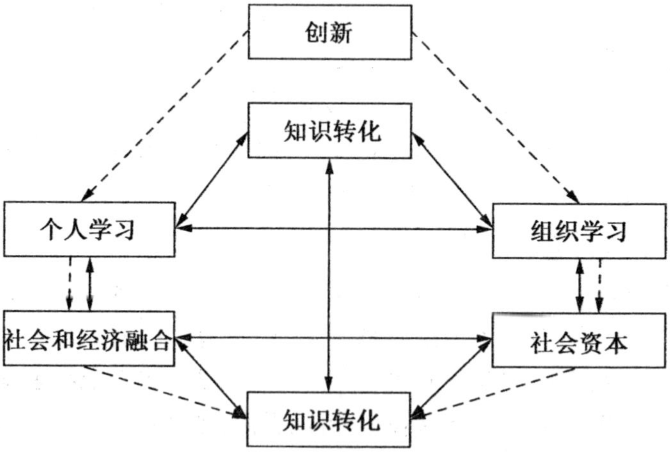

图 2.4　Michael 钻石结构模型[71]

第四节　创新环境理论

一、创新环境的定义

创新环境的概念，最早是 20 世纪 80 年代欧洲创新研究小组（GREMI）提出的，他们认为，创新环境是一定的地理区域主要非线性的关系网络，往往确定了一个特殊的外部形象和特殊的内部表现以及归属的意识，这通过协同和共同的学习过程强化了创新能力[72]。OECD 指出，国家创新系统由创新资源、创新机构、创新机制、创新环境 4 个相互关联、相互协调的部分构成，其中创新环境是指为创新提供规则和机会的国家体制和结构因素，它包括国民基础教育、通信基础设施、财政、金融、产业政策等。伯拉曼提和马吉奥尼（Bramanti&Morosini）以社会文化环境作为主要研究概念，把产业的创新活动与空间聚集紧密结合到了一起[73]。梅拉特（Maillat）从创新环境的特征上定义了创新环境，认为创新环境是孕育创新过程的区域组织。其具有 3 个基本条件，首先，创新是一种本地化的网络结构，是由物质资源和非物质资源组成的，而这种资源是企业、研究机构、培训机构和当地政府等各种行为主体所创造并共同拥有的。其次，创新环境是从外部的学习和企业内部的创新相结合，并以此来制定经营和创新战略的组织体集合；第三，创新环境具有动态的学习过程[74]。国内研究方面，我国学者王缉慈认为，创新环境是发展高新技术必须的社会文化环境，是地方行为主体（大学、科研院所、企业、政府等机构及其个人）之间在长期正式或非正式的合作和交流的基础上形成的相对稳定的系统。郑春东提出，创新效益实际上是企业技术与环境相互作用的结果，自主创新须与企业运行所处的环境相融，更加重视创新与环境之间的双向联系[75]。

另外，国内外国家科研机构还对创新环境进行了实证研究，如世界经济论坛（WEF）的《全球竞争力报告》、联合国开发署（UNDP）的《人类发展报告》及中国科技发展战略研究小组的《中国区域创新能力报告》等，均将创新环境作为研究重点，从创新基础设施的发达程度、市场需求水平、劳动者素质、金融环境和创业水平 5 个方面来进行阐述。

一般认为，自主创新环境的研究主要有两个方面，一方面是从理论层次上说明企业所处的外部环境与企业创新能力之间的辩证关系；另一方面是从实证的角度出发，通过对企业所处环境的研究说明各个环境因素的重要程度[21]。

二、创新环境的构成要素

企业外部环境是由多种因素构成的复杂系统,依据系统特性,企业自主创新活动会受到众多外部因素的共同作用。因此,从系统属性的角度将创新环境的构成要素分为:政策法规环境、资源环境、市场环境、科学技术环境、社会文化环境、社会服务环境。

(一)政策法规环境

政策法规环境主要包括制度环境、政策环境、国家法律体系与知识产权保护等。政策法规环境是决定企业创新的前提和根本。

1. 制度环境

从社会学的观点而言,制度环境控制着社会生活的某些重要方面的制度领域或社会系统中各种独立完整的结构功能。企业必定处于某一种制度环境之中,而这一制度不仅为企业提供了一套行动规范模式,而且为企业创新本身提供了特定的行动空间与可依据的基本的组织和制度框架[76]。

2. 政策环境

政府是促进"产学研"合作的组织者,其在创新体系中的重要作用集中体现在通过创新战略与政策引导经济主体的行为,从而提高整个区域的创新水平。具体说来,自主创新的政策环境主要包括以下几个方面:一是完善创新企业的准入制度,形成有利于创新企业竞争的局面。二是打造自主创新的平台,为科技创新的不同阶段提供有活力的界面。三是制定并实施优惠的财政政策,鼓励企业创新[77]。

3. 国家法律体系与知识产权保护

企业自主技术创新的成果多以知识产权的形式表现,因此通过法律手段保护企业知识产权是维护企业自主创新积极性和保护企业自主创新成果的重要手段。此外,建立健全国家创新体系和企业自主创新基本法律,更能进一步维持企业自主创新系统的有效运转。

此外,政策法规环境还包括政府采购、政府投入、市场失灵时政府的干预等。

(二)资源环境

资源环境是指企业创新得以持续的一切人才、资金、基础设施等的获取渠道。主要包括自然资源、基础设施环境、融资环境、人力资源环境。

1. 自然环境

自然资源包括可用于经济增长的各种矿产资源、土地资源、生物资源、水资源等。自然资源环境是影响技术创新活动的各类环境因素中最基本的成分,一个国家或地区的技术创新活动的产生与其所拥有的自然资源密切相关，自然资源禀赋直接影响着技术创新活动的规模与效益[78]。其通过物质资源的输入以及产品及附属品包括废物的输出共同影响着企业创新环境。

2. 基础设施环境

基础设施能有效降低经济系统中活动开展的成本，从而提高企业效率。对于企业而言，基础设施是传递企业创新所需知识的重要载体之一。对于基础设施水平的衡量，主要包括每万人拥有公共交通车辆、城市污水日处理能力、年末道路长度、每百人移动电话拥有量等。

3. 融资环境

由于企业创新的高风险、高投入和高收益特征，因此，融资环境是企业进行创新的社会物质资源环境要素中十分重要的环境。如何选择合理的资金投入方式及提高资金投入的风险－效益比，则是制约技术创新成功实现的前提条件[79]。完善金融环境，拓宽本地区创新主体的融资渠道，加大对创新活动的财政扶持力度；建立科学研究与风险资本的关系，鼓励风险资本和各种基金参与创新等都会增强企业自主创新能力。

4. 人力资源环境

自主创新活动的本质是人的活动，具有创新能力的高素质的人才尤其是具有综合素质的人才群体是创新产生的直接施与者，是区域创新产生的制造者和生产者。舒尔茨指出，在通过技术进步提高生产力的问题上："资本的传统概念必须加以扩大，以便容纳人力资本。"因此，塑造良好的人才培养机制，使其能满足培养从企业家到各领域创新型人才的需求，是美国等发达国家重要的发展战略。

（三）市场环境

市场环境是指市场上各经济主体包括企业、客户、供应商之间的相互关系。

1. 市场经济体制影响企业自主创新

市场经济相对于计划经济的优越性之一在于信息传递的自动、迅捷和准确。健全的市场经济体制对创新具有良好的导向作用、对创新主体具有强大的激励功能。在健全的市场经济体制下，创新主体以利润最大化为目标，根据市场的供求状况而决定经营方向，对生产要素及社会资源进行重新组合和合理配置，并以市场交易为手段，寻找创新机会，通过强有力的内部管理艺术，对各种生产要素按新的生产需求进行创新组合，生产出消费者需要的产品或提供有效服务[79]。

2. 市场宏观环境影响企业自主创新

企业进行自主创新的目的在于获得市场成功，从而赚取利润。因此，市场宏观环境的好坏对于企业自主创新的决策具有重大影响。宏观环境的走势利好时,一方面企业有更多的资源如资金、人力等能投入到创新之中;另一方面,企业也将更希望利用创新进一步扩大市场。

3. 市场竞争程度影响企业自主创新

首先,激烈的市场竞争会使行业的利润率下降,企业靠普通产品只能获得正常利润甚至更低。这就迫使企业进行技术创新,开发出新的产品,采取差异化的竞争战略,努力使自己的企业与其他同类企业区分开。其次,激烈的市场竞争还可能导致企业执行总成本领先的战略,企业为了生存,会想尽办法降低成本,扩大利润。这就要求企业不断地改进生产技术,提高生产效率,进行技术创新。

(四)科学技术环境

科学技术环境是指行业发展过程中的科技知识积累,一般包括技术数量和技术标准体系建设[21]。

(五)社会文化环境

社会文化环境是指企业所处的与当地文化积淀有关的社会创新氛围以及社会公众对创新的态度。文化使一个社会群体的人们在同一类型或同一模式的文化历史环境中得以教化和培养,从而以相同的思维方式、价值观念、社会习俗和行为方式聚合起来,它使群体因统一的思维方式、行为方式以及文化而形成一种向心的抗异力量[80]。因此,文化以价值管理和行为规范等表现形式对国家、区域和人群的生产活动和实践活动起侧面影响,如是否具有创新的文化氛围、对创新失败的容忍度等。

(六)社会服务环境

社会服务环境环境包括孵化器、科技成果转化中心、咨询公司、人才培训机构等在内的科技服务机构的发展和运行情况。

第三章 企业自主创新支持系统的构建

第一节 企业自主创新支持系统的内涵

一、企业自主创新支持系统的提出

自主创新是一种复杂的知识学习和创造实践活动，它的最终目标在于拥有自主知识产权的独特的核心技术以及在此基础上实现新产品的价值。自主创新作为一种开放的、非线性复杂巨系统，其实践过程是集知识、经济与社会等多种因素交互作用的复杂动力过程。在这个复杂巨系统中，创新主体和创新要素能力的发挥只有在一定的创新支持环境、条件和要素中才能有效地培育和展现出其创新活力[81]。

在企业自主创新过程中，影响企业自主创新的人、组织等各行为要素，通过各行为主体的相互合作和作用，产生和扩散新知识、新技术，并将其转化为企业发展动力的网络系统[82]。企业管理与制度、创新资源、知识存量作为这个网络系统的内部条件，保障了系统运转所需的各种必要资源和要素，从而确保企业自主创新活动的顺利进行。同时，企业创新网络系统的正常运转又离不开其所处的外部环境，首先，企业需从外部环境中不断地获得新的创新要素来保持创新网络系统的持续动态性与开放性，避免系统的衰落。其次，企业的创新绩效也与其所处的外部环境要素密切相关，没有完善的外部创新环境，企业创新动力、创新行为及创新能力的生成与发展就缺乏必要的土壤。

根据系统论的观点，研究问题特别是复杂事物的时候，如果不借助于系统的方法和理论，就不能全面深入地理解事物，就无法把握事物变化发展的规律[83]。因此，结合系统论的基本思想，从系统构成因素耦合的视角，将组织内外部支持条件、环境、要素等作用于企业自主创新过程的诸多具有内在复杂关系的因素视为一个复杂系统，即企业自主创新支持系统[84]。

二、企业自主创新支持系统的内涵界定

一般认为，企业自主创新系统有狭义与广义之分，狭义的自主创新系统是指组织中直接参与创新的各项有机要素，包括创新团队、创新资金和创新设备，即组织

中的研发部门;广义的自主创新系统则包含狭义的自主创新系统及直接与其发生联系的组织内外各因素的组合。本书从狭义的自主创新系统出发,讨论企业自主创新支持系统的内涵与功能。

企业自主创新支持系统是指有利于企业自主创新发展,帮助企业自主创新系统与组织内外进行物质、能量和信息等要素交换的运行系统。创新支持系统不是组织内外部环境因素的简单表现,而是各环境因素的有机组合和耦合运行,即系统中各因素相互促进、相互制约,在动态发展过程中寻找推进组织创新行为的平衡点。

企业自主创新支持系统由内部支持系统与外部支持系统构成。内部支持系统是指企业内部与创新系统相联系的创新支持要素及其相互关系的总和,一般表现为管理与制度支持子系统、创新资源投入支持子系统、知识存量支持子系统、生产制造支持子系统、市场营销支持子系统 5 个方面。外部支持系统指企业外部与创新系统相联系的创新支持要素及其相互关系的总和,包括市场环境支持子系统、政策法规支持子系统、资源环境支持子系统、服务环境支持子系统、科学技术支持子系统、社会文化支持子系统。

三、企业自主创新支持系统的构建前提

企业自主创新支持系统是建立在一定前提和假设上的,这体现在系统构建的目的上,即支持系统的运行效果。传统研究评价创新绩效往往偏重于创新能力的评价,本书认为:(1)自主创新作为复杂系统具有明显的连贯性和过程性特征,创新能力作为创新绩效的外显效果,仅仅是阶段成果或部分成果。(2)组织行为学理论认为,企业创新绩效体现于创新行为的全过程,衡量企业的创新绩效应该贯穿于形成创新动力 → 产生创新行为(合理决策)→ 创新能力演进的方向。本书构建的企业自主创新支持系统正是基于以上分析形成的,如图 3.1 所示,其中实线表示自主创新效益生成的正向路径;虚线表示自主创新效益生成的逆向路径。

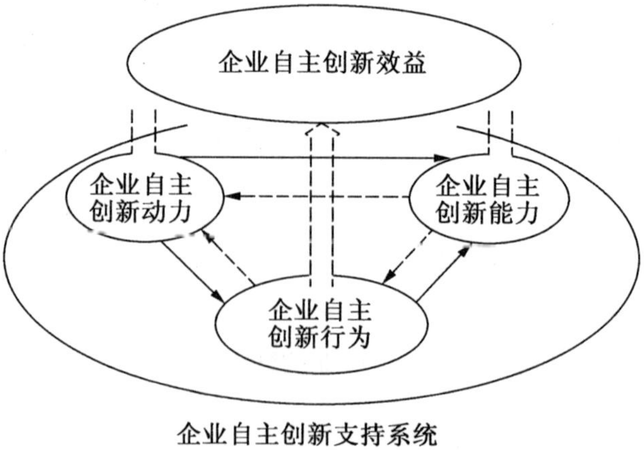

图 3.1 基于企业自主创新效益“三棱锥”结构的创新支撑系统的构建前提

(一)企业自主创新支持系统是企业自主创新动力形成的重要源泉

企业创新意愿缺乏与创新动力不足是制约其自主创新活动开展的重要因素。为此,要从根本上扭转企业在自主创新活动开展过程中的困境,就必须从企业创新源头上下功夫,即通过提升企业创新意愿,增强企业的自主创新动力,形成有效的创新动力机制。

我国企业的相关报告显示,引导和推动企业开展自主创新的诸多动力因素严重欠缺,有些甚至是不存在的,这就使得我国大部分企业没有形成有效的自主创新动力机制。笔者在研究自主创新环境对企业自主创新活动影响程度的过程中发现,自主创新环境建设对企业自主创新动力形成有着重要影响。构建企业自主创新支持系统的目的是分析基于自主创新支持系统的企业自主创新动力形成机理,探索支持系统的构成子系统及系统因素是如何激发和影响企业创新动力的生成和发展的,最终通过对系统构成要素的培育和整合来实现系统整体的优化,以此为企业创新提供源源不断的动力支持。

(二)构建企业自主创新支持系统有利于企业自主创新行为决策的科学化

企业自主创新行为是一个行为过程,通常包括决策、计划、组织实施、绩效评价等阶段,其动因、行为过程和效果之间的关系甚是复杂。企业在决定正式开始其自主创新行为之前,须充分对其行为发生的内外部条件及环境做通盘考虑;并且,在自主创新行为启动之后,除了保持创新行为在方向、目标、频率、方式、机制等方面科学、合理外,还要积极创造和维系企业自主创新行为得以正常进行的良好条件;否则,难以获得积极的效果。企业自主创新行为受制于企业的内外部条件因素,这些因素的合力表现为企业自主创新行为的动力或阻力。

(三)构建企业自主创新支持系统是企业自主创新能力提升的根本保障

政府政策法规、市场环境、社会资源环境、企业管理制度、企业知识存量及生产制造水平等直接或间接作用于企业自主创新过程的各种要素条件,与企业自主创新能力的培育和发展密切相关,这些支持条件形成的有机整体就是企业自主创新支持系统。构建支持系统就是要探索这些要素条件对企业自主创新各过程(研究成果产生、创新成果转化以及创新产品市场化等)的作用过程及机理,并通过分析这些支持条件与要素的关联关系从系统角度来对其进行整合,最终确定基于自主创新支持系统的企业自主创新能力的形成和提升机理。因此,自主创新支持系统构建与优化是提升企业自主创新能力的根本保障。

根据权变理论的观点,企业确定其决策行为的前提是应该全面地、动态地、系统地考虑其外部环境和内部条件,企业进行自主创新决策的行为也须遵照此规则。据此,本书构建的企业自主创新支持系统应该是:对于大多数企业而言,依据其所处的创新支持系统，使其所做出的创新决策与系统的设计目标相一致，即企业自主创新效益最大化。

第二节　企业自主创新支持系统与自主创新系统的关系

一、企业自主创新系统的概念

创新系统的概念由 B. A. Lundvall, C. Freedman, R. Nelson 等国外学者最初提出，国内外学者对这一领域进行了广泛而又深入的研究。20 世纪 80 年代后期，学术界出现了一种新的研究思路：将创新看做由多种要素及其相互关系组成的系统。目前关于创新系统的研究脉络是沿着“国家创新系统（宏观层面）—区域创新系统和产业创新系统（中观层面）—企业创新系统（微观层面）”这 3 个层次展开的。企业创新系统的研究既是区域创新系统理论发展的合理延伸，更顺应了单个企业生存发展的需要。因为，对于一个地区乃至一个国家而言，企业是其经济发展水平和科技发展实力的最终决定力量。

随后的 20 多年，不少学者开始探索和分析企业创新系统的内涵与构成。具体有两种思路：一种是认为企业创新系统是以企业为边界的，只关注企业内部的要素，认为它是企业为了更有效地创造、引入、改进和推广新的知识和技术而形成的企业内部创新网络系统。传统理念上企业创新系统的含义主要关注的是结构或体制方面的因素，如技术创新、管理创新、组织创新等；另一种思路则是承认企业创新系统是以企业内部的要素为主，但同时注重对与企业创新有关的外部关系的研究。张华新认为企业创新系统是由企业各种内部要素和关系及外部环境因素组成的有机体，这一有机体作用于企业的创新过程，具体涉及新知识和技术的创造、扩散和使用等[85]。廖德贤等认为，企业创新系统是指以企业为核心主体，其他社会支持要素共同参与，贯穿于企业整个创新过程的系统。

综合以上研究观点，企业创新系统有狭义与广义之分，狭义的企业创新系统是指组织中直接参与创新的各项有机要素，包括创新团队、创新资金和创新设备，即组织中的研发部门；广义的自主创新系统则包含狭义的自主创新系统及直接与其发生联系的组织内外各因素的组合。本书从狭义的企业创新系统出发，以此来突出企业创新系统与自主创新支持系统的区别及联系[86]。

本书认为，企业自主创新系统是企业的创新者借助于技术发明，管理上的发现、制度上的变迁、市场中的机遇等，通过对生产要素和生产条件以及有关的资源配置方式进行新的变革，并使变革成果取得商业上的成功的一切活动所附带的条件、规则、结构、过程、方法等的总和。企业自主创新系统是企业能力的关键所在，从价值管理、价值创新的角度分析，它由战略创新、产品创新、工艺创新、组织创新、营销创新和文化创新等要素构成，这些要素相互联系，成为有机的整体[87]。根据以上分析，企业自主创新系统与支持系统之间是有严格区分界限的。第一，在系统边界上，二者是以企业为边界的，前者着重研究企业内部的要素，特别是以创新过程为侧重点，后者主要研究企业外围的条件、环境，特别是创新系统运作过程中的外部条件。第二，从功能上而言，创新系统是一个价值系统，它以价值创造为目的，包括技术价值、经济价值及社会价值；而后者以保证创新系统功能的发挥为目标，是一个工具系统。从这个意义上讲，企业自主创新系统是主体系统，企业自主创新支持系统是一个辅助系统，二者统一于创新活动的实施、创新价值的实现过程中。

二、企业自主创新支持系统与自主创新系统的关系

自主创新系统包括技术、经济、社会 3 个领域，由主体、环境和连接 3 个部分构成，包括宏观（国家）、中观（区域、产业）和微观（企业）3 个层次。这一系统的复杂性决定了自主创新活动的困难，因此，企业自主创新需要很多相关条件。所谓企业自主创新支持系统，是指由客观存在的及主观能动改造建设的有利于企业自主创新的企业内外条件、要素及环境等诸多因素的有机组合，由多个相互联系的子系统构成，并具有与国情相适应的独特性。

企业自主创新系统与支持系统之间的相互关系，形成了企业自主创新支持系统对其自主创新系统相互促进、相互约束的作用机制，同时二者之间互相适应与相互调整。一方面，建设完善、运转良好的支持系统将为创新系统功能的发挥提供和创造良好的条件，从而促使其向更协调、更完善的方向发展演化，实现功能的优化；另一方面，发展不完善的、消极的、失效并最终崩溃的支持系统会阻碍自主创新系统的演化及优化过程甚至会使之退化，抑制其创新功能的发挥。同时，自主创新系统也可以发挥主观能动性，对其所处的支持系统提出进化要求，表现在自主创新系统的发展演化会对其支持系统不断提出要求和价值目标，进而影响支持系统的内涵、特征、存在方式、功能表现等，推动支持系统的变革与发展。支持系统与自主创新系统之间始终处于不断调整和适应的动态过程，如图 3.2 所示。

企业自主创新系统所具有的开放性、自组织性等特征，客观上要求其自主创新系统与自主创新支持系统相适应。一方面，自主创新系统创新功能的发挥有赖于系统自身的运行状况；另一方面，一切自主创新活动都是自主创新系统与其支持系统相互作用的结果，自主创新支持系统对企业自主创新系统的影响无时不在，从长远来说，它起着决定性的作用。

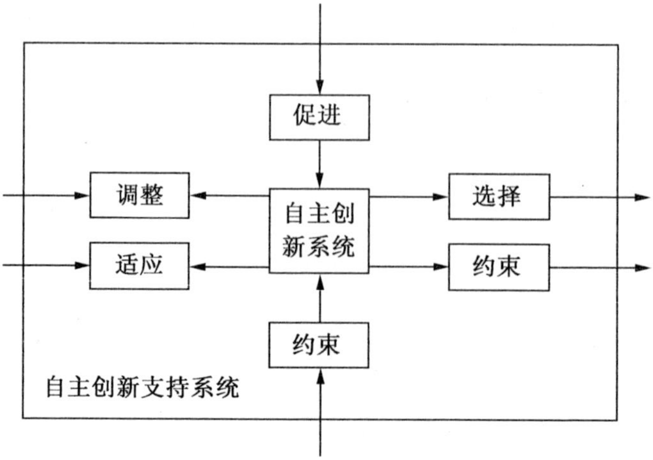

图3.2 企业自主创新系统与自主创新支持系统的关系

只有培育适应自主创新系统创新功能的自主创新支持系统,才能从外部促进企业自主创新系统的发展。企业自主创新系统演化的重要条件就是与之互为条件、因果的自主创新支持系统,在与其支持系统进行能量与信息交换时,当企业自主创新系统内部的某个参量达到临界状态后,创新系统通过其内部的放大机制使其某一点的微涨落形成巨涨落,进而可能造成创新系统的进化发展。涨落的产生是自主创新系统(主体系统)与支持系统(辅助系统)共同孕育和相互选择的结果。"偏离"、"突破"作为创新系统的思维方式的核心组成部分,是自主创新系统的运行过程中产生"涨落"的根本。因此,对创新系统发展演化与优化起支撑作用的支持系统,其突出功能就是促使创新系统的"涨落"因子不断涌现。

第三节 企业自主创新支持系统的特征

通过以上分析可知,企业自主创新支持系统是由相互联系、相互影响和相互作用的子系统构成的复杂社会系统,其涉及的子系统(因素)很多,包括制度、法律、市场、社会文化、管理、企业文化等,各组成子系统紧密联系,相互影响、相互作用。企业自主创新支持系统除了具备一般复杂系统的特征以外,还具有以下独特的特征。

一、系统自我完善及演化发展性

企业自主创新支持系统作为一种有着特定支撑主体系统发挥功能的辅助性系统,强调通过对系统构成子系统和子系统组成要素、条件的控制来促进创新主体自主创新。自主创新支持系统不断完善和演化发展性包含两层含义,一是企业自主创新过程中,客观存在的支持系统,即企业所面临的现实支持系统——静态系统;

二是在自主创新过程中,企业自主创新系统与其支持系统相互作用,支持系统发挥其影响企业自主创新的功能,或促进或阻碍,不断进行创新效益正负反馈,这种创新效益的正负反馈会导致企业自主创新支持系统的自我创新和改善。

二、开放性

企业自主创新支持系统是一个动态开放的系统。这是因为,一方面,对支持系统本身的构成要素而言,由于自主创新支持系统是一个复杂的社会系统,其构成内涵确定的唯一标准是:影响和决定企业自主创新过程的各种相关因素、条件、环境。不同的社会时代背景,特别是伴随经济的发展,社会文明程度的提高,自主创新支持系统的构成子系统范围及子系统组成要素会有不同程度的变动;另一方面,企业自主创新支持系统的发展是一个不断形成耗散结构、不断高级化的动态演化过程。由于企业自主创新系统是一个由多个子系统构成的复杂系统,而不同的子系统由于自身结构、发展条件的不同,演化发展速度、水平也不尽相同。因此,企业自主创新系统整体上表现出来的演化过程呈现出不均衡性(非协调性)[88]。随着时机的发展、外部控制的引入(他组织要素),系统会逐渐步入协调状态,但协调是短暂的(非常态),系统会突破某些条件的限制,发生跃进,打破系统平衡,达到高层次的非均衡演化阶段。

三、系统耦合的整体性

企业自主创新支持系统是各个组成子系统及子系统构成要素相互联系、相互制约形成的有机整体。系统形成与运行的基础是各子系统构成要素的功能,而功能发挥的最终落脚点在于子系统之间以及系统构成要素之间的协同作用。复杂系统的协调发展指系统要素在内部自组织和外部他组织共同作用下形成的协同演化[89]。自主创新支持系统是一种复杂的社会系统,其演化并非由单一系统的独立作用决定,而是取决于各子系统之间的协调发展[90]。企业自主创新支持系统的这种功能放大特性是通过构成子系统及子系统组成要素间的相互联系和作用而表现出来的。但是这种整体放大功能的发挥是需要一定条件的,即在企业自主创新支持系统内部结构合理、各种关系协调时才产生。

四、关联复杂性

企业自主创新支持系统的子系统之间有着紧密的协同互动关系,形成非线性和不可逆的复杂联系,这是母系统有序、稳定和协调运行和演化的根本原因[91]。如企业自主创新外部支持系统的子系统众多,但在很大程度上,自主创新所适宜的市场环境支持子系统、服务环境支持子系统、社会文化支持子系统的建设与优化，都必须依赖于相关政策法规及书面文件。从这个角度来看，政策法规支持子系统的完善与优化是其他外部支持子系统发挥支撑功能的基础。

五、可调控性(他组织性)

在企业自主创新支持系统中，作为管理者及决策者的“人”，起着至关重要的作用。一方面，随着人类自身认知能力的提高，对支持系统的认识及理解不断加强，进而采取相关决策，运用信息形式控制系统内能量流、物质流和信息流的数量、方向和速度，提高系统有序度[92]。不过，虽然人类可以通过决策，采取相关措施干预企业自主创新支持系统，但干预的效果本身是双向的，要么有利于企业自主创新支持系统各子系统的协调发展，最终实现系统整体的优化；要么延缓或破坏其协调发展，最终引发系统失效。

第四节　企业自主创新支持系统的结构与功能分析

企业自主创新支持系统涉及企业自主创新的外部和内部各类因素，分别可称为企业自主创新外部支持系统和内部支持系统。内部支持系统是企业内部各个参与要素、行为主体在长期的相互作用下所形成的以增强企业自主创新能力为目的的相对稳定的网络系统，它是企业保持持续竞争力和发展力所必备的内部物质和文化环境，一般表现为管理与制度支持子系统、创新资源投入支持子系统、知识存量支持子系统、生产制造支持子系统、市场营销支持子系统5个方面。这5个子系统对企业自主创新的影响是多方面的，其影响程度、方式和表现特点各不相同，并且其支撑效果是通过相互耦合而表现出来的整体合力。企业自主创新内部支持系统作为企业自主创新的内因，决定着企业自主创新的方向和速度，它的建立、健全与完善是企业自主创新能力提高的最直接支撑条件和最关键环节。

此外，企业总是处于一定的与其相关的复杂外部环境之中，与外部环境存在着密切联系。外部支持系统指企业外部与创新系统相联系的创新支持要素，包括市场环境支持子系统、政策法规支持子系统、资源环境支持子系统、服务环境支持子系统、科学技术支持子系统、社会文化支持子系统。它是企业自主创新系统存在与演化的必要条件和土壤，并对创新系统的性质和演化方向起着一定的支配和制约作用。营造和培育良好的外部支持系统对提高企业自主创新能力和效率具有十分重要的作用。

企业自主创新支持系统结构如图3.3所示。

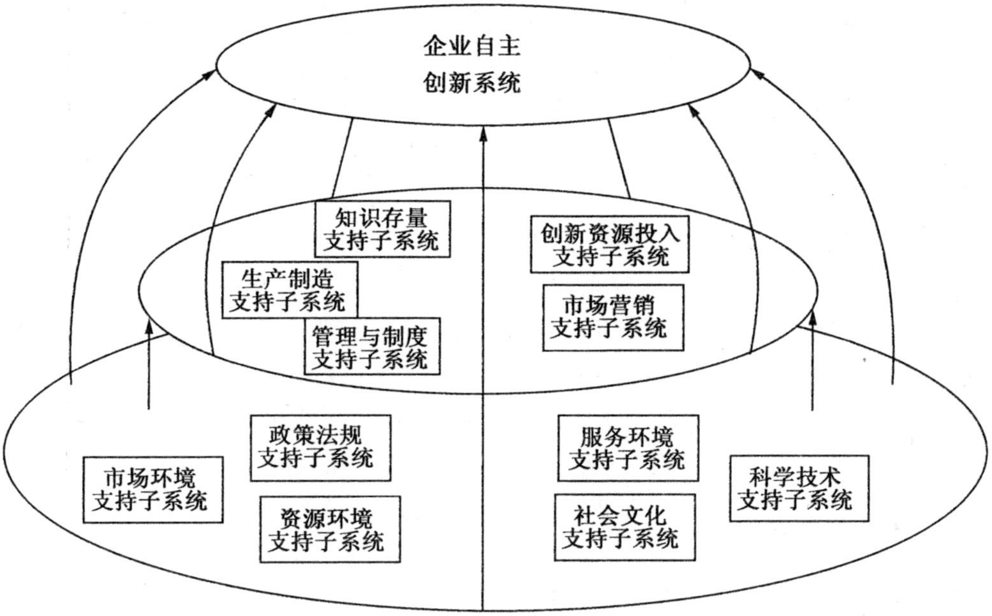

图3.3　企业自主创新支持系统结构图

一、企业自主创新内部支持系统的构成

企业自主创新的内部支持系统包括管理与制度支持子系统、创新资源投入支持子系统、知识存量支持子系统、生产制造支持子系统和市场营销支持子系统。

（一）管理与制度支持子系统的构成要素

管理与制度支持子系统指企业自主创新过程中形成的管理流程和制度体系。对于企业自主创新而言，一套行之有效的创新管理与制度体系能够规范企业的创新行为，激励研发人员的创新积极性，并且促进企业内部的知识共享和传播，形成企业独特的创新文化[93]。一般来说，对企业自主创新起关键作用的管理与制度体系包括：

1. 创新战略

创新战略指企业为实现自主创新而制订的战略规划，内容包括企业创新的目标、过程和方法等。根据时间划分，创新战略又可分为短期创新战略、中期创新战略和长期创新战略三类。短期创新战略是企业近一年内产品和技术的创新工作内容，以企业长期战略目标为导向，其目标的实现是中长期战略目标实现的基础。中期战略是企业一至五年内自主创新工作的安排，同样以长期战略目标为导向，是企业把握创新方向的阶段措施。长期创新战略则代表企业较长时间内的创新方向和目标。企业创新战略对自主创新的影响可通过以下4个指标进行衡量:(1)决策层对自主创新活动的支持力度;(2)决策层的创新预测和评估水平;(3)决策层的创新欲望和责任心强度;(4)创新资源的优化配置能力水平。

2. 创新机制

创新机制指企业追求创新的内在机理和运行方式。企业创新活动是一个螺旋式上升的循环过程,它从创新理念的产生、形成到技术开发和成果转化,再到市场效益的形成,然后又由于市场需求变化和技术进步进入新一轮的创新,整个过程中既有顺序又有交互作用,只有在正确有效的创新机制的支持和引导下,创新过程才能真正得以循环和持续发展。一般来说,创新机制对自主创新的影响可从以下方面衡量:(1)新产品研发机制有效性;(2)企业创新文化氛围;(3)企业创新决策水平;(4)研发人员的技术创新成果与工资收入和晋升机会的关联程度。

3. 创新体系

创新体系指企业自主创新相关的各要素相互联系而构成的一个整体,内容包括技术、人才、体制机制、资金、知识来源等。对于企业来说,有效的自主创新体系具有4个特征:(1)高技术成果产出率;(2)高技术成果产业化率;(3)较强的市场开拓能力;(4)持续创新。根据以上特征,创新体系对自主创新的影响可从以下方面进行衡量:(1)组织协调沟通机制的有效性;(2)组织学习能力;(3)研发部门与生产、营销部门的合作程度;(4)研发部门与生产、营销部门的合作效果;(5)产学研或其他形式的合作研发机构的建设情况。

(二)创新资源投入支持子系统的构成要素

企业创新资源投入支持子系统表现为资金、技术和人才三大要素,其中资金指可用于研发投入的货币积累;技术则包括组织技术储备、技术传递网络、组织学习网络等;人才则主要指组织中除研发部门外的各职能部门的管理人才和技术人才。企业自主创新的高风险、高投入和高效益性决定了资金投入作为一种自主创新的社会物质资源环境要素的独立性和重要性,它是企业进行自主创新的必备资源。技术积累的深浅和技术在组织中的传递渠道在一定程度上影响着自主创新的广度和深度。高素质的人才关乎着企业自主创新活动的成败。资金、技术和人才这三驾马车,拉动着企业沿着自主创新的路径向着成功一步步迈进。

创新资源投入指企业用于自主创新的科技研发投入。创新是一项从无到有的工程,初期的投入十分重要,直接影响到创新过程的开展和创新成果的取得。根据投入资源的形态可将创新投入分为:

1. 人员投入

人是创新活动的主体，创新理念来自于人类的思考与知识积累，创新过程的推进也离不开人员的参与，人力资源是创新资源的重要组成部分。创新人力资源一般包括科学家、工程师、科技活动人员和 R&D 人员，因此，人员投入力度可从以下方面进行衡量：(1)科学家和工程师充裕程度；(2)科技活动人员充裕程度；(3)R&D 人员充裕程度。

2. 资金投入

资金投入是实现自主创新的基本条件，也是影响自主创新效果的直接因素。企业自主创新的资金投入主要用于科技活动的开展，技术改造活动的开展，技术引进和消化吸收以及新产品研发过程，因此，用于自主创新的资金投入力度可从以下几方面衡量：(1)科技活动经费的投入力度；(2)技术改造经费的投入力度；(3)消化吸收经费的投入力度；(4)新产品开发经费的投入力度。

3. 信息投入

知识经济时代，信息对于企业自主创新起着关键性的决策指导作用。从创新理念的形成到科技成果的成功产业化，每一个环节都存在不同程度的信息获取、吸收与交换，随着网络建设的普及，越来越多的企业开始重视信息的重要性，积极加大信息网络建设力度。一般来说，企业信息投入力度可从以下两方面衡量：(1)企业信息平台的建设水平；(2)企业信息共享机制的有效性。

(三)知识存量支持子系统的构成要素

知识存量指某一阶段企业知识资源的存储量，这是企业在长期生产经营过程中的积累，是企业潜在竞争优势的体现。一般包括显性知识和隐性知识两个方面。

1. 显性知识

显性知识指能够以文字、科学编码或数字表达的知识，可定义、可存取、可沟通，可通过文献、杂志、书本、视听媒体、网络和交谈等方式获取。企业自主创新系统中的显性知识主要包括：(1)知识产权(专利授权)；(2)科技文献。

2. 隐性知识

隐性知识内含于个人意识当中，包括无法以具体的形式或完整的条理表述的主观经验、思考模式、信仰或认知等。企业自主创新系统内部的隐性知识蕴藏于科技人员的思想当中，主要包括：(1)人力知识资本；(2)企业内部对创新成功经验、案例的认同度。

(四)生产制造支持子系统的构成要素

一般来说，可靠的生产制造能力是产品质量稳定提高的保证，更是产品更新换代的必要条件，没有先进的制造技术和设备，再好的创新产品也无法实现产业化。生产制造能力一般体现在以下 3 个方面。

1. 工人素质

工人是生产制造支持子系统的主要构成因素，其素质一般表现为工人的生产操作水平、图纸识别能力、生产应急能力等，工人素质的高低直接关系到企业创新产品的生产质量和产业化实现的可能性。对于企业来说，工人素质主要从以下两方面进行考察：(1)工程技术人员结构合理程度；(2)工人的技术等级水平。

2. 设备水平

设备直接用于创新产品生产和制造，设备水平很大程度上影响着产品的质量和创新理念产品化实现的可能性，因此设备水平构成生产制造支持子系统的一个要素，对企业自主创新形成影响。设备水平可从以下 3 个方面进行衡量：(1)企业装备的先进性；(2)现代制造技术的使用情况；(3)工艺设计和管理水平。

3. 生产周期

生产周期指产品从样机生产、模具生产、工艺准备到产品产出整个过程所需要的时间。产品生产周期越短，创新的时间成本越少，创新投资回收期就越短，则更利于企业进行创新。因此，生产周期从以下几方面影响企业自主创新行为：(1)样机生产周期；(2)模具生产周期；(3)工艺准备周期；(4)产品生产周期。

(五)市场营销支持子系统的构成要素

市场营销指企业通过各种市场策划和推广活动，扩大创新产品的市场知名度，实现新产品销售的手段。市场能否接受新产品从根本上决定了该项创新的成功与否，因此，市场营销支持子系统构成企业自主创新内部支持系统的一部分。市场营销包括市场调查研究能力和销售能力两个部分。

1. 市场调查研究能力

市场调查研究包括新产品研发之前的市场前景调查研究以及产品试销阶段的客户使用信息追踪调查研究。市场调查研究结果为企业自主创新决策提供市场指导，正确的调研结果能够指导企业的创新方向，使创新更具有市场生命力。因此，市场调查研究能力从以下两方面进行衡量：(1)针对开发新产品或进行重大技术改进的企业调研机制的完善程度；(2)处理客户反馈信息的有效性。

2. 销售能力

销售能力最终反映为企业的产品销售量、市场份额和市场竞争能力，较强的销售能力能够确保创新产品的市场占有率和品牌知名度，因此对于企业创新行为也产生影响。销售能力表现在以下几方面：(1)销售渠道的管理和控制水平；(2)获取竞争对手新产品信息的能力;(3)营销队伍的建设水平;(4)企业品牌管理的水平;(5)售后服务和技术支持水平。

二、企业自主创新内部支持系统的功能

(一)管理与制度支持子系统的功能

凡勃伦关于社会经济系统演化的解释中对技术与制度的关系进行了探讨,他认为制度和技术之间存在互动,技术是经济系统演化的主要动力,技术的变化会改变社会的物质条件,从而改变经济系统中人的生活方式和思维习惯,从而推动系统的整体变迁,形成新的经济制度,促进新的技术创新的产生。同样,制度主义者在强调制度重要性的同时也强调了技术的重要性,认为制度和技术之间存在互动关系,制度因素与技术因素的组合是推动社会经济演化的一个整体性动力要素[94]。因此,从系统的演化角度看,技术创新需要一套支持性的管理制度来保障创新的过程和结果,为企业创新提供内部支持。

管理与制度支持子系统各构成要素的功能表现为:(1)决策层支持自主创新的力度,预测和评估创新的水平,推动创新的欲望和责任心以及配置创新资源的能力,这些从战略层面决定了企业自主创新能力的强弱和创新实现的概率大小。一般认为决策层支持创新的力度越大,预测和评估创新的水平越高,推动创新的欲望和责任心越强,配置创新资源的能力越强,则创新实现的概率越高。(2)创新机制从流程和制度方面对自主创新产生影响,一般来说,新产品研发机制越有效,创新文化氛围越积极,创新决策水平越高,创新成果与研发人员工资收入和晋升机会的关联越紧密,则创新机制对自主创新的促进作用越大。(3)组织协调沟通机制越有效、学习能力越强则创新更容易在组织内部开展;研发部门与生产、销售部门合作程度越深入,合作效果越好,则创新带来的优势越明显;产学研或其他形式的合作研发机构建设情况越好,则创新受到外部支持的概率越大。

(二)创新资源投入支持子系统的功能

知识经济时代,为提高企业创新能力,发达国家与新型工业国家都不断增加企业的创新要素投入,并且在科技研发领域企业的研发投入往往多于政府的财政投入。统计数据表明:日本和韩国企业 R&D 投入的 80% 为企业投入,新加坡和德国等国的企业投入也接近 80%,美国、英国等国的企业投入同样超过 70%,而在我国企业研发投入仅占全部投入的 45% 左右,与发达国家存在较大的差距。因此,创新资源投入对于提高企业创新能力有着积极的促进作用。从资源投入支持子系统的构成来看,高素质的企业人才无疑关联着自主创新活动的成败,从另一角度而言,

自主创新的过程也可能造就出一批既懂技术又懂管理的高素质复合型人才。资金是任何类型的企业经营运作的血液，其进行自主创新所经历的R&D、设计、试制和生产销售等阶段，无一不需要资金血液的大力输送。信息获取和传递渠道的通畅在一定程度上影响着自主创新的广度和深度。

企业资源投入支持子系统各构成要素的功能表现为：(1)企业创新力贯穿于研究开发、生产、销售和服务等各职能部门，是各部门优势发挥的综合结果，每个部门的人力资源都是创新的参与者，都对创新起着十分重要的推动作用。科学家和工程师越充裕，科技活动人员越充裕，R&D人员越充裕，则创新实现的可能性越高。(2)充足的资金保障和持续的资金投入是企业创新特别是原始创新的保证，对企业创新起着十分重要的推动作用。科技活动经费投入力度越大，技术改造经费支出投入力度越大，消化吸收经费支出投入力度越大，新产品开发经费支出投入力度越大，则创新实现的可能性越大。(3)企业信息获取和传递渠道是组织进行全员创新的知识保证，推动着自主创新的进程，因此，企业信息平台的建设水平越高，企业信息共享机制有效性越强，则创新实现的可能性越大。

(三)知识存量支持子系统的功能

知识存量是企业知识状态的重要属性之一，在企业核心技术能力形成中具有重要的作用，是企业成长、资源配置以及自主创新的关键要素，也是企业获得持续竞争优势的先决性基础条件[95]。企业知识存量结构和内容的优化必然带来企业技术能力的相应变化，从而带动企业自主创新能力的提升。同时，企业自主创新的开展同样会改变现有知识存量的状态，增加知识存量，优化知识结构。

知识存量支持子系统各构成要素的功能表现为：(1)企业显性知识中的知识产权越多，则企业自主创新能力越强；科技文献拥有量越多，则企业自主创新的知识积累越多，创新的思维越活跃；(2)企业的人力知识资本越丰富，则组织内自主创新的思想越活跃；企业内部对创新成功经验和案例的认同度越高，则员工对创新的崇尚程度越高，越有利于创新。

(四)生产制造支持子系统的功能

科技发展至今，企业的竞争力主要体现为产品、技术和服务的创新，而产品、技术形成于企业生产制造支持系统之中，生产制造系统是企业创新的产品产业化实现的保证，用户的需求和企业竞争战略对产品的需求都依赖于生产制造系统来实现[96]。产品的制造过程可以将企业的创新研究具体化，又可将用户的基本要求和特色要求相结合以满足需求。市场所反映出的企业竞争战略的要求同样需要通过生产制造支持系统来转化为对企业生产系统功能的现实要求。

因此,生产制造支持子系统各构成要素的功能表现为:(1)人是生产活动的执行者和控制者,工人素质决定了企业生产制造能力的总体水平。因此工程技术人员结构越合理,应对生产制造过程中突发技术状况的能力越强,创新的产业化越可能实现;工人的技术等级水平越高,对生产过程的把握越好,创新产品的质量越能得以保证。(2)设备水平对企业自主创新产生正向的支持作用,即装备越先进,对现代制造技术使用数量越大,工艺设计和管理水平越高,则越有利于创新。(3)当今社会科技发展日新月异,创新产品越快进入市场则越可能占领竞争高地,如果产品进入市场的周期过长,则很可能尚未进入市场即被淘汰。因此,在保证产品质量和功能的前提下,样机生产周期越短,模具生产周期越短,工艺准备周期越短,产品生产周期越短,则越有利于产品竞争,越能提高企业自主创新的积极性。

(五)市场营销支持子系统的功能

市场需求是企业自主创新的动力之一,也是自主创新的最终目的。对于营利性企业来说,技术创新成功与否最重要的标志就是市场效果的好坏,通过创新形成的技术和产品最终需要通过销售接受市场的检验。因此,技术创新与市场营销是相互渗透、互相联系、互为前提和补充的有机整体[97]。对于企业自主创新而言,市场营销过程能够为其提供技术发展信息、客户需求信息和市场竞争信息,自主创新不能超越或滞后于市场需求的实际水平,更不能忽视市场购买者的承受能力和未来趋势。

因此,市场营销支持子系统各构成要素的功能表现为:(1)针对开发新产品或进行重大技术改进的企业调研机制越完善,处理客户反馈信息的有效性越好,则企业市场调查研究能力越强,对自主创新的支持力度越大。(2)企业销售渠道的管理和控制水平越高,获取竞争对手新产品信息的能力越强,营销队伍建设水平越高,企业品牌管理水平越高,售后服务和技术支持水平越高,则企业销售能力越强,越有利于创新目标的实现,对创新产生积极的正向支持作用。

三、企业自主创新外部支持系统的构成

如前所述,企业自主创新外部支持系统包括市场环境支持子系统,政策法规支持子系统,资源环境支持子系统,服务环境支持子系统,科学技术支持子系统和社会文化支持子系统。

(一)市场环境支持子系统的构成要素

市场对企业而言是一把双刃剑,在为企业自主创新提供动力的同时也带来压力。良好的市场体系有利于企业创新,而无序的市场体系则会阻碍企业创新活动

的进行。自主创新需要一个公平、统一、开放、竞争有序的市场环境。市场环境支持子系统的构成要素包括：

1. 市场竞争的激烈程度

市场竞争是市场经济中同类经济行为主体为自身利益考虑，以增强自己的经济实力，排斥同类经济行为主体的相同行为的表现[98]。市场竞争的激烈程度可以从所处行业市场前景景气程度、市场化水平、市场竞争强度、竞争的公平程度等指标进行判断。

2. 市场秩序的规范程度

创新成果通过市场机制进行转化，交易各方基于市场规则、市场道德和信用进行合作，市场秩序的规范程度对创新成果的市场化进程产生十分重要的影响。因此，市场秩序的规范程度又可从以下两方面进行衡量：(1)市场规则的完善程度；(2)市场道德和信用的良好性。

3. 市场体系的健全程度

市场体系健全程度可从两个方面考察：(1)市场需求水平。市场需求是指一定的顾客在一定的地区、一定的时间、一定的市场营销环境和一定的市场营销方案下对某种商品或服务愿意而且能够购买的数量[99]。市场需求是创新的起点，与传统技术推动型创新方式不同，现代创新行为更多地基于市场需求的拉动。(2)技术要素市场健全程度。技术要素市场是国家创新体系的重要组成部分，在科技资源配置方面发挥基础性作用，是我国科技成果转化的重要推动力量，因此，技术要素市场的健全程度对企业自主创新产生一定影响。

(二)政策法规支持子系统的构成要素

政策法规支持子系统指影响企业自主创新活动的各种政治因素以及规范和保障创新过程的各类法律法规因素的集合体。政府政策法规是企业创新的外在诱导力，其主要作用是协调国家公共财政资源，形成对研发资源的有效配置，使之充分发挥效应，鼓励企业进行创新活动，维护创新主体的合法利益。

政策法规支持子系统的构成要素包括：

1. 财政政策

财政投入是政府支持企业创新的直接途径，通过预算投入财政资金直接用于科学研究的支出，或通过财政拨款来鼓励企业从事创新活动，并且对一些新兴或重点领域给予倾斜性的政策支持[100]。财政投入政策主要分为三部分：(1)减税政策。减税政策是政府经常使用的一项财政手段，其对企业的影响效果较为明显，通过对创新产品施行税收减免、出口退税等各项措施来提高企业的创新积极性，推动企业自主创新进程。(2)政府采购。政府采购是指国家各级政府为从事日常的政务活动或满足公共服务的目的,利用国家财政性资金和政府借款购买货物、工程和服务的行为。通过对创新产品的采购,扩大了企业新产品的市场,增强了企业的创新信心。(3)创新资助专项资金。创新资助专项资金是政府部门以无偿或贴息的形式直接对企业进行的资金投入支持。

2. 融资政策

企业创新需要大量资金投入,国家财政投入和企业自有资金数量有限,需要通过向金融机构和民间风险投资机构融资才能满足资金需求。长期以来我国企业融资难的问题一直制约创新的开展,而融资政策对于创新的支持越来越重要。影响企业自主创新的融资政策包括:(1)政府信用担保。与政府直接财政投入相比,信用担保能够以较少的公共支出吸引大量的社会资金资源,既能够扩大对创新的投入,又不会引起通货膨胀,是一项有效的融资政策。(2)政府自主创新引导性投资。与信用担保类似,是另一项支出少、效益高的融资政策,既能够调节社会资金配置,又能够帮助企业获取所需的创新资金。(3)风险投资制度。风险投资资金是企业创新资金的重要来源,而其对于高收益的追求则可能导致一系列社会问题的出现,因此有效的风险投资制度能够引导投资进入正确的领域并帮助企业创新。

3. 知识产权保护

知识产权保护对于保证企业创新收益尤为重要,国外发展经验表明,完备的知识产权保护制度能够帮助企业维护自身权利并推动市场秩序向规范化方向发展,从而保护企业自主创新积极性。知识产权保护对企业创新的支持力度可从知识产权保护法律制度的完善程度和公民知识产权法律保护意识两个方面进行衡量。

(三)资源环境支持子系统的构成要素

资源依赖理论认为,企业的行动自由被局限于满足那些给予企业生存所需资源的外部实体的需要。对资源的需求能否得到满足直接制约着企业自主创新的实现程度。资源是创新的根本和前提条件,因此资源环境支持子系统是构成企业自主创新外部支持系统的重要部分。资源环境支持子系统的构成要素包括:

1. 人力资源环境

企业技术具有很强的针对性,其对专业人才的需求强烈。企业往往通过与特定人才培养单位签订用人合同,从特定的高校、研究所获得所需人力资源。人力资源环境的状况可通过以下指标考察:(1)技术工人的充裕程度;(2)劳动力综合素质水平;(3)人才流动机制的有效性;(4)人才培养和引进的力度。

2. 融资环境

当企业规模较大时,科研、生产过程中需要大量的资金投入,因此需要向外寻求融资支持。一般而言,企业的融资对象包括银行、风险投资等。可从下列指标考察:(1)获取银行贷款的难易程度;(2)市场融资渠道的通畅程度;(3)资本市场的完善程度。

3. 基础设施环境

基础设施环境建设是企业正常生产经营的基础,普及性的互联网络建设为企业信息获取和传递提供基础条件,便利的交通物流设施保证原材料和产品进出的通畅性,创新、创业教育基础设施建设为企业培养创新型人才和发展创新文化创造了条件。因此,基础设施环境可从以下方面进行衡量:(1)互联网普及程度;(2)交通物流设施的便利程度;(3)创新、创业教育基础设施的建设情况。

(四)服务环境支持子系统的构成要素

服务环境支持子系统指包括各类科技中介服务机构在内的,能够为企业自主创新提供各种中介服务的组织及其相互之间的联系所构成的整体。科技中介服务是提高区域创新能力的关键[101]。党的十七大也指出,科技中介服务的发展对于提高我国科技创新能力具有十分重要的意义。“十二五规划”提出:健全创新公共服务体系。建设一批重点领域的产业技术创新服务平台,发挥社会组织在科技评价中的作用,完善科技中介服务体系,探索科技服务产业发展的新机制。壮大技术交易市场。完善标准、计量和检验检测技术基础支撑体系,加快建设以国家级检测机构为核心、社会资源共建共享的检验检测服务体系。鼓励高等院校和中等职业学校设置与战略性新兴产业相关的学科。因此,科技服务环境对企业创新的作用不可忽略,服务环境支持子系统的构成要素包括:

1. 创新服务机构建设情况

创新服务机构建设情况指包括高新技术开发区、科研机构、科技园、科技企业孵化器、生产力促进中心和专利代理机构在内的专业服务机构的建设规模和数量。

2. 创新服务机构服务支持水平

创新服务机构服务支持水平对于支撑创新十分重要,一般包括产学研合作水平,服务机构人员素质水平,服务机构的服务便捷性、有效性等内容。

(五)科学技术支持子系统的构成要素

对于刚进入某个领域的企业而言,快速的发展战略是选择通过技术引进首先进入技术成熟的产品领域,再通过对引进技术的消化吸收而后跃迁到处于转换阶段的产品领域,最后通过在基础研究方面的持续投入开展自主创新,形成独特的新产品领域[5]。因此行业中已有技术的存在为企业提供了一个较高的发展平台。丰富多样的科学技术为企业提供了更多可供参考的创新方向,也在一定程度上提高了企业的创新效率。丰富多样的技术成果满足了企业全方位创新的需要，推动了企业自主创新的步伐。

行业内的技术存量，技术标准体系，技术市场，技术合作，技术转移等要素构成企业自主创新的科学技术支持系统，该系统与企业自主创新的联系表现为技术和技术源两个方面，因此，科学技术支持子系统的构成要素包括：

1. 技术

技术要素表现为：(1)技术的丰富多样程度。科学技术的多样性表现为全社会、全行业的技术储备，丰富多样的技术成果能够给予企业创新的灵感，支持企业的创新行为。(2)技术标准体系建设的完善程度。科学技术的标准化主要表现为行业技术的规范性、兼容性，行业技术标准程度越高企业创新的方向越明确，创新产品的生命周期越长。

2. 技术源

技术源要素表现为：(1)技术市场的交易活跃程度；(2)企业间技术合作水平；(3)高等院校、科研院所与企业合作创新水平；(4)科技市场技术转移的水平；(5)科技市场对国外先进技术的消化吸收能力。

(六)社会文化支持子系统的构成要素

社会文化支持子系统指存在于企业自主创新系统周围并影响创新活动的各种文化因素的集合，主要表现为文化类型和价值观。开放型文化与封闭型文化会分别形成两种不同的文化气质和底蕴，在自主创新过程中发挥不同程度的激励作用，创新型文化构成知识型社会的基础[102]。只有在适合于自主创新开展的社会文化环境中，企业自主创新活动才能够顺利进行并实现预期目标。

社会文化支持子系统对企业自主创新的支撑作用逐渐受到政府的关注与重视，在企业生产诸要素中，人才、资金及技术是可以流动的，社会文化环境是相对固定的。崇尚创新的社会文化环境是企业自主创新的基础、源泉和动力。其中，社会文化支持子系统对企业自主创新活动和效益产生直接影响的要素主要包括创新文化、创新与创业教育等。

1. 创新文化

创新文化表现为：(1)消费者愿意购买正版产品的社会风气。一般来说，“打击盗版，支持正版”是消费者支持企业创新主要体现，能够对创新行为产生直接而积极的作用；(2)“鼓励探索，容忍失败”的社会氛围。社会范围内对创新失败的宽容在精神层面鼓励着企业家的创新行为，“鼓励创新、容忍失败”是创新文化的核心，在企业创新过程中起着决定性的作用；(3)消费者的产权意识强度。产权意识决定了消费者对待创新的态度，是创新文化的重要组成部分。

2. 创新、创业教育

创新、创业教育对于社会创新文化的形成有着直接推动作用，通过创新教育培养经济主体的创新精神，通过创业教育提高企业家的创新能力，长此以往便能形成良好的社会创新氛围，支持企业的创新活动。

四、企业自主创新外部支持系统的功能

（一）市场环境支持子系统的功能

市场是检验创新成功与否的关键，而市场的需求是企业进行创新的原始动因，未被满足以及正在改变的消费者需求是推动企业创新的有效刺激。在经济发展的不同阶段，由于企业产品服务的对象（包括个人客户和企业客户）对产品的需求也不同，因此，企业的创新重点也应该不同。企业开展自主创新的重要外部拉动力之一就是市场竞争，由于市场竞争的存在，企业为了战胜竞争对手，赢得丰厚的市场利润，主动地去开展自主创新，寻找机会[103]。市场秩序是与企业创新相关的第 3 个要素，没有诚信的供应商和客户，即使创新成功也不一定能够给企业带来创新效益。

因此，市场支持子系统的功能表现为：(1) 市场竞争的激烈程度这一因子影响企业的创新意愿，对企业创新动力起着反向的推动作用，市场竞争越激烈，企业为了生存就必须进行创新，创新动力就越强，反之则创新意愿较弱。(2) 市场秩序对创新主体产生正向作用，即市场规则越完善，创新主体进行创新的积极性越高；市场道德和信用越良好，主体参与创新的意愿越强烈。市场道德和信用主要体现为两个方面：一是供应商诚信度，其对产品产量产生影响，当供应商具备较高的诚信度时，原材料的供应得到保障；反之，无法及时供应或质量不满足要求的原材料供应则会对产品生产产生严重的阻碍，进而影响产品销量、企业利润以及市场份额。这些后果将直观表现为企业无法在第一时间抢占市场。二是客户诚信度，其对企业销售量产生影响，表现为低诚信度的客户可能出现下单后毁约的情况，进而对企业造成重大损失[104]。(3) 市场体系这一因子从根本上影响着创新的整个过程。市场需求是创新的动力和目标，较高的市场需求水平必然促使企业进行自主创新，而规范有效的技术要素市场，则帮助创新主体获取各项需要的技术要素来完成创新目标。

（二）政策法规支持子系统的功能

政策法规支持子系统的功能表现为：(1) 有效的政府优惠财税政策。如对创新产品进行减免税、给予 R&D 以税收优惠等，短期来看使企业的利润增加，长期来看则引导了企业的发展方向，对企业的创新起到正向的推动作用；政府直接采购企业

的创新产品则直接增加了创新产品的销售量，实际是对企业自主创新的鼓励和支持，是支持企业自主创新的最直接做法，大大缓解了创新产品的销售压力，对企业的创新动力起到正向的推动作用；专项资金投入能够直接增加企业的 R&D 物质投入，保证企业自主创新研发环节的外部资金支持，提高企业自主创新意愿，正向推动企业创新能力发展。（2）有效的政府信用担保制度、自主创新引导性投资和风险投资制度都从政策层面帮助企业扩大创新资金的来源，能够有效推进创新活动的开展。（3）完善的知识产权保护条例能够帮助企业增强技术壁垒，保护企业创新成果，维护自身核心技术能力，有效促进企业自主创新能力的提高，对企业创新动力起到正向的推动作用。

（三）资源环境支持子系统的功能

资源环境支持子系统的功能表现为：（1）人才对企业创新能力起到正向的拉动作用，由于人才是企业实施创新活动的基础，该因素对创新过程的多个环节产生作用，包括发明设计、设计细化等环节，因此技术工人越充裕，劳动力综合素质水平越高，人才流动机制越有效，人才培养和引进的力度越大，则人力资源环境对创新的作用越大。（2）外部融资支持对企业创新能力起到正向的推动作用，由于企业的研发、生产资金较之传统企业更加庞大，因此在融资过程中可能会遭遇最高信贷额限制，导致企业融资渠道获取资金量的减少，进而限制了企业的 R&D 资金投入量。因此，银行贷款越容易获取，市场融资渠道越通畅，资本市场越完善，则融资环境鼓励创新的作用越大。（3）外部基础设施建设对创新活动的开展产生影响，即互联网越普及，交通物流设施越便利，创新、创业教育基础设施建设得越好，则越有利于创新活动的开展。

（四）服务环境支持子系统的功能

科技中介服务的主要内容包括与科技创新直接相关的信息交流、决策咨询、资源配置、技术服务以及科技签证等业务，这类服务能够帮助创新主体与市场之间进行知识交换和技术转移，能够有效降低企业的创新成本，帮助企业化解创新过程中可能出现的风险并能够加快科技成果转化速度，提高区域科技创新能力，对企业自主创新活动有着重要的促进作用。

服务环境支持子系统的功能表现为：（1）高新技术开发区、科研机构、科技园、科技企业孵化器、生产力促进中心和专利代理机构等专业服务机构数量越多，规模越大，则提供的创新服务越多。（2）产学研合作水平越高，人员素质水平越高，服务越便捷有效，则提供的创新服务越专业。

（五）科学技术支持子系统的功能

科技的发展必然带来人类社会生产力的提高、新产品的推出以及新产业的涌现，进而形成企业和企业生态的突变，因此，可以认为科技发展是企业自主创新的基础条件[105]。社会科技水平和科技力量应该是企业创新的可借鉴力量和支撑。

科学技术支持子系统的功能表现为：(1)科学技术的多样性对企业自主创新能力产生正向推动作用。这一因子拓宽了创新思路，提高了新产品市场化的成功率，对完善新产品功能也起到了一定作用。(2)科学技术的标准化对企业自主创新能力产生正向推动作用。这一因子给其他有意愿从事该领域生产的企业造成了技术壁垒，提高了进入该领域的难度系数，实际上是为行业内现有的企业提供了保护。(3)技术市场交易活跃程度越高，企业间技术合作水平越高，高等院校、科研院所与企业合作创新水平越高，科技市场技术转移的水平越高，科技市场对国外先进技术的消化吸收能力越强，则技术进步提高企业创新能力的可能性越大。

（六）社会文化支持子系统的功能

社会文化支持子系统的核心是创新文化，而创新文化的精髓则是鼓励探索、容忍失败、包容个性。创新是一种冒险行为，总是或多或少地存在失败的可能。因此必须使自主创新的重要意义为全社会所认识，使有助于社会发展的创造意愿为全社会所尊重，使自主创新成果为全社会所肯定，才能真正以创新文化鼓励创新活动、发挥企业创造才能[97]。

社会文化支持子系统的功能表现为：(1)积极的创新文化对企业创新动力产生正向的推动作用。自主创新并不总是成功的，反而失败的风险更大，优秀的创新文化将会加强企业的创新意愿，提高其增加自主创新研发投入的意愿；消费者对创新行为的支持积极地推动着企业的创新行为，其强烈而鲜明的产权意识以及打击盗版支持正版的意愿能够有效提高企业的自主创新热情，进而增加产品产量和销量。(2)重视创新精神的社会教育和有效的创业培训活动从根本上改善了社会创新文化和人们的价值观，对创新活动产生正面而积极的推动作用。

第四章　企业自主创新支持系统的运行机制分析

第一节　企业自主创新内部支持系统的运行机制分析

从自主创新内部支持系统的耦合情况来看，企业的创新起源于知识存量系统属性的改变，企业在长期知识交换与学习的前提下形成新的创新概念。此时，通过管理与制度支持子系统的运行，明确企业创新活动的各项安排与目标，结合资源投入系统，实现资源的合理配置与使用，使创新活动有序开展。创新成果的产品化则通过生产制造支持子系统实现，人员、设备的合理配置为产品生产活动的开展提供了保障。市场营销子系统通过市场调查、策划和推广将产品推入市场，进一步扩大产品的市场占有率，最终实现创新产品的商品化和产业化。内部支持系统的 5 个子系统相互配合、互相促进，共同构成了推进企业创新发展的内部环境。

企业自主创新内部支持系统主要的运行机制涉及以下 4 个方面。

一、决策机制

企业自主创新涉及面广，影响因素多，不仅关系到企业的创新产品是否适应市场及消费者的需求，而且关乎企业的成长与发展。因此，自主创新要牢牢把握创新活动各环节的主动权，充分权衡各项影响因素，根据企业生产经营的状况决定企业人、财、物的投向。在企业自主创新活动中，管理与制度支持子系统决定着决策机制的有效运行。决策机制的影响贯穿整个自主创新过程，涉及企业自主创新及市场战略的制定、创新人才的培养和引进以及创新技术的选择。所以，企业自主创新内部支持系统的决策要综合评估创新收益，在充分考量各因素影响的情况下，运用现代综合信息技术建立决策支持系统，实现科学、快速、高效率决策的目标。

二、协调机制

协调指以实现系统共同目标为宗旨，通过调节系统内构成要素的耦合互动关系，形成要素间行为的步调一致，进而产生系统合力。在创新目标的指引下，企业需要进行全方位、多角度的综合协调。在企业自主创新内部支持系统中,协调机制影响着子系统之间的互动联系。在知识存量支持子系统中,鉴于企业人员的流动及分散性特征,知识分布于系统运行的各个环节。协调机制的主要任务便是聚合这些分散的知识,产生知识合力以形成企业自主创新的知识基础。另外,协调机制还有助于管理与制度支持子系统的良好运行,当团队成员的目标与组织目标相协调之后,便能够形成该组织特有的创新文化。

三、激励机制

企业进行自主创新,创新人才的培养与创新团队的建设是关键,在企业自主创新内部支持系统中,管理与制度支持子系统与创新资源投入支持子系统之间的相互协调构成激励机制实现的基础。管理与制度支持子系统为激励机制提供了激励目标,而创新资源投入支持子系统为激励机制提供了物质保证。良好有效的激励机制可以促进员工之间的竞争与合作。在企业自主创新内部支持系统中,激励机制必须建立在有利于创新团队产出的基础上,激励机制的着眼点不仅要考虑成员现有的需要,更重要的是使组织目标内化为系统成员的内在需求,并根据需求制定个性化激励措施,培养成员的群体意识、组织认同感及忠诚度,打造创新团队,实现企业利润的最大化[106]。

四、分配机制

公平合理的分配机制能够保障系统的正常运行并促进系统成员的积极性。自主创新过程中形成的知识和技术等无形资产,其价值大小无法准确评估,并且由于不确定因素和风险的存在,很难精确判断各创新投入要素的贡献率大小。因此,利益分配需要遵循利益共享、成本分摊、风险共担的原则,建立合理的收入分配机制是确保企业创新目标实现的可靠保证。在企业自主创新内部支持系统中,分配机制与激励机制互相配合共同对创新活动进行影响,管理与制度支持子系统和创新资源投入支持子系统的共同作用同样是分配机制得以实现的基础。

第二节　企业自主创新外部支持系统的运行机制分析

市场环境支持子系统是企业自主创新的首要拉动力量,政策法规和社会文化子系统激励着企业的创新行为,服务环境、科学技术和资源环境子系统为企业创新提供条件保障。企业自主创新外部支持系统的运行机制主要包括系统的政府宏观调控机制、市场导向机制、动力机制、协同机制和条件保障机制等。这些运行机制通过共同作用融入到企业自主创新体系中,使企业自主创新系统实现良性运行[107]。

一、市场导向机制与政府宏观调控机制

企业自主创新活动与一般经济活动不完全一样，其自主创新活动比一般经济活动更为复杂，在满足企业发展需要的同时，还根据社会经济发展的客观要求，满足国家实现价值增值，提升竞争力的需求。企业自主创新活动具有风险大、回报周期长的特点，企业难以作为独立的行为主体来实施。因此，市场规律在某种程度上也会失效，必须依靠市场机制与政府宏观调控机制的有机结合。政府采取相应措施建立起完善的市场体系，通过市场机制的主导作用和政府宏观调控引导，使市场需求成为企业自主创新的根本动力。

二、动力机制

企业创新外部动力存在于企业外部，对企业自主创新行为产生影响，动力机制是企业自主创新外部支持系统运行的根本，主要由市场动力机制、政府宏观推动机制、条件保障动力机制、利益驱动机制及激励驱动机制、风险动力机制等组成。企业外部创新动力要素包括市场竞争、市场需求、政府支持等。市场竞争迫使企业通过不断地进行自主创新来提高其在激烈市场竞争中的优势；市场需求在很大程度上引导了创新的方向，其最终结果是促使研究开发项目的产生。目前，我国市场化程度不是很高，以多元化的创新动力机制为主，包括市场动力机制、政府对技术自主创新的宏观推动、自主创新的基础支持条件、有效的利益分配制度、企业—高校—科研院所等机构参与创新的利益驱动机制和激励驱动机制等。

三、协同机制

企业自主创新外部支持系统是一个复杂庞大的系统。为了确保该系统的良好运行和发展，必须建立良好的协同机制，确保不同的创新支持要素能够协同一致地合理分工、正确定位，实现各支持系统子系统协同发展、相互促进，从而实现企业自主创新活动顺利开展的目标。

四、保障机制

企业自主创新外部支持系统的保障机制主要包括信息、基础设施、政策法规、资金等。为了增强企业自主创新能力，需要从上述方面入手，建立保障机制。在信息、基础设施等保障机制方面，主要通过加大投入进一步完善企业自主创新的基础环境；在政策法规保障机制方面，主要通过政府制定各种有利于企业自主创新的政策法规，进而建立鼓励、保护和引导企业自主创新的政策、法规与制度保障机制；在资金投入保障机制方面，采用政府投入为引导、企业投入为主体、社会投入为补充

的多元化体系，积极利用风险资金、证券市场融资、国外引资等多渠道的资金来支持企业自主创新。

第三节　企业自主创新支持系统的整体运行机制分析

企业的创新活动受到内外支持系统的共同影响，其中外部支持系统为企业自主创新提供了机遇，而内部支持系统为企业自主创新提供了条件保障。内外部支持系统相互联系、相互制约，共同支持着企业的创新过程。其整体运行状态如图4.1所示。

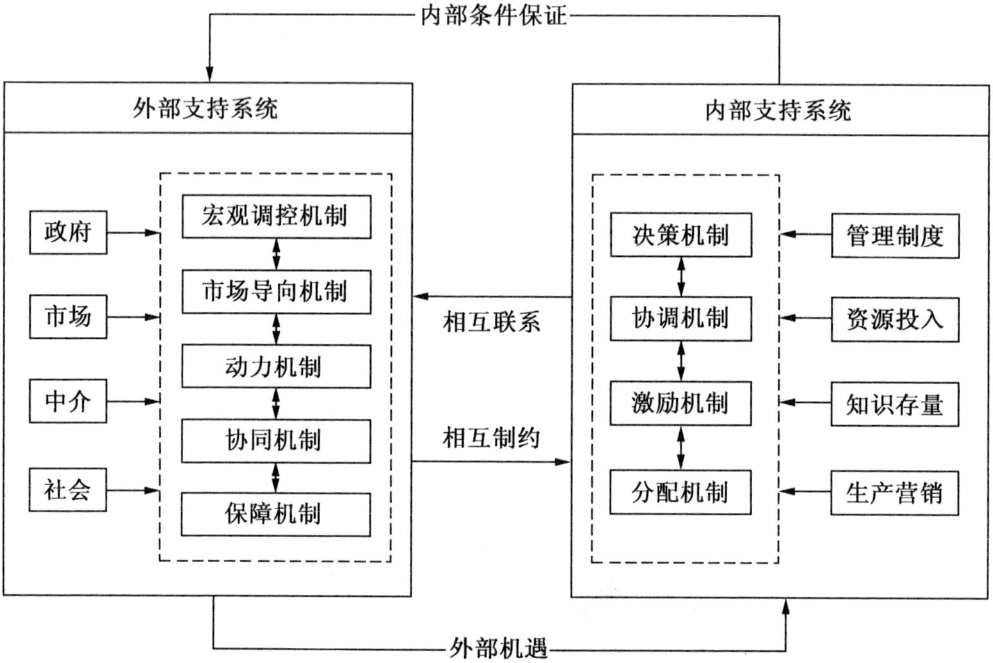

图4.1　企业自主创新支持系统的运行分析

企业是创新的主体，企业内部各项人、财、物等有形资源和文化、信息等无形资源的综合使用是企业自丰创新的条件保证，在此基础上通过对政府、市场、中介及其他社会资源的有效利用和协调，通过宏观调控机制、市场导向机制、动力机制、协同机制和保障机制的有机结合，充分发挥外部支持系统对创新的推动和促进作用。

创新企业在充分考虑自身条件的基础上，根据市场需求和竞争情况进行创新战略选择；通过对自身资源结构的调整，使组织内部个人目标与创新目标一致，充分利用组织内外的物质基础、社会资源进行自主创新；通过创新进一步丰富企业的资源储备和发展能力，确保能够发现并抓住外部创新机遇，进入创新良性循环。

企业自主创新支持系统在其整体运行过程中形成了自己独特的规律性，也就是支持系统整体的运行机制。具体地说，企业自主创新支持系统的运行机制包括作用机制、监控机制、营造机制 3 个方面[108]。

一、作用机制

作用机制是指企业自主创新支持系统对企业自主创新系统的影响规律。企业自主创新支持系统用自身的方式对企业自主创新系统的运转施加影响，并且随着自主创新活动的复杂性的加剧，支持系统的作用得到更明显的体现；同时其作用也会由于受到创新主体的外在影响而发生变化。它以企业自主创新支持系统基本功能（创新动力—行为—能力的生成与发展）的发挥为核心而展开，具体包括作用实质、作用途径、作用对象和作用方式等内容，这些内容共存于一个完整的有机体内。

二、监控机制

监控机制是企业自主创新支持系统内部的自我调控部分，表现为按照创新主体的意志干预和影响而人为建立起的一套调控系统。在引入对企业自主创新支持系统运行效果的评价体系后，使得对支持系统的监督更加有效。企业自主创新支持系统监控体系是一个严密完整的系统，其作用有严格的程序，监控的内容、途径、方法、原则都十分清晰而具体，监控的有效性是检验该机制的核心指标。

三、营造机制

为保障企业自主创新活动的顺利开展，建立和完善高效的企业自主创新支持系统是政府部门、科技主管部门和企业的共同目标。企业自主创新支持系统的发展演化具有特定的规律，建设高效的企业自主创新支持系统所必须遵循的规律就是企业自主创新支持系统的营造机制。在企业自主创新支持系统营造过程中，最重要的是明确企业自主创新支持系统的营造目标。企业自主创新支持系统本身是一个庞大的社会系统，其内容也十分繁杂，在营造过程中应遵循实事求是、发展优先、先易后难的原则，制定出有针对性的具体办法才能达到预期的效果。

第五章　企业自主创新支持系统的作用机理分析

构建企业自主创新支持系统目的在于:第一,产生强大的自主创新动力,激励企业进行自主创新活动;第二,充分发挥系统要素的约束与引导功能,对企业自主创新行为进行必要限制和诱导,把握创新的方向,减少企业自主创新活动的"技术风险";第三,建立高效和完善的企业自主创新支持系统,摒除企业创新活动中的障碍和制约环节,提高企业自主创新的效率和效益。

第一节　企业自主创新动力形成机理

一、企业自主创新动力机制模型

企业自主创新动力是指企业受到外在的和自身的激励与压力,产生创新欲望和要求进行自主创新活动的一系列约束和激励条件。自主创新的动力是企业自主创新活动开展与强化的力量源泉,其强弱程度与企业创新的速度、规模正相关,决定了自主创新能否顺利开展[100]。

企业自主创新动力水平是由其动力需求与动力供给两方面共同决定的。核心技术的需求与外部核心技术供给的差额决定了企业自主创新动力的需求,如图5.1所示。

企业自主创新动力供给也就是促使企业产生创新的动力。企业自主创新动力的供给取决于其自主创新内部支持系统和自主创新外部支持系统的发展建设水平。

(一)企业自主创新内部支持系统的自主创新动力供给

企业自主创新动力的内部供给来源包括企业管理与制度支持子系统、企业创新资源投入支持子系统、知识存量支持子系统、生产制造支持子系统、市场营销支持子系统等。如图5.1所示以下分别对企业自主创新内部支持系统的各个构成子系统的动力供给进行描述。

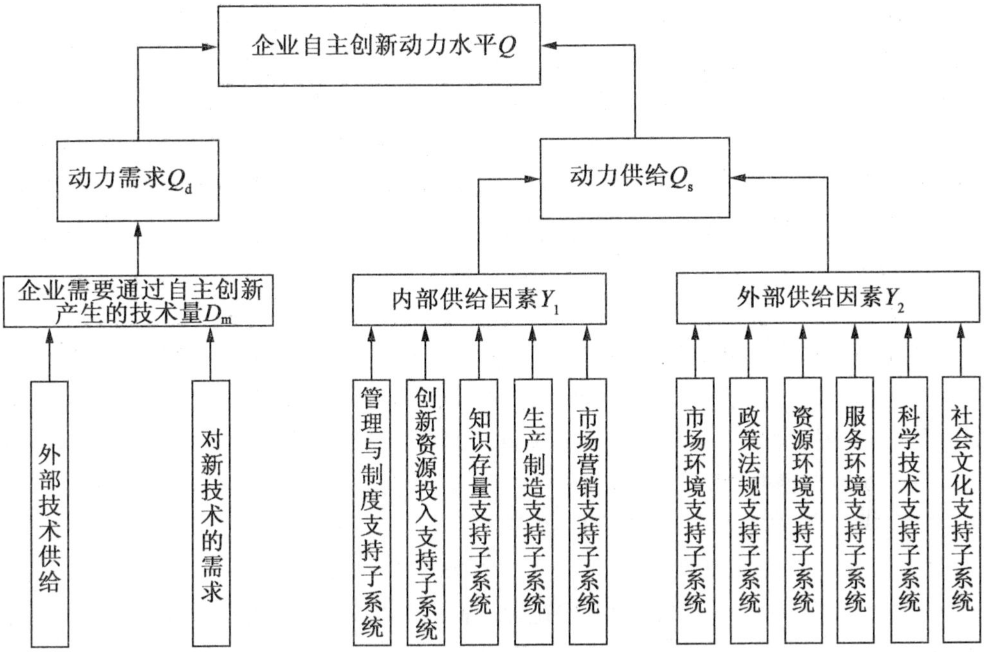

图 5.1　企业自主创新动力供求分析

1. 企业管理与制度支持子系统

企业管理与制度支持子系统主要指企业内部制度规章及非正式制度安排，这里主要是指企业的激励机制。激励机制是组织者为了使组织成员的行为与其目标相容，并充分发挥每个成员的潜能而执行的一种制度框架。它通过一系列具体的组织行为规范和根据组织成员生存与发展要求、价值观等设计的奖惩制度来运转[109]。自主创新作为一项复杂工程，其核心在于具有企业家精神的企业领导者及工程技术人员。要调动这些关键人员的创新积极性，激发起他门的创新欲望，关键就在于建立起有效的企业创新激励机制，包括精神激励和物质激励两个方面。企业通过制定刺激性的自主创新鼓励政策和对有重大贡献的员工给以丰厚的物质奖励和多样的精神鼓励，来提高员工钻研技术、开发技术的积极性，调动科研人员的主动性和创造性，使他们以最活跃的姿态参与到各项科研活动中，从而使企业的自主创新充满了活力。

2. 企业创新资源投入支持子系统

一般而言，我国企业除了技术发明外，还可以通过从发达国家引进已有的、比较先进的技术来达到技术“创新”。我国企业一般倾向于利用与发达国家存在的技术差距，通过技术模仿和引进来实现创新。由于超过专利保护期的技术引进，根本不需要购买，进而导致很多技术模仿和引进不需要花费成本，这样就导致我国企业自主创新的风险与成本要远高于发达国家企业自主创新活动的风险与成本。因此,放弃自主研发创新,转而依靠技术引进就成为我国大部分企业的理想选择。只有企业具备良好的物质基础,即有可用于自主研发的资金投入、优秀的管理人才和技术人才,企业才可能开展真正意义上的自主创新。这也是为什么大企业自主创新的可能性大于中小企业。自身的实力是企业在进行创新战略选择时必须考虑的。因此,企业创新资源投入支持子系统的建设水平及实力是企业自主创新的一大动力决定因素。

3. 企业知识存量支持子系统

显性知识与隐性知识作为企业知识存量支持子系统的两个重要组成部分,是企业自主创新活动的重要影响因素。由于资源的稀缺性,企业创新所需资源(包括人财物等)的投入都是有限的,而只有知识的增值空间是没有上限的。企业的增量知识严格依赖于企业知识存量支持子系统。建设与完善企业的知识存量支持子系统,就必须对企业的显性知识和隐性知识进行有效的管理,实现企业相关知识的广泛集纳、有机融合、共存共享、有效转化。其最终目的在于引导和激励企业的自主创新,使企业拥有自己的专利、发明创造,新产品、新工艺、新流程、新技术。可以说,知识存量支持子系统是保障企业可持续发展的创新之本。

4. 企业生产制造支持子系统

一般来说,可靠的生产制造能力是产品质量稳定提高的保证,更是产品更新换代的必要条件,没有先进的制造技术和设备,再好的创新产品也无法实现产业化。本书此处的生产制造支持子系统强调的是帮助企业技术创新实现的制造能力。具体而言,它是指把企业研究开发成果转化为符合设计要求的可批量生产的产品的能力。目前我国大多数企业技术创新能力差、自主研发能力差的一个重要原因,就在于相当一部分企业不具备相应创新产品的生产制造设备及工艺。也就是好的创新产品只有依赖先进的生产设备、生产工艺,才能最终变为现实的产品,并实现大规模生产制造。因此,企业生产制造支持子系统的建设水平也是决定创新动力的一大因素。

5. 企业市场营销支持子系统

市场营销支持子系统作为企业自主创新内部支持系统的一部分,决定着市场能否接受新产品,从根本上决定了该项创新的成功与否。也就是说,如果企业具有良好的产品(特别是新产品)市场营销支持子系统,就会对企业自主创新活动起到一定的激励作用。这是因为:一方面良好的市场调研能力,能够为企业做出正确创新决策提供帮助,从源头上保证企业创新活动方向的正确性;另一方面良好的市场营销能力能够最终影响企业研发新产品的销售量、市场份额和市场竞争能力,从市场终端决定了创新的经济收益。因此,良好的市场营销支持子系统能够为企业提供强大的创新动力。

(二)企业自主创新外部支持系统的自主创新动力供给

企业自主创新动力外部供给因素包括市场环境支持子系统、政策法规支持子系统、资源环境支持子系统、服务环境支持子系统、科学技术支持子系统、社会文化支持子系统等。

1. 市场环境支持子系统

完善的市场体系是市场机制有效运行的重要保障和前提条件,也是企业自主创新动力机制建立及其有效运行的外部保障条件。公平的市场竞争环境通过需求拉动、竞争推动产生自主创新的牵引作用[110]。这种牵引一方面是市场客观调节和配置的结果;另一方面与企业主动谋求与客户、竞争对手建立战略合作关系有关。与客户建立技术创新的紧密型合作关系,将企业与客户的技术链通过供应链进行连接,帮助提高客户的竞争能力,形成企业自主创新的需求拉动力。与主要竞争对手建立技术创新的战略联盟,共同策划、研究重大共性技术课题,分担技术风险,形成自主创新的竞争推动力。总之,市场环境支持子系统提供企业自主创新的牵引力。

2. 政策法规支持子系统

政策法规支持子系统和市场环境支持子系统是企业自主创新外部支持系统中的两个最为关键的子系统。其中,市场环境支持系统提供企业自主创新的牵引力,而政策法规支持子系统提供动力,二者互为补充,都将直接或间接地转化为企业利益驱动力,成为企业自主创新的动力源泉。在某种意义上,政策法规可看做是以政府为主导的一种动力补充。这是因为:虽然市场在激励自主创新方面具有自组织、自我加强的功能,但其自身具有无法克服的功能性缺陷。第一,由于创新产品存在一定的公共物品性质,单靠市场机制无法保证创新活动会达到最优规模水平,也就是市场失灵;第二,与创新有关的产权制度及有关政策支撑,市场并不能够解决;第三,由于市场信息效率的问题和不同自主创新预期利润率的差别,市场需求的诱导作用是有限的,不能完全实现创新成果的供求一致。鉴于以上原因,需要政府制定相关的政策法规来为企业创新活动提供支持。

3. 资源环境支持子系统

资源环境支持子系统主要是相对企业创新资源投入支持子系统而言的,因为资源环境支持子系统对企业自主创新活动的支持是通过企业创新资源投入支持子系统来最终发挥作用的。企业自主创新过程所需要的资金、人才等资源一方面主要来源于企业自身的存量储备,也可以根据创新活动所需的资源数量和质量要求,通过资源环境支持子系统来间接获取。本书只考虑资源环境支持子系统中的融资环境、人才环境。企业自主创新活动作为高投入高风险的经济活动,大规模的资金投入贯穿整个过程。宽松的融资环境可以缓解企业所面临的创新资金短缺障碍,相对容易获取企业自主创新所需要的资金,可以激发企业管理者启动创新计划。企业所面临的人才资源环境也是影响企业自主创新动力的一大因素。自主创新存在诸多环节或阶段,包括思想形成、应用研究开发、生产及销售等,这些过程需要依赖人的活动才能完成。如果企业所处的人才环境比较优越,则企业自主创新系统可以不断地同人才环境发生交换和互动,避免企业创新系统所需的人才资源的匮乏和枯竭。

4. 服务环境支持子系统

服务环境支持子系统作为促进自主创新成果向经济效益转化的重要纽带,其发展建设对企业自主创新活动的顺利开展具有重要作用。一个好的服务环境可以降低自主创新交易成本和自主创新风险,完善的社会服务环境可以为企业提供管理咨询、市场营销、科技成果转化、法律支援等多方面的支持。因此,服务环境支持子系统为企业自主创新活动提供了重要的支撑。科技成果通过技术转移与生产要素密切结合,实现了从知识形态的生产力向物资形态的生产力、从潜在的生产力变为直接生产力的转化。服务环境支持子系统对企业自主创新活动的重要作用表现在:各类专业创新服务机构以其专业的技术服务帮助企业降低风险资金的前期投入,缩短投资周期;以专业技术风险投资促进科技成果成熟,实现科技成果和产业资本的对接、无形和有形资产的整合。这些都极大增强了企业自主创新的信心和动力[97]。

5. 科学技术支持子系统

企业自主创新活动是一个循环反复的技术经济过程。这一过程的突出特点就是:新技术既是创新活动的产出,又是创新活动的投入,即新技术既是自主创新的前提,又是推动自主创新的重要力量。企业作为社会组织,其创新过程也受到其外部的科学技术支持子系统的支撑,该系统为其创新提供了大量可供借鉴的行业中标准化的技术体系以及技术储备。科学技术支持子系统对自主创新具有强有力的支持和推动作用。科学技术在其发展中通过工具 - 技术系统的改进,延伸了人的体力和智力,提高了人的活动能力,扩大了人的活动空间,使自然界中越来越多的物质、能量进入人与自然交换系统[111]。因此,熊彼特及其追随者均以“发明推动”作为产品创新的动力起源。

6. 社会文化支持子系统

任何活动均需要思想来指导,特别对于自主创新这种高风险的活动,更需要文化来指导并提供精神支持。企业及其所存在的环境都处于社会文化的作用之下,无一不受社会文化的影响。创新文化是指企业所处的社会文化中与创新实践相关的、有利于自主创新的文化形态,它以创新价值观为核心[112]。社会文化环境能够从思想上影响企业的自主创新意愿,因此,可以认为优秀的创新文化能够推动企业的创新行为。美国硅谷成功的关键因素之一就是:活跃的创新文化吸引了世界各地的人才、资金和技术等创新生产要素[97]。

二、企业自主创新动力供给函数分析

企业自主创新动力供给函数用来表示企业自主创新动力的供给量和影响该供给量的各种支持子系统间的相互关系。其中,影响创新动力供给量的各种自主创新支持子系统是自变量,供给量是因变量。

企业自主创新内部支持系统是促进企业自主创新的最为重要的推动力。企业自主创新内部支持系统作为一个动态系统,其伴随着市场化、信息化、工业化进程也不断演进,即内部支持系统的自我创新。因此,企业自主创新内部支持系统的构成子系统及其所包含的系统要素对企业自主创新的推动力 Y_1 是市场化、信息化、工业化进程 t 的函数,如式(5.1)所示。

$$Y_1 = Y_1(t)\text{(其中,}Y_1(t)\text{为递增函数)} \tag{5.1}$$

由于企业创新的深入,外部支持系统对创新的支撑作用逐渐受到重视。因此,企业自主创新外部支持系统的构成子系统及其所包含的系统要素也在不断优化,有力地推动了企业自主创新。因此,企业自主创新外部支持系统的构成子系统及其所包含的系统要素对企业自主创新的推动力 Y_2,也是市场化、信息化、工业化进程 t 的函数,即,$Y_2 = Y_2(t)$,且递增。因此,企业自主创新的动力供给取决于企业内部支持系统和外部支持系统,其创新动力供给函数 Q_s 可以用 Y_1 和 Y_2 表示,其函数关系如式(5.2)所示。

$$Q_s = G(Y_1, Y_2) + 2\xi \tag{5.2}$$

其中,2ξ 为由除了 Y_1 和 Y_2 两个主要因素之外的影响 Q_s 的随机干扰项,2ξ 与 Y_1、Y_2 的相关系数为零。$Q_s(t)$ 为增函数。

第二节　企业自主创新行为决定机理

一、企业自主创新行为的内涵

企业自主创新行为既是由企业内在本质所决定的并受企业支配的各项创新活动的总和,又是受外部环境刺激所做出的各种对策反应。它融合宏观与微观、纵向和横向、外围环境与内部要素的交互作用,并且彼此之间形成一个密切相关的动态的开放的系统[113]。

企业自主创新行为是企业行为的一个重要组成部分,它与企业的生产行为、经营行为、分配行为、交换行为和文化行为等的集合构成了企业的整体行为。企业自主创新行为是一个行为过程,通常包括决策、计划、组织实施、绩效评价等阶段,其动因、行为过程和效果之间的关系甚是复杂。对整个企业而言,创新行为的各阶段可能以各种方式平行交叉进行,企业创新行为有它的动因和效果。如图 5.2 所示。

企业在启动自主创新行为之前,创新主体必须充分考虑自主创新行为发生的必要内外部条件,即内外支持子系统及其构成因素;在自主创新行为启动之后,除了保持创新行为在方向、目标、频率、方式、机制诸方面科学、合理外,还应当积极创造和维系企业自主创新行为得以正常进行的良好条件;否则,难以获得积极的效果。

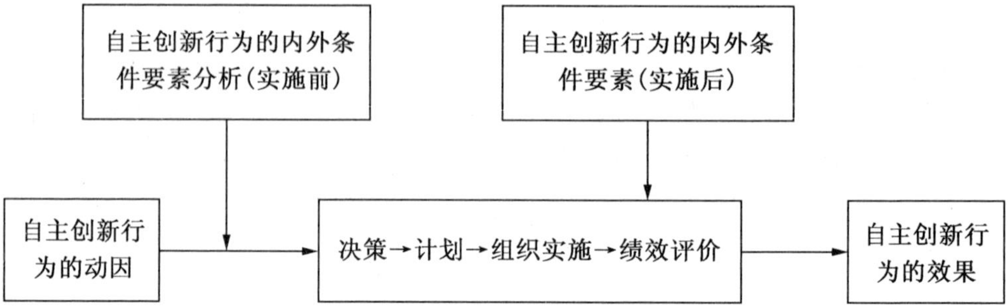

图 5.2 企业自主创新行为过程

二、企业自主创新支持系统对创新行为系统的作用分析

企业自主创新行为系统是一个立体多维动态复杂的系统,它的运行受制于企业自主创新支持系统,也就是说,支持系统是创新行为系统的运行环境,支持系统构成因素的合力或表现为企业自主创新行为的动力,或表现为企业自主创新行为的阻力[81]。企业创新行为系统的基本结构如图 5.3 所示,其中用→表示主路径;用←表示反馈路径;用▱表示创新行为的意识向导因素;用⬡表示创新行为的筹划活动;用▭表示创新行为的执行;用▢表示创新行为的评价与总结。

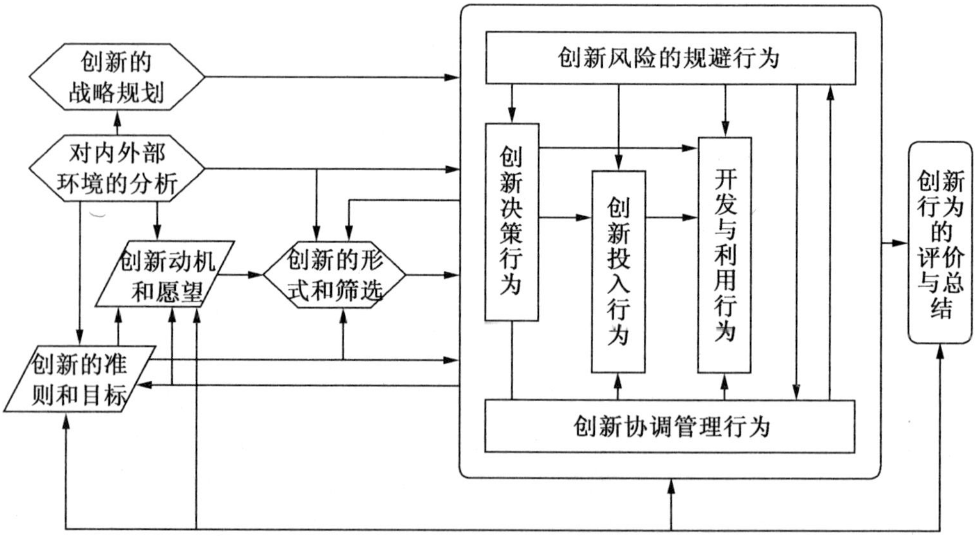

图 5.3 企业创新行为系统的基本结构

从图5.3可以看出,企业自主创新行为系统主要由自主创新行为的意识导向因素、筹划活动、执行和评价与总结4个主体要素构成。以下将对自主创新支持系统对企业自主创新行为系统的作用关系进行简要分析。

(一)自主创新行为的意识导向

企业自主创新行为的意识导向主要包含:创新的动机与愿望及创新的准则与目标。这二者都与自主创新支持系统密切相关。其中,创新动机与愿望主要是由创新主体所处的内外支持系统诱发的。也就是说,创新动机的产生与良好的创新支持系统密切相关。企业会通过对其所处的支持系统进行分析,识别出企业所面临的威胁与机会,促使其进行创新。创新目标受到创新支持系统的制约,因为企业在确定创新目标时,必须对自身内外支持系统的建设情况有深入的了解,避免由于支持条件的不成熟或欠缺而导致的目标不切实际。因此,企业自主创新支持系统制约着自主创新行为的意识导向。

(二)自主创新行为的筹划

企业自主创新行为的筹划活动的目的在于为后续创新行为制定范围、框架和内容。这一活动具体涉及分析内外支持系统条件、形成和筛选创意、规划自主创新的战略3个过程。其中,后两个过程以内外支持系统的分析为基础。对内外支持系统条件要素的分析为创意的形成和创新行为的筛选提供了指导。创意的形成受内外支持系统条件要素的影响,大环境中的有利因素对创意的形成起到启发和促进的作用,不利因素则使创新主体蒙受挫折感,使创意在形成的过程中出现"卡壳"。创意的形成和筛选是自主创新行为执行的萌芽阶段,而创新行为的执行则是对创意的检验与实践[114]。自主创新的战略规划涉及企业技术发展的思路、创新的空间定位、创新战略的选择,这一过程与前面两个过程互为关联条件。

(三)自主创新行为的执行

企业自主创新行为系统的核心要素是自主创新行为的执行,它包括以下几个方面。

1. 自主创新决策行为

企业自主创新决策行为是一个消除创新不确定性的过程。从某种意义上说,决策行为最主要的工作在于收集新技术的相关信息,信息收集的过程其实也是创新效用函数和风险函数变化的过程,并最终决定创新活动是开展还是中断。该过程与企业外部支持系统所包含的科学技术支持子系统、市场环境支持子系统密切相关,前者可以促使企业把握创新的技术方向,而后者则引导企业的自主创新顺应市场需求,避免自主创新研发的技术和产品难以被市场接受。

2. 自主创新投入行为

企业自主创新投入行为与其所处的支持系统密切相关,与其直接相关的是企业的创新资源投入支持子系统。创新投入行为涉及创新资源的数量、质量及投入时机,确保创新资源投入的逐步增加和合理使用是企业自主创新行为能够延续的重要保证。企业创新资源投入支持子系统的完善程度是创新行为系统的基本保障条件,它直接决定了企业自主创新的投入行为。一般来说,要确保企业拥有自主创新活动所需的资金、技术及人员,特别是高水平的自主创新人员。该行为作为技术开发与利用阶段的重要前提条件,在整个自主创新行为执行阶段处于创新决策之后。

3. 技术开发与利用行为

技术开发与利用行为作为企业自主创新行为的主体,它具有多种广泛的内容和形式,主要包括新产品开发、工艺改进、技术改造等。作为企业自主创新行为系统的主体,技术开发与利用受到企业自主创新支持系统各个构成子系统的支持和制约。根据影响和作用程度,内部支持系统有政策法规支持子系统、科学技术支持子系统及市场环境支持子系统。这3个子系统分别为企业技术开发与利用过程提供政策引导、标准规范及市场定位。外部支持系统主要有管理与制度支持子系统、知识存量子系统,其中,管理与制度支持子系统通过创新机制来加速和优化这一行为过程,而知识存量子系统是作为企业内化的创新源来支持这一行为过程的。

4. 自主创新风险的规避行为

自主创新风险是指由于外部环境的不确定性、自主创新项目的难度与复杂性以及创新主体自身能力与实力的有限性,导致自主创新活动达不到预期目标的可能性及其后果[115]。自主创新风险是不可避免的,它始终贯穿于整个自主创新行为系统的运行过程中。由于创新风险可能导致企业自主创新行为系统的运转中断,因此,必须做好创新风险的规避工作。企业管理与制度支持子系统是关乎其创新风险的规避行为是否有效的关键,有效的管理与制度支持子系统应该包含相关的创新风险管理规范及应对流程、措施,包含创新的风险意识的企业文化。一个有效的企业管理与制度支持子系统能够对创新风险实施有效监控、评估,并且能在风险行为发生后,迅速采取措施把风险损失减少到最低程度,把风险收益增加到最高程度。

5. 创新协调管理行为

企业自主创新协调管理工作的内容主要包括资源配置、人力资源管理、自主创新的组织安排、自主创新过程的控制和自主创新运行机制的调控5个方面。由于企业越来越认可创新的战略意义,创新协调行为逐步成为一种经常性的管理行为,主要涉及企业技术开发与利用,项目的组织管理和企业日常技术工作的管理两个方面。作为一种日常管理工作,该行为与企业管理与制度支持子系统的关系最为密切,后者是前者的基础条件。

(四)自主创新行为的评价

自主创新行为的评价是企业自主创新行为过程的最后环节,它对企业自主创新行为系统的运行结果和效果进行评价，科学地评价创新行为是优化企业自主创新行为系统的重要步骤。对创新行为的评价，主要从行为过程和行为结果两个方面来展开，并且通过企业管理与制度子系统来反馈。一方面，通过评价行为，可以鼓励企业创新参与者，进而产生创新动力；另一方面，将创新行为实现的成果与目标来比较与竞争者创新水平的差距，从而激起新一轮更高层次的自主创新。

第三节　企业自主创新能力形成机理

一、企业自主创新能力形成机理的界定

企业自主创新能力是指企业在市场竞争中，通过对内外资源的有效整合与运用，通过建立新的技术平台或改变核心技术来实现产业关键技术的重大突破，并取得自主知识产权，培育自有品牌，从而掌握或影响价值分配过程的基本素质，不断增强企业的核心竞争力。企业自主创新能力是多种能力复合作用的结果，它是企业在自主创新过程中所表现出来的各种能力的有机综合，一般包括创新主体对资源的掌握和运用能力及与创新客体有关的载体能力和环境能力。这种使创新主体资源能力得以实现的载体能力和环境能力的发挥有赖于其所处的自主创新支持系统的构建、运行及其功能的发挥。

企业自主创新能力的发展演化是一个有机动态的演进过程，它是一个时间性的变量。企业自主创新能力的形成与提高一般需要有意识地去推动，这就是企业自主创新能力演进过程。这一过程是企业自主创新能力从培育、提升到跨上新台阶的发展过程。在充分培育企业自主创新能力的基础上，实现企业自主创新能力整体水平的提升，使企业自主创新能力发展到一个更高的水平[116]，如图 5.4 所示。

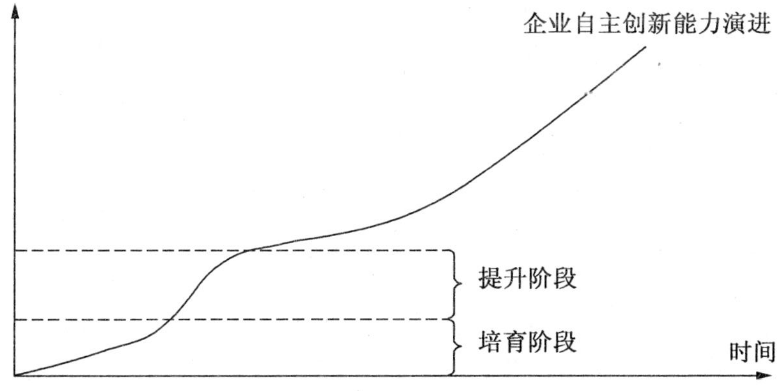

图 5.4　企业自主创新能力演进图

企业自主创新能力的形成与发展是各种因素(包括企业内外部支持子系统各项构成因素)综合作用的结果。要研究自主创新支持系统在企业自主创新能力系统的培育、提升直至成熟过程中所起的作用,就必须首先讨论其形成过程机理。

企业自主创新能力的形成机理,就是在充分了解企业自主创新能力形成过程中的各种影响因素(包括企业外部支持系统、内部支持系统要素)的基础上,探求企业自主创新能力在其支撑系统的支持和制约下,是如何一步一步由形成阶段、发展阶段,再到成熟阶段的,重点在于企业外部支持系统、企业内部支持系统对企业自主创新能力形成的作用过程。

二、企业自主创新能力的形成机理分析

外部支持系统是企业创新系统存在与演化的必要条件和土壤,并对创新系统的性质和演化方向起着一定的支配和制约作用。营造和培育良好的外部支持系统对提高企业自主创新能力和效率具有十分重要的作用[117]。

企业自主创新能力形成的外生机理是指企业自主创新的外部支持系统如何作用于企业自主创新系统,最终促使企业自主创新能力的形成、发展和沉淀。需要说明的是,本书认为企业自主创新系统发展的效果包含创新动力、创新行为与创新能力3个方面,其中企业自主创新支持系统的运行效果应该着重体现在被支撑主体(企业)创新活动生成、发展的全过程,包括创新动力的获得、增强,创新行为的生成、决策合理化,创新能力的培育、提升直至成熟。其中创新能力是创新动力的形成、创新行为实施的基础,它是系统最终的效果表征。因此,对企业创新动力形成机理的分析,就必须以创新动力的形成机理、创新行为的形成机理为依据。

根据创新能力的演进分析图,企业自主创新能力是从无到有,从弱到强的,因此,本书从创新能力的生成机理来研究。首先,市场环境支持子系统对企业自主创新系统施加作用,该子系统内的市场需求、市场竞争以及高额的创新利润激发企业产生自主创新的愿望和欲望,因此,市场环境支持子系统是企业自主创新系统运行的诱因。但是只有这些诱因作为自主创新的动力还是不够的,这就需要政策法规子系统来加强,政策法规支持子系统通过创造和完善法律保障、财政税收支持、金融投资支持条件来促使企业将创新由动机(创新动力)转变为创新活动(创新实践)。企业自主创新系统这辆“战车”一旦运转,即进入企业自主创新行为系统的范畴。正如前文分析,科学技术支持子系统、服务环境支持子系统将促使与引导企业的自主创新行为系统的运转。当企业创新行为顺利进行,并最终获得创新收益(包括知识、技术、利润),企业的自主创新能力才能得以顺利生成。

企业自主创新能力形成的内生机理，是指在企业内部，以企业自主创新系统为基础，以企业自主创新能力的形成生命周期为主线，企业自主创新内部支持系统对企业自主创新能力的形成所起的作用方式[118]。具体来说是，企业的生产部门、研发中心、财务部、营销部等职能部门，通过企业自主创新的管理与制度支持系统为各部门合作提供基础和条件，即创新合作机制与统筹协调机制，来合理配置企业自主创新过程中的人力、物力、财力等创新资源投入，进而为企业自主创新能力的持续性生成与发展提供保障[107]。

企业自主创新外部支持系统及其构成要素作用于企业自主创新系统上，并不能保证企业自主创新能力的最终形成与发展，还需要内部支持系统提供支持，以此确保企业自主创新系统能够对内外支持要素进行合理配置和利用，如图5.5所示。企业以识别与吸收企业自主创新能力形成和发展的外部支持系统要素条件为基础，在内部支持系统（这里主要指管理与制度支持子系统）的配合下，发挥统筹协调机制和部门合作机制，使企业自主创新能力不断形成和发展。

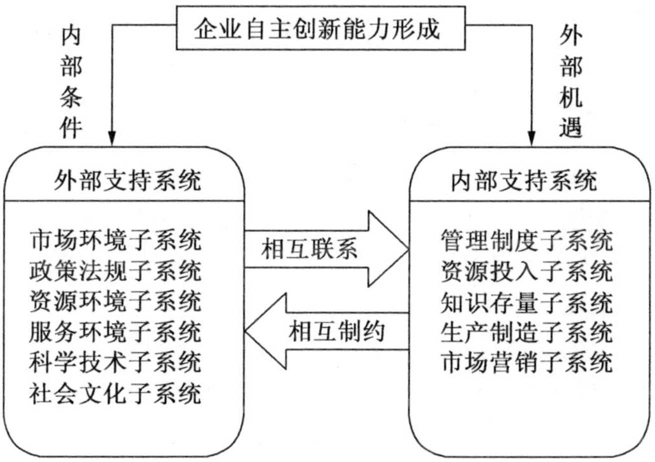

图5.5　企业自主创新能力形成机理图

第六章　企业自主创新支持系统运行效果评价模型

第一节　评价目的及原则

一、评价目的和意义

评价的基础工作是制定一套合理的评价指标体系，指标的科学性和合理性决定了评价结果的准确性和有效性[119]。企业自主创新支持系统是多层次的动态系统，涉及评价的因素众多，结构复杂，只有从多个角度和层面来设计指标体系，才能准确反映该支持系统的运行效果。

企业要顺利开展自主创新，首先要清楚认识支撑企业创新的各相关因素，这是保障企业自主创新顺利实施的基本条件。这就要求建立科学可行的评价指标体系，来测度和评价企业自主创新支持系统的运行效果。对于企业而言，只有充分了解其所处的创新支持系统的建设水平，才能了解制约企业创新的短板，进而采取有效的、切实可行的措施来改善其支持系统。因此，评价企业自主创新支持系统的运行效果，对企业自主创新的理论研究和指导自主创新实践都具有重要的意义。

建立企业自主创新支持系统的运行效果评价指标体系有两个目的：第一，评价并分析企业所获得的自主创新支撑状况，即企业自主创新支持的整体建设水平；第二，在对企业自主创新支持系统的运行效果进行评价的基础上，对其支持系统的各构成子系统及系统要素的建设水平进行比较与分析，以此作为创新管理者（包括政府和企业管理者）制定创新决策的相关依据。

二、评价原则

企业自主创新支持系统运行效果的好坏，是企业内外部的支持要素、条件共同作用所产生的结果，是企业自主创新活动的一个外在动力或阻力。企业自主创新支持系统运行效果的评价指标体系，既要体现企业自主创新的各种影响因素，又要反映企业自主创新活动的真实现状，其运行效果评价指标的选择和量化是建立评价模型的基础，也是决定评价结果优劣的关键。指标选择是否科学、合理直接关系到评价质量的好坏，所以评价指标体系的设立应从多方面、多角度、多层次考虑。同时，在建立企业自主创新支持系统运行效果的评价指标体系时要遵循以下基本原则。

（一）科学性原则

对企业自主创新支持系统的运行效果进行评价，要体现科学性原则，即客观准确地反映支持系统的发展状况及其本质特征。这就要求所构建的指标体系具有科学性，这是确保评价结果合理准确的基础，一项评价活动是否科学在很大程度上依赖其指标、评价标准和评价方法是否科学。指标体系的科学性主要包括以下两个方面：（1）准确性：指标的概念要准确，含义要明晰，尽可能避免和减少主观臆断，指标体系的层次和结构应合理，同时各指标之间应协调统一。（2）完整性，指标体系应围绕评价目的，全面完整地反映评价对象，不能遗漏重要方面[120]。

（二）全面性原则

要对企业创新支持系统运行效果进行评价，就必须坚持全面性原则。这是因为该系统作为一个系统结构复杂的开放系统，系统构成子系统及子系统构成要素相互联系、相互作用。所谓全面性，就是要求描述和刻画的支持系统各因素概念的指标体系要有足够的涵盖面，评价指标尽可能地反映企业自主创新支持系统的全貌。企业自主创新支持系统评价体系是由管理与制度、创新资源投入、知识存量、生产制造、市场营销、市场环境、政策法规、资源环境、服务环境、科学技术、社会文化11个子系统综合集成的。各个子系统都要有一些相应的指标来体现其运行效果及建设情况。因此，指标的选择必须满足全面性。

（三）重要性原则

所谓重要性，就是要求尽可能用较少而准确的指标把要评价的内容表达出来。这里的重要性原则有两层含义：其一是指全面性与重要性相结合原则。强调评价指标体系应该从不同侧面和不同方面去综合评价企业自主创新支持系统的运行效果。然而，过于全面的指标体系会使评价变得模糊不清，因此，指标体系的设立应选择那些能反映评价对象的重要方面组成，而非所有与之相关的方面。其二是成本与效益原则，是指如果某项指标在指标体系中是不可或缺的，即使收集该项指标的成本费用很大，仍应进行该项指标的收集评价工作；否则，应舍去[121]。

（四）可操作性原则

企业自主创新支持系统的运行效果的评价指标体系设计要简明扼要、定义明确和科学合理,既要考虑其比较、分析和综合评价的功能性,还要考虑数据资料提供的可能性,指标体系所需资料应易于调查和收集,尽可能从现有资料中获取,或经简单加工资料获得。因此,指标的选择,既应充分考虑在微观层面上是否具有广泛的统计记录,确保指标数据来源的顺畅,还应考虑统计数据的可靠支持和操作程序的简便易行,同时还要保证指标具有独特性,防止不同指标之间出现相关性,降低鉴别能力[122]。

第二节　评价指标体系的分析与设计

企业自主创新支持系统是个多层次的复杂系统,涉及因素多、结构复杂,只有从多层面、多角度设计指标体系,才能准确地反映出真实的系统运行效果。根据前面对企业自主创新支持系统的构成子系统及系统构成因素的分析和上述企业自主创新支持系统的评价指标体系构建原则,按照层级结构,可以建立企业自主创新支持系统运行效果评价指标体系的基本框架。企业自主创新支持系统运行效果评价指标体系为递阶层次的评价指标结构,由总目标层、分目标层、要素层和指标层组成。

一、总目标层

综合表达企业自主创新支持系统的建设情况,表示企业自主创新支持系统的运行效果。

二、分目标层

将企业自主创新支持系统的运行效果进一步分解,分为管理制度、资源投入、知识存量、生产制造、市场营销、市场环境、法律政策、资源环境、服务环境、科学技术、社会文化 11 个支持子系统的运行效果。

三、要素层

这一层面的分析主要用于对企业自主创新支持系统的运行效果的评价。如将企业管理与制度支持子系统分为创新战略、创新机制、创新体系 3 个方面。

四、指标层

采用具有可测性、可比性、可获得性的指标或指标群,对判断层的每一个状态进行刻画,对其数量表现、强度表现、状态表现予以直接度量。鉴于本书的数据来源于调查问卷,故对定性指标采取李克特五分量表打分进行评价。

第三节　微粒群算法(PSO)评价模型方法设计

一、评价模型方法比较与选择

(一)传统评价方法的比较分析

目前国内外公开发表的系统评价方法很多,但无论采用哪种评价方法都涉及确定各个评价指标的权重。按照确定指标权重的方式,大体上有主观赋权法和客观赋权法两大类。主观赋权是由专家根据经验主观判断后的综合量化结果,如 AHP 法、Delphi 法等。客观赋权是根据评价指标样本自身的相关关系和变异程度确定权重,如变异系数法、熵值法、主成分分析法。相比较而言,主观赋权法由于研究起步早,发展较为成熟,但客观性差。客观赋权法由于依赖于指标的实际数据,而不是主观判断,客观性较强。本书倾向于采用客观赋权法,权重的确定采用微粒群优化算法。

(二)微粒群算法简介

微粒群算法,又称粒子群优化(Particle Swarm Optimization, PSO),是由 J. Kennedy 和 R. C. Eberhart 等于 1995 年开发的一种演化计算技术,来源于对一个简化社会模型的模拟。它是基于对鸟群寻找栖息地的研究提出来的,其思想来源于人工生命以及演化计算理论[123]。该算法中将鸟群运动模型中的栖息地类比于所求问题解空间中可能解的位置,通过个体间的信息传递,导引整个群体向可能解的方向移动,在求解过程中逐步增加发现较好解的可能性。与进化算法相比,PSO 保留了基于种群的全局搜索策略,但其采用的“速度 - 位移”模型操作简单,避免了复杂的遗传操作,是一种更高效的并行搜索算法,微粒群算法目前已成为进化算法的一个重要分支[124-125]。

(三)算法原理及参数

1. 算法原理

PSO 中,优化问题的每个解被称之为“微粒”(或粒子),所有的微粒就构成了微粒群,并且都有一个优化函数决定其所对应的适应值(Fitness Value),每个微粒都具有一个速度决定它们飞行的方向和距离,然后这些微粒就追随当前的最优微粒在解空间中搜索[126]。PSO 依据个体(微粒)的适应值大小进行操作,它的飞行速度由个体的飞行经验和群体的飞行经验协调进行动态调整。

设 $X_i=(x_{i1},x_{i2},\cdots,x_{in})$ 为微粒 i 的当前位置;$V_i=(v_{i1},v_{i2},\cdots,v_{in})$ 为微粒 i 的当前飞行速度;$P_i=(p_{i1},p_{i2},\cdots,p_{in})$ 为微粒 i 所经历的最好位置。

为简化问题,设 $F(X)$ 为最小化目标函数,则微粒 i 的当前最好位置计算式为[127]

$$P_i(t+1)=\begin{cases}P_i(t) & \text{如果} f(X_i(t+1))\geqslant f(P_i(t))\\ X_i(t+1) & \text{如果} f(X_i(t+1))\leqslant f(P_i(t))\end{cases} \tag{6.1}$$

另设群体规模(微粒数)为 s,则群体中所有微粒所经过的最好位置 $P_s(t)$ 的计算式为

$$P_s(t)=\min\{f(P_0(t)),f(P_1(t)),\cdots,f(P_i(t))\} \tag{6.2}$$

则 PSO 的进化方程可描述成

$$v_{ij}(t+1)=\omega v_{ij}(t)+c_1\cdot rand_1\cdot[p_g(t)-x_{ij}(t)]+c_2\cdot rand_2\cdot[p_g(t)-x_{ij}(t)]$$

$$x_{ij}(t+1)=x_{ij}(t)+v_{ij}(t+1) \tag{6-3}$$

其中,"i"表示微粒 i;"j"表示维数;"t"表示第 t 代;ω 为惯性权重;c_1,c_2 为加速度常数;$rand_1()$,$rand_2()$ 为两相互独立的随机函数。

2. 算法流程

微粒群算法流程如图 6.1 所示[128]。

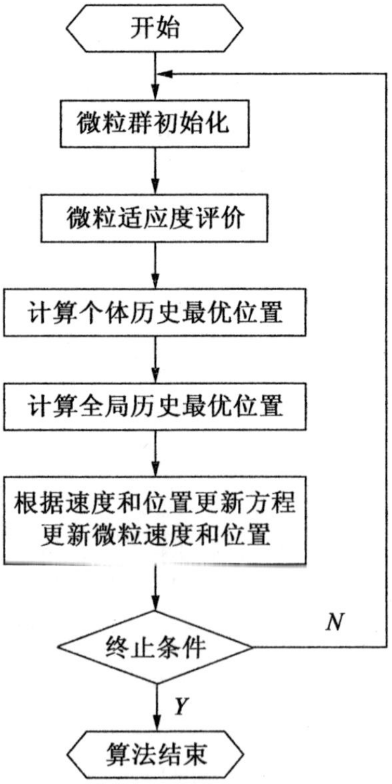

图 6.1　微粒群算法流程图

步骤一：初始化所有微粒（群体规模为 N）的位置和速度；

步骤二：评价每个微粒的适应值；

步骤三：对于每个微粒，将其适应值与所经历过的最好位置 P_{best} 的适应值进行比较，若较好，则将其作为当前的最好位置；

步骤四：对于每个微粒，将其适应值与群体所经历过的最好位置 P_{gd} 的适应值进行比较，若较好，则将其作为当前的全局最优位置；

步骤五：根据速度和位置更新方程对微粒的速度和位置进行进化更新；

步骤六：如未达到结束条件，即足够好的适应值或预设的最大代数，则返回步骤2。

3. 算法参数[129]

主要包括：群体规模 s，惯性权重 ω，加速度常数 c_1、c_2，最大进化代数 N。

群体规模 s：群体规模大小直接影响算法的进化进程，规模大计算速度会有所下降，但最优适应值出现的概率将加大。

惯性权重 ω：惯性权重表示了微粒速度惯性的一个重要参数，它的存在使得算法有能力在解空间探索新的区域，从而保证算法随进化代数增加，搜索出更优的适应值。本书中设定其表达式是随迭代代数逐步减少的线性函数，这样，使进化方程在初期具有较强的全局收敛能力，而晚期有较好的局部收敛能力，函数为

$$\omega(t)=0.9-0.5\cdot t$$

加速度常数 c_1、c_2：加速度 c_1 和 c_2 对算法性能同样具有重要影响。若 $c_1=0$，算法失去认知能力；若 $c_2=0$，微粒之间没有信息共享，丧失了社会认知能力。因此，对 c_1 和 c_2 的设置关系到自身认知与社会认知的协调。

最大进化代数 N：进化代数大小也决定了算法寻优的效果。进化代数越大，寻优的效果越好，但会降低计算速度，进化代数较小会影响最优解的出现概率。

二、微粒群算法评价模型的建立

（一）确定隶属度矩阵

本书尝试应用数量方法对企业自主创新支持系统的运行效果做出合理评价。由于企业自主创新支持系统运行效果的影响因素具有很高的不确定性，同时因为该系统构成的某些因素是模糊的，因此对其进行模糊综合评价是合乎实际的。隶属度和权重的确定是模糊综合评价过程的核心环节。隶属度的确定将在后文具体描述。

(二)确定各层指标的权重

在指标权重的确定上,本书通过以与最优和最劣评价对象距离之和最小为准则,建立一个关于权重的非线性规划问题,运用微粒群算法确定指标的权重,这是一种基于原始指标数据的客观赋权法。设最优对象为 $G=(1,1,\cdots,1)T$,最劣对象为 $H=(0,0,\cdots,0)T$,目标即为

$$\min f(\omega)=\sum_{j=1}^{n}f_j(\omega)=\sum_{j=1}^{n}\sum_{i=1}^{m}\omega_i^2\left[\frac{(1-\boldsymbol{R}_{ij})^2+\boldsymbol{R}_{ij}^2}{mn}\right]\quad \text{s.t.}\begin{cases}\sum_{i=1}^{m}\omega_i=1\\ \omega_i\geqslant 0\end{cases}\tag{6.4}$$

其中,m 是隶属度个数,n 是指标个数,$\boldsymbol{R}_{ij}$为隶属度矩阵。

鉴于设定的权重目标函数是非线性规划问题,采用微粒群的智能学习能力对其求解是较好的选择[136]。本书的具体作法是:由于本书构建的评价指标体系是由总目标层、分目标层、要素层、指标层 4 个层次构成,因此,先从指标层开始。根据具体指标的问卷结果汇总,可以确立各指标的隶属度,根据隶属度矩阵,按照式(6.4)的优化目标,根据微粒群的优化算法来确定各指标权重;在此基础上,根据模糊评价步骤对要素层做出评价,根据评价结果来确定要素层指标的权重,直到对总目标层做出最终评价。具体评价过程就是一个多层模糊综合评判的过程。

(三)多层模糊综合评价

通过以上两个步骤得出的隶属度矩阵和各层指标(包括分目标层、要素层及指标层)权重,运用模糊综合评价模型进行多层模糊评价,见公式(6.5)。其中,下一层评价是上一层评价的基础,按照逐层递进的方式完成最终的系统评价。

$$\boldsymbol{B}=\omega*\boldsymbol{R}=(b_1,b_2,\cdots,b_n)=(\omega_1,\omega_2,\cdots,\omega_m)\begin{vmatrix}r_{11}&r_{12}&\cdots&r_{1n}\\r_{21}&r_{22}&\cdots&r_{2n}\\\vdots&\vdots&\ddots&\vdots\\r_{m1}&r_{m2}&\cdots&r_{mn}\end{vmatrix}\tag{6.5}$$

第七章　黑龙江省装备制造企业自主创新支持系统的现状

装备制造业是为国民经济各行业提供技术装备的战略性产业。作为党的十六大提出的重要任务，大力振兴装备制造业，是树立和落实科学发展观，走新型工业化道路，实现国民经济可持续发展的战略举措。良性发展产业关联度高、吸纳就业能力强、技术资金密集的装备制造业，是各行业产业升级、技术进步的重要保障和国家综合实力的集中体现。

第一节　黑龙江省装备制造企业发展现状

一、黑龙江省总体概况

黑龙江省是我国最东北的省份，土地面积达到45.4万km^2，占全国总面积的4.7%，东西跨14个经度，南北跨10个纬度。北部、东部以黑龙江、乌苏里江为界，与俄罗斯相望；西部与内蒙古自治区毗邻；南部与吉林省接壤。属于寒温带－温带湿润－半湿润季风性气候，全省年平均气温仅为3～5℃，太阳辐射资源和风能资源丰富。

（一）资源概况

黑龙江省土地条件居全国之首，全省耕地总面积达到1 188.0万hm^2，人均耕地面积达到0.31 hm^2，远高于全国平均水平；人均林地面积更是全国平均水平的3倍，黑龙江省未利用土地达到412.03万hm^2，其中可开垦的有140万hm^2，仅次于新疆位居全国第二。土壤质量方面，土壤有机质含量高于全国其他地区，黑土、黑钙土和草甸土占耕地的60%以上，是世界著名的三大黑土带之一。黑龙江省有天然湿地434万hm^2，占全省土地面积的9.18%。黑龙江省盛产大豆、小麦、玉米、马铃薯、水稻等粮食作物以及甜菜、亚麻、烤烟等经济作物。全省草原面积约433万hm^2，草质优良、营养价值高，适于发展畜牧业。其中松嫩草场是世界三大羊草地之一。

黑龙江省矿产资源储备丰富，全省已发现各类矿产133种，占全国已发现234种各类矿产的56.4%。已查明储量的矿产有81种，占全国已查明矿产资源储量种数的36.3%。其中，石油、晶质石墨、颜料黄黏土、长石、铸石玄武岩、岩棉玄武岩、火山灰、水泥用大理岩、矽线石、铼矿 10 种矿产的储量居全国第一，储量位居全国前 10 位的矿产有 42 种。

黑龙江省境内江河湖泊众多，拥有黑龙江、松花江、乌苏里江、绥芬河 4 大水系，有兴凯湖、镜泊湖、连环湖和五大连池 4 个较大湖泊。黑龙江省人均水资源量为 2 228 m^3，高于全国人均水平，年降水量为 610.9 mm，且 70% 集中在农作物生长期，雨热同季，生物生长环境良好。

黑龙江省林业经营总面积 3 175 万 hm^2，占全省土地面积的 2/3。有林地面积 2 053万 hm^2，活立木总蓄积 16.2 亿 m^3，森林覆盖率达 45.2%，森林面积、森林总蓄积和木材产量均居全国前列，是国家最重要的国有林区和最大的木材生产基地。森林树种达 100 余种，利用价值较高的有 30 余种。黑龙江省是全国最大的林业省份之一，林业生态地位十分重要。天然林资源是黑龙江省森林资源的主体，主要分布在大小兴安岭和长白山脉及完达山。

黑龙江省具有 2 100 余种的植物，其中具有经济价值的达 1 000 余种。在木材植物中有全国十分珍贵的红松、黄菠萝、核桃楸、水曲柳等，每年都为国家生产大量的木材。全省野生动物共 476 种，其中兽类 88 种、鸟类 361 种、爬行类 16 种、两栖类 11 种，属于国家一级保护动物的有 17 种，如久负盛名的东北虎、丹顶鹤等，属于国家二级保护动物的达到 66 种。

黑龙江省是国家重要的能源工业基地，是主煤炭调出省之一。省内有目前中国最大的油田，大庆油田。2010 年，全省原煤产量 9 705.5 万 t，原油产量 4 004.9 万 t。除此之外，电力和燃气也占有重要地位。新中国成立前，黑龙江仅有一座镜泊湖水电站，几十年来，水火电站都有了发展，2010 年供电量达到 762.6 亿 kW · h。

（二）经济概况

黑龙江省 2010 年各地区生产总值情况如表 7.1 所示。

黑龙江省 2010 年实现生产总值（GDP）11 391 亿元，比上年增长 12.7%，人均 GDP 达到 28 564 元，比上年增长 12.6%。2010 年全省第一产业生产总值达到 1 769.8亿元，比上年增长 6.2%；第二产业生产总值 5 567.5 亿元，增长 14.5%；第三产业生产总值 4 053.7 亿元，增长 11.8%。从产业结构方面来看，以第二产业为主，第三产业有待进一步发展。第二产业中，资源类产业占据主导地位。

农业方面，2010 年黑龙江省农业稳步发展，农业、林业、牧业、渔业总产值分别较上年提高 7.2%、9.3%、3.2%、6.2%。全年粮食播种面积达到 1 354.9 万 hm^2，比上年增长 3.2%；粮食总产量 5 012.8 万 t，创历史新高，比上年增长 15%。其中四大粮食作物产量“两增两减”：水稻产量 1 843.9 万吨，增长 17.1%；玉米产量 2 324.4万 t，增长 21.0%；小麦产量 92.5 万 t，下降 25.7%；大豆产量 585 万 t，下降 1.1%。经济作物产量有增有减，烤烟产量 8.5 万 t，增长 16.4%；甜菜 175 万 t，增长59.1%；瓜果类产量233.0万t，增长6.7%；蔬菜产量723.9万t，增长3.2%。值得注意的是，黑龙江省绿色食物产业持续扩大，从2006年的294家企业扩大到2010年521家，产品产量由539.7万t增长到800万t。

表7.1　黑龙江省2010年各地区生产总值表

地区	GDP/亿元	第一产业GDP/亿元	第二产业GDP/亿元	第三产业GDP/亿元	人均GDP/元
哈尔滨	3 664.9	412.7	1 384.6	1 867.6	36 951
齐齐哈尔	880.5	192.1	357.7	330.6	16 309
鸡西	419.5	107.2	177.5	134.8	22 083
鹤岗	251.0	66.4	117.0	67.6	23 044
双鸭山	396.4	120.3	177.5	98.6	26 215
大庆	2 900.1	95.0	2 385.1	420.0	103 576
伊春	202.4	61.4	79.5	61.6	15 924
佳木斯	512.5	146.4	133.9	232.1	20 254
七台河	305.2	22.4	202.0	80.8	32 891
牡丹江	765.0	122.6	303.1	339.3	27 545
黑河	261.1	116.9	44.7	99.5	14 994
绥化	733.4	267.1	181.5	284.9	12 576
大兴安岭	99.2	39.4	23.5	36.3	18 964
合计	11 391.0	1 769.8	5 567.5	4 053.7	28 564

数据来源：《黑龙江省统计年鉴2011》

工业方面，黑龙江省工业总产值如表7.2所示。

表7.2　黑龙江省工业总产值表

亿元

分类方式	明细	2008年	2009年	2010年
按轻重工业分	轻工业	1 521.1	1 798.7	2 421.5
	重工业	6 103.5	5 503	7 113.6
按企业规模分	大型	4 711.2	4 085.3	4 719.2
	中型	1 409.5	1 514.6	2 165.6
	小型	1 503.9	1 701.7	2 650.4
按行业分	采矿业	2 537.9	1 623.6	2 303.9
	煤炭开采和洗选业	411.5	418.3	638.4
	石油和天然气开采业	2 094.9	1 174.2	1 609.5
	制造业	4 449.2	4 820.2	6 267.1
	电力、燃气及水的生产和供应业	637.4	857.8	964.1

数据来源：《黑龙江省统计年鉴2011》

3. 社会概况

2010 年黑龙江省教育事业基本情况如表 7.3 所示。

表 7.3　2010 年黑龙江省教育事业基本情况表

学校类型	学校数/所	专任教师数/万人	招生数/万人	在校学生数/万人	毕业生数/万人
普通高等学校	79	4.4	19.5	71.9	18.1
成人高等学校	19	0.2	1.0	2.5	1.0
中等专业学校	72	0.4	4.0	11.9	3.1
成人中等专业学校	162	0.5	3.7	10.9	4.5
普通中学	2 174	14.2	8.3	190.8	60.1
高中	416	4.1	57.1	61.7	19.6
职业中学	180	0.9	20.7	13.3	4.7
技工学校	133	0.8	3.9	14.2	4.0
小学	6 490	15.1	34.1	188.0	36.4

数据来源:《黑龙江省统计年鉴 2011》

此外,2010 年黑龙江省共有研究生培养单位 25 所,招生 18 369 人,比上年增长 4.49%;在校研究生 54 467 人,增长 4.92%。

黑龙江省居民物质生活情况如表 7.4 所示。

表 7.4　黑龙江省居民物质文化生活情况

类别	2007	2008	2009	2010
农村平均每人住房面积/m^2	21.5	21.7	22.5	22.8
城市平均每人建筑面积/m^2	23.3	23.9	24.6	25.7
城市每万人拥有公共车/标台	9.0	9.7	10.4	13.1
人均公共绿地/m^2	8.2	9.5	10.5	11.8
学龄儿童入学率/%	98.7	99.4	99.5	99.1
每万人口在校大学生数/人	226.5	242.7	253.0	257.1
城镇每百户拥有彩色电视机/台	111	107	108	109
农村每百户拥有彩色电视机/台	105	106	107	109
每万人拥有卫生机构病床数/张	33.0	35.6	38.3	41.8
每万人拥有卫生技术人员数/人	41.6	42.3	45.0	49.3

数据来源:《黑龙江省统计年鉴 2011》

综上所述,黑龙江省人民社会生活正在朝着更高的标准发展,物质生活稳步向前,精神文明快速发展。

二、黑龙江省装备制造企业发展概况

黑龙江省作为东北老工业基地的重要组成部分，其装备制造业经过60多年的发展，取得了令人瞩目的成就，形成了门类齐全、具有相当规模和一定水平的产业体系，成为省内乃至我国经济发展的重要支柱产业，对黑龙江省经济的发展和老工业基地的振兴起着至关重要的作用。随着“哈大齐工业走廊”的建设，吸引了更多的装备制造业重量级企业和项目向黑龙江省集聚，在大型输变电设备、重型机械、冶金成套设备、石化装备、经济型汽车、民用飞机制造、数控机床以及工具量具等领域的优势不断增强，黑龙江省已经建设成为我国重要的装备制造业生产基地[130]。黑龙江省拥有哈电集团、哈航集团、一重集团、齐重数控等优秀的装备制造企业，自新中国成立至今，累计为全国提供了1/3的成套电站设备，1/2的铁路货车；为我国各大工程如南水北调、西气东输、青藏铁路等提供了大量重型装备与国防设备。“十二五”时期，黑龙江省将继续发挥装备制造产业基础优势，围绕国家战略性新兴产业对装备制造业的需求，发展高端装备制造业。

近几年，随着市场经济体制的逐步完善，国有企业改革的进一步深入，黑龙江省装备制造企业已发展成为支撑和带动全省工业经济持续发展的重要力量[131]。在国家大型企业的带动下，黑龙江省实现了产品市场定位的重新明确，实现了对国际制造业高端产品及技术转移的成功承接，制造业集群的优势逐步凸显，已形成一批规模大、实力雄厚、技术领先的骨干企业。2010年，黑龙江省装备制造业规模以上企业1 069户，实现工业总产值1 450.13亿元，主营业务收入1 359.61亿元，利税157.93亿元，利润103.09亿元，从业人数23.71万人。如表7.5所示。

表7.5　黑龙江省装备制造企业概况2010

类别	单位数	工业总产值/亿元	主营业务收入/亿元	利润/亿元	利税/亿元	从业人员数/万人
金属制品业	143	73.77	71.39	5.10	6.85	1.44
通用设备制造业	329	451.72	431.93	23.05	44.25	6.65
专用设备制造业	250	322.85	281.24	38.64	49.50	5.33
交通运输设备制造业	148	385.28	375.97	10.07	21.77	6.07
电气机械及器材制造业	132	172.55	158.90	21.84	29.00	2.79
通信设备、计算机及其他电子设备制造业	22	18.05	17.06	2.21	3.01	0.62
仪器仪表及文化、办公用机械制造业	45	25.90	23.13	2.19	3.55	0.82
合计	1 069	1 450.13	1 359.61	103.09	157.93	23.71

数据来源：《黑龙江省统计年鉴2011》

三、黑龙江省装备制造业发展特征

（一）装备制造业总体发展较快，在全省工业经济中占有重要地位

2010 年全省装备制造企业 1 069 户，实现工业增加值 413.0 亿元，工业总产值 1 450.1 亿元，主营业务收入 1 359.6 亿元，利润总额 103.1 亿元，利税总额 157.9 亿元，分别占规模以上工业企业的 11.63%、10.3%、7.60%、6.87%、4.13% 和 3.53%，工业增加值的增长速度高出全省工业平均增长速度 5.1 个百分点。至“十一五”期末，装备制造业工业增加值、工业总产值、主营业务收入和利税总额分别比“十五”期末增加 250%、220%、130% 和 360%，年均增长速度分别达到 19.9%、17.5%、18.4% 和 35.6%[132]。

（二）股份制企业、大型制造企业、通用设备制造企业占主导地位

从装备制造业企业注册类型看（表 7.6），装备制造业企业中股份制企业占主导地位。尽管私营企业数量多于股份制企业，但其主营业务收入、利润、利税等各项指标均远低于股份制企业，这主要是由装备制造业的规模效应和行业特性决定的。

表 7.6　黑龙江省装备制造企业注册类型表

经济组织	单位数/个	主营业务收入/亿元	总收入百分比
股份制企业	392	841.2	59.1
私营企业	565	254.3	17.9
外商和港澳台商	46	128.7	9.0
国有企业	48	125.0	8.8
集体企业	98	59.9	4.2

数据来源：《黑龙江省统计年鉴 2011》

从企业规模划分来看，大型企业 23 户，实现主营业务收入 658.8 亿元，占规模以上装备制造业的 46.3%；中型企业 77 户，实现主营业务收入 269.2 亿元，占规模以上装备制造业的 18.9%；小型企业 1 095 户，实现主营业务收入 496.0 亿元，占规模以上装备制造业的 34.8%。

从装备制造企业所属行业来看（表 7.7），通用设备制造业占据主导地位。

（三）骨干企业竞争力进一步增强，形成了一定的优势和特色

哈电集团水电年生产能力 400 万 kW，产品占国内市场份额 50%；煤电年生产能力 2 000 万 kW，产品占国内市场份额 1/3 以上；气电年生产能力 200 万 kW，占国内市场的 45% 以上；核电年生产能力 100 万 kW；舰船动力装置和电气驱动装置方面具备同时批量生产 3 种舰船动力设备 10 台（套）的能力；电站成套设备交钥匙工

程已获得 ISO9001 及美国 FMRC 质量体系认证，承建了近 20 个国外电站工程项目及一系列国内电站成套项目和交钥匙工程。此外，哈电集团所属的年产 3 套百万级主泵电机制造基地项目、年产 1 500 吨电站高端阀门项目、百万千瓦核电辅机改造项目和核电常规岛国产化完善项目进展顺利，有望今年年底形成生产能力。

表 7.7　黑龙江省装备制造业各行业发展情况表

行业	单位数/个	主营业务收入/亿元	总收入/%	增长速率
通用设备制造业	329	431.9	31.8	160
交通运输设备制造业	148	375.9	27.7	70.6
专用设备制造业	250	281.2	20.7	230
电气机械及器材制造业	132	158.9	11.7	110
金属制品业	143	71.4	5.3	230
仪器仪表及文化、办公机械制造业	45	23.1	1.7	440
通信设备、计算机及其他电子设备制造业	22	17.0	1.3	18

数据来源：《黑龙江省统计年鉴 2011》

中国第一重型机械集团公司综合制造能力较强，是国内最大的铸锻钢生产基地。到目前为止，中国一重共为国民经济建设提供机械产品 200 余万 t，开发研制新产品 300 多项，填补国内工业产品技术空白 400 多项，先后装备了鞍钢、宝钢、武钢、首钢、本钢、攀钢等各大钢铁企业，一汽、二汽等各大汽车企业，中石油、中石化、中海油所属各大石油化工企业，东北轻合金、西南铝、渤海铝等有色金属企业，平朔、准噶尔等大型煤炭生产基地。2012 年，由中国第一重型机械股份公司和上海交通大学合作的"巨型重载锻造操作装备"研制成功，此装备结束了我国大型锻造操作机技术被国外垄断的局面。该课题为国家"863"计划先进制造技术领域重点项目课题，日前通过了科技部组织的专家验收。该课题成功研制出我国第一台具有完全自主知识产权的 4000KNM 锻造操作机，一次热试成功并投入大锻件生产，与重型锻压机配合实现了重机制造企业的示范应用，完成了 11 类 30 余种锻件的精准锻造，提高了大锻件生产的机械化和自动化程度，生产效率提高 70% 到 100%，年可节约煤气 4 650 万 m^3、可节约钢水 2.1 万 t。巨型重载锻造操作装备调试完毕后，可与压力机形成联动生产线，应用于一重集团正在建设的世界最大铸锻钢基地，新增核电、火电、四轴、锻钢支撑辊等成品锻件 7 万余 t，新增产值 35 亿元，从节能和提高效率方面来看，每年可提高效益 7 亿元以上。

哈尔滨航空工业（集团）有限公司历经 50 多年的创新发展，中航工业哈飞走出了一条从修理、仿制到自主开发、国际合作的发展之路，构建了国内一流的制造体系，形成了较强的自主创新能力，成为我国直升机、轻型多用途飞机、新支线客机的研发、制造基地，拥有航空复合材料专业化制造中心。累计产销各类飞机1 600余架，为我国国防建设和经济建设做出了重要贡献。通过贯彻“一机多型、系列发展、军民融合、寓军于民”的发展思路，中航工业哈飞形成了多品种、多型号的航空产品系列，主要产品有Z9系列武装直升机、H410、H425系列民用直升机、HCl20（EC120）直升机、Z15直升机、Y12系列轻型多用途飞机、动力三角翼飞行器等、航空复合材料零部件和转包国外航空产品大部件等系列产品，并与巴西航空工业公司合作生产ERJ 145支线飞机，是波音、空客等国际知名航空企业的部件供应商，是国家重要的航空骨干企业。

（四）集群优势逐步显现

自2003年国家实施老工业基地振兴战略以来，黑龙江省凭借比较完整的工业体系和较为厚重的工业基础，充分发挥装备制造业与产品的比较优势，产业规模继续扩大。近几年来以哈尔滨、齐齐哈尔等区域为重点的装备制造业集群地初步形成，装备制造业支柱产业的地位日渐突显。目前，黑龙江省已在电站成套设备、冶金成套设备、大型矿山设备、煤矿开采设备、重型压力机械、重型数控机床、精密量仪及复杂刀具、铁路货车车辆、精密高速轴承、支线客机、直升飞机、微型汽车及国防装备等方面形成了优势和特色。尤其是发电设备、重型装备、大型和超大型数控机床、国防装备的制造水平和能力在国内具有明显优势，对提高我国综合国力、保障国家经济和国防安全起到了重要作用。

以哈齐大工业走廊为例，哈齐大工业走廊项目于2005年8月开始建设，至2010年底，工业走廊发生了巨大变化（表7.8），依据集群优势，为黑龙江省乃至我国装备制造业的生产、研发和行业发展迈出了重要步伐。

表7.8　哈齐大工业走廊概况（2006～2010年）

年份	已开工项目数量/个	投产企业数量/个	完成投资额/亿元	工业总产值/亿元	主营业务收入/亿元	利润总额/亿元	税金总额/亿元
2006	352	156	201.0	117.0	119.8	14.7	4.6
2007	480	307	168.3	215.4	227.3	14.2	10.0
2008	721	489	117.9	296.4	311.5	13.7	15.0
2009	805	684	286.4	481.0	550.3	34.4	27.8
2010	896	791	253.4	626.7	629.1	42.8	30.4

数据来源：《黑龙江省统计年鉴2011》

从上表可以看出，工业走廊入驻企业数量、项目数量稳步增长，工业总产值、利润总额和纳税额都得到飞速提高。

此外，装备制造专业园区建设有起色。通过引导具有雏形的专业装备制造园区规范管理，提供共性服务，吸引更多企业入驻，促进装备制造业产业集聚发展。以石油装备制造业为主体的大庆经济技术开发区，目前开工建设的43个工业项目中，装备制造项目34个，投资72亿元，可形成近100亿元产值的生产能力。正在规划的9个项目预计投资19亿元，新增产值20多亿元。2012年1～6月已投产的5户装备制造企业，实现增加值2.3亿元，产值7.7亿元，增幅是去年同期的3倍。预计年底装备制造投产企业可达14个，实现产值39亿元，利税4亿元。

（五）企业创新能力不断增强

黑龙江省装备制造骨干企业技术研发和创新能力不断提高，形成了较强的重型装备设计制造能力，部分重大技术装备产品达到国际先进水平。例如，自主设计制造的五轴联动重型数控车床、超大型数控立/卧车床、大型落地（龙门）锁铣床，以及重型压力机械等，已相继实现了替代进口。

2010年黑龙江省重点领域自主创新的35个首台（套）产品正式落地，这是黑龙江制造业领域的一件大事。这35个首台（套）产品是近年来黑龙江装备制造业企业在自主创新方面取得的重大成果，也是未来黑龙江装备制造业立足国内国际市场的重要依托。首台（套）产品的问世将对黑龙江调整工业产品结构、促进新兴产业发展起到引领和支撑作用，是黑龙江制造业的新希望。35个首台（套）产品，其中属于国内首台的24个，省内首台的11个。产品均具有自主知识产权，其中达到国际领先水平的5个、国际先进的19个、国内先进的11个。达到国际领先水平的首台（套）产品包括齐重数控装备股份有限公司的HT420×180/400L－NC数控超重型卧式车床、哈尔滨汽轮机厂有限责任公司的660MW超临界两缸空冷汽轮机、黑龙江沃尔德电缆有限公司的紫外光辐照交联生产电线电缆设备（属国际首创）等。达到国际先进水平的有齐齐哈尔二机床（集团）有限责任公司的Y98－1000/46×25型数控研配试冲液压机、佳木斯电机股份有限公司的TZYW5500－18/3250正压型无刷励磁同步电动机等。达到国内先进水平的包括哈尔滨东建机械制造有限公司的QTB105塔式起重机、大庆日上仪器制造有限公司的RSII－1型紫外荧光定硫仪等。

四、装备制造企业的比较优势与问题分析

（一）黑龙江省装备制造企业的比较优势

1. 黑龙江省装备制造企业的工业和科技基础好

黑龙江省装备制造企业经过50多年的发展，已形成一个有着稳固基础的制造体系，具备了较好的物质技术基础，拥有一批规模较大、实力雄厚，具有很强竞争力

的骨干企业。另外,黑龙江省部分装备制造企业是依托国家"一五"时期的156工程、国家特大型企业、国家级专业研究所等发展建设起来的具有特色优势的企业,这些企业均具有较强的研究开发能力和特色产品,具有较好的基础[133]。黑龙江省目前拥有各类型经济技术开发区共17个,这些开发区涵盖了黑龙江省装备制造业产业发展的龙头。其具体情况如表7.9所示。

表7.9　黑龙江省经济开发区列表

开发区名称	企业数/个	从业人员/人	总产值/万元	利润/万元	税收/万元	出口总额/万元
哈尔滨经济技术开发区	5 586	146 654	13 480 000	1 158 000	702 000	129 937
哈尔滨利民经济技术开发区	335	47 000	2 300 000		48 600	7 247
富拉尔基民营科技企业示范区	79	5 760	434 148	81 787	24 247	20
黑龙江省阳明民营科技企业示范区	400	4 000	591 936	67 376	12 633	
大庆万宝工业园区	36	3 400	150 000	9 983	4 917	
佳木斯市经济技术开发区	13	814	13 300	1500	234	
双鸭山市经济技术开发区	43	14 700	1 279 071	29 618	23 057	
双城经济技术开发区	44	1 000	466 666	36 053	36 293	89
尚志经济开发区	23	2 400	287 921	19 182	5 108	
宾西经济技术开发区	26	15 000	620 000	51 000	35 000	4 900
绥化经济开发区	89	6 482	187 418	7 971	7 989	598
鸡西市金三角经济开发区	428	8 750	44 000	3 400	2 400	
同江经济开发区	30	2 090	34 300	3 000	2 000	962
黑龙江海林经济开发区	84	6 436	333 622	7 299	26 000	11 367
穆棱经济开发区	80	2 600	67 632	10 690	1 015	2 370
黑龙江宝泉岭经济开发区	54	3 269	200 848	6 320	13 940	205
黑龙江肇东经济开发区	24	4 012	260 491	14 614	5 060	76
合计	7 374	274 367	20 751 353	1 507 793	950 493	157 771

数据来源:《黑龙江省统计年鉴2011》

经济技术开发区建立以来,坚持以政策为先导,以技术产业化基地、出口基地、孵化基地和企业家迅速成长的基底为发展方向,不断促进我省高新技术产业发展,并取得可喜成果。

2.黑龙江省装备制造企业具有自己的优势和特色系列产品

近年来国家"大力振兴装备制造业"和"振兴东北地区等老工业基地"战略的实施,给黑龙江省和东北地区装备制造业的发展提供了难得的历史性机遇。黑龙江省装备工业在全国排名靠前的优势行业有:货车制造业、飞机制造业、冶金工业专用设备制造业、发电机制造业、汽轮机制造业、锅炉制造业、机械化农机具制造业、微型汽车制造业。黑龙江省已形成一批国内外知名的装备制造企业,如哈电站、哈东安发动机、哈飞集团、齐齐哈尔铁路集团、一重机械集团等。

黑龙江省在国内处于领先地位的装备产品有：大型压力容器、大型矿山设备、大型连铸连轧设备、重型数控机床、大型电站成套机组、核电设备、大型港口散装物料斗轮堆取料机、120－140 马力轮式拖拉机、1000－1100 系列大型谷物联合收割机、大型粮食仓储烘干设备、铁路货车车辆、微型汽车与发动机、多用途飞机和直升飞机、大型铸锻件、精密轴承、数控工具与量仪等[134]。

（二）装备制造企业存在的问题分析

近年来，黑龙江省装备制造业呈现出发展速度加快、企业实力增强、效益逐步提升、结构调整加速的良好势头，但也存在着制约和影响工业持续发展的问题，结构性矛盾还比较突出。

（1）发展速度相对缓慢，经济效益低。我省装备制造业发展速度低于全国平均水平。近几年，装备制造业的工业总产值、工业增加值、资产总额及产品销售收入等指标，均排在全国第 19 位左右。并且我省装备制造业企业的经济效益指标在全国处于中下水平，具体如表 7.10 所示。

表 7.10　我国装备制造企业经济效益指标

地区	总资产贡献率/%	资产负债率/%	流动资产周转次数/（次·年$^{-1}$）	工业成本费用利润率/%	产品销售率/%
北京	7.64	50.76	1.64	7.38	98.74
天津	17.30	60.51	2.32	9.82	98.92
河北	14.75	60.68	3.03	7.43	97.74
山西	11.20	65.61	1.56	8.19	96.27
内蒙古	18.22	58.83	2.64	14.96	97.68
辽宁	14.84	58.11	2.71	7.15	97.85
吉林	16.30	53.69	3.04	7.27	98.57
黑龙江	22.05	58.17	2.23	7.79	97.21
上海	13.85	52.62	2.04	7.75	99.08
江苏	15.10	57.28	2.53	7.09	98.64
浙江	12.21	60.66	1.85	6.71	97.67
安徽	16.22	60.05	2.63	8.63	97.57
福建	17.21	52.74	2.55	8.83	97.76
江西	18.70	56.04	3.85	7.06	98.98
山东	19.45	53.89	3.51	7.93	98.57
河南	22.43	55.23	3.69	10.18	98.68
湖北	15.38	58.67	2.36	8.42	97.67
湖南	23.18	57.55	3.64	8.70	98.54

续表 7.10

地区	总资产贡献率/%	资产负债率/%	流动资产周转次数/(次·年$^{-1}$)	工业成本费用利润率/%	产品销售率/%
广东	15.63	56.00	2.45	8.05	97.46
广西	16.76	62.46	2.50	8.84	94.88
海南	18.28	53.16	2.13	12.57	98.03
重庆	13.57	60.25	2.50	6.13	98.11
四川	14.43	61.56	2.47	7.83	97.79
贵州	12.84	64.85	1.75	9.04	95.44
云南	16.28	59.67	1.66	10.79	96.65
西藏	5.40	29.15	0.66	18.53	96.53
陕西	17.11	56.84	1.67	16.14	96.91
甘肃	10.24	62.59	2.05	5.02	96.08
青海	11.57	63.74	1.64	13.34	98.24
宁夏	8.87	64.97	1.63	7.79	96.97
新疆	18.21	50.79	2.16	19.28	97.84

数据来源:《中国统计年鉴 2011》

从上表7.10看出,黑龙江省工业成本费用利润率、产品销售率都略低于全国平均水平,其经济效益有待提高。

(2)从产业层次上看,高端制造业特别是高新技术产业比重低,产业层次有待于进一步优化。高端装备制造业是以高新技术为引领,处于价值链高端和产业链核心环节,决定着整个产业链综合竞争力的战略性新兴产业,是现代产业体系的脊梁,是推动工业转型升级的引擎。大力培育和发展高端装备制造业,是提升黑龙江省产业核心竞争力的必然要求,是抢占未来经济和科技发展制高点的战略选择,对于加快转变经济发展方式、实现由制造业大国向强国转变具有重要战略意义。黑龙江省高端装备制造业仍相对落后,主要表现在:创新能力薄弱,核心技术和核心关键部件受制于人;基础配套能力发展滞后,装备主机面临"空壳化";产品可靠性低,产业链高端缺位;产业规模小,市场满足率低;产业体系不健全,相关基础设施、服务体系建设明显滞后等。

(3)国有企业改革滞后,发展装备制造业的微观基础薄弱。体制和机制问题仍是制约我省装备制造业发展的关键因素。目前,我省装备制造业的国有资本比重较大,多数国有企业仍未摆脱历史包袱沉重、社会负担大、技术装备落后的困境,部分行业排头兵企业在行业中的位次逐年下移。随着行业景气上升、企业经营状况有所好转,部分国有企业的改革紧迫感不强。民营企业规模小,对拉动全省装备制造业发展作用不明显。

(4)企业技术创新能力较弱,整体竞争力下降。我省装备制造企业的技术改造和技术开发长期投入不足，融资渠道少，导致生产设备陈旧老化，主要设备数字化、工艺路线柔性化程度极低。部分曾在全国处于领先地位的装备，由于技术进步速度慢，优势正在减弱。同时，新兴装备产业化进程缓慢，造成装备制造业的整体竞争力下降。

(5)企业组织结构不合理，尚未建立专业化、社会化的分工协作体系。装备制造业组织形态尚未摆脱"大而全"、"小而全"、追求内部配套，社会化分工程度和专业化水平较低，存在着重主机、轻配套，重产品、轻零部件等倾向。从产业改造升级上看，工业固定资产投资规模小、比重低，在有限的投资中，近一半的投资属于资源型企业用于维持再生产，难以实施脱胎换骨的改造，淘汰落后产能、实现节能减排的难度和压力较大。

此外，从产业空间布局上看，县域工业比重低、经济基础差，而且布局分散，主导产业趋同、总体水平不高，缺少对优势资源的精深加工能力，产品附加值低，区域竞争优势不明显。从对外开放上看，外向型经济比重低，外向经济拉动不足等问题也日益制约黑龙江省装备制造业企业的进一步发展。

五、装备制造企业发展的指导思想、基本原则与目标

(一)指导思想

以邓小平理论和"三个代表"重要思想为指导，深入贯彻落实科学发展观，紧紧围绕工业转型升级和战略性新兴产业发展的重大需求，把大力培育和发展装备制造业作为加快转变经济发展方式的一项重要任务，立足省内情况，依托产业基础，按照市场主导、创新驱动、重点突破、引领发展的要求，以加快转变发展方式为主线，发挥企业主体作用，推进产学研用结合，加大政策扶持力度，营造良好发展环境，着力提升技术创新能力，深入贯彻建设"八大经济区"、实施"十大工程"战略部署，突出"十大产业"发展，加快经济结构调整，加快新型工业化进程，大力推进信息化与工业化深度融合，着力发展战略性新兴产业、改造提升传统产业、做大做强优势特色产业、培育发展现代服务业，全面优化产业结构、产品结构和企业组织结构，努力建设以战略性新兴产业为先导、先进制造业为主体、现代服务业为支撑，大、中、小企业协调发展的现代工业体系，把我省工业经济纳入内生式增长和创新驱动的良性发展轨道，为我省老工业基地全面振兴奠定坚实的基础。

(二)基本原则

1. 坚持市场导向和自主创新相结合的原则

不断解放思想，开拓创新，以改革开放促振兴，面向国内外两个市场，充分利用两种资源，积极承接国内外装备制造产业和资本转移，坚持"引进来"、"走出去"，积

极承接国内外产业和资本转移，引导企业兼并重组，加强与国际跨国公司和国内知名企业合资合作，增加品种、改进质量、提高效益、促进就业、扩大出口，提高企业国际竞争力。同时，不断提升自主研发水平和自主创新能力，提高对内对外开放水平。采用自主开发与引进技术相结合的方式，加快产学研联合步伐，建立和完善企业技术创新体系，形成有效的自主创新机制。进一步加强产品质量和品牌建设，大力开发附加值高的新产品，不断提升服务水平，积极引导和促进消费，促进装备制造业持续健康发展。

2. 坚持市场推动和宏观调控相结合

注重发挥市场配置资源的基础性作用，以市场为导向，在产业结构调整、生产要素整合和企业改组等方面，由市场机制决定和选择，鼓励企业通过竞争提高创新能力和竞争力。调动企业主体的积极性，推进产学研用结合。同时，要发挥政府的组织领导、规划引导和政策导向作用，加强政策激励和组织协调，加快突破发展中的薄弱环节和瓶颈制约，对于重大领域，加强宏观调控，创造良好的发展环境和公平竞争的市场秩序。

3. 坚持产业集聚与比较优势相结合

实施装备制造业发展总体战略，对相关领域发展进行全面部署，统筹规划，明确发展时序和空间布局。按照延长产业链、扩大产业群、培育产业基地的发展方向，依托哈大齐工业走廊建设区、东部煤电化基地建设区、东北亚经济贸易开发区、高新科技产业集中开发区，科学合理布局生产力，加快优势产业区域性集中，突出区域主导产业发展，完善专业化协作配套体系，加快培育区域经济产业集群。同时，依托全省资源优势、产业基础优势、人才优势、技术优势和区位优势，提升精深加工能力，延长产业链条，提高规模效应。选择最有基础和条件的重点方向作为突破口，集中力量重点推进，加快核心技术突破，提高产品附加值，培育优势特色产业链，促进重点领域率先发展。

4. 坚持发展高端装备制造业与改造提升传统产业相结合

立足装备制造业现有技术积累、制造能力和产业组织基础进行布局，发展战略性新兴产业，在电子信息、节能环保、新能源、生物、现代装备制造、新材料等领域取得重大突破，促进高端装备制造业相对集中发展，加快形成新的经济增长点。同时积极促进传统产业的高技术化，促进产业结构优化升级，大力发展现代物流、软件服务、电子商务、信息服务、工业服务等生产性服务业，实现产业价值链从低端向高端跃升。

5. 大力发展低碳绿色技术，坚持融合发展

大力推进节能降耗，有效控制温室气体排放，提高资源综合利用水平，实施清洁生产，发展循环经济，走内涵式发展道路，实现开发设计生态化、资源利用高效

化、生产过程集约化、污染排放最小化，增强可持续发展能力；充分发挥信息化在工业转型升级中的牵引作用，以信息化带动工业化、以工业化促进信息化，进一步推进“两化”深度融合。推进国防科技工业与民用工业有机互动、资源共享，实现军民融合发展。积极发展先进生产性服务业，加快推进制造业服务化。

（三）发展目标

重点建设发电设备、重型机械、冶金成套设备、大型石化容器、煤矿综采设备、经济型汽车、民用飞机、数控机床及工量具等若干有特色和知名品牌的重大技术装备制造基地，实现以哈尔滨、齐齐哈尔为重点的装备制造业产业聚集。建成一批拥有自主创新能力、主业突出、具有较强竞争力的大型装备制造企业集团。建设和完善发电设备、重型装备等一批国家工程研究中心，初步建立以企业为主体的技术创新体系。综合考虑未来发展趋势和条件，“十二五”期间，黑龙江省装备制造业发展的主要目标如下。

1. 产业规模跃上新台阶

形成以哈尔滨、齐齐哈尔为核心的两个装备制造业集聚地，大庆、佳木斯、鸡西等特色优势装备工业区，重点培育10个特色装备工业园区，形成专业化生产、区域性协作、社会化配套的产业格局。与此同时，促进重点企业加快发展。初步规划，主营业务收入超过10亿元企业达到40户，其中主营业务收入超过50亿元企业10户，超过100亿元企业4户，500亿元企业1户。60户重点装备企业主营业务收入达到2 000亿元，形成3～5家具有国际竞争力的科工贸一体化大型企业集团。

2. 产业结构不断优化

加快发展高端装备、做强优势装备、做大潜力装备。高端装备以新能源装备、高档数控机床、智能电网装备、新能源汽车、极端制造等为突破口。优势装备以我省具有比较优势的发电设备、汽车、轨道交通装备、飞机、重型设备、数控机床、基础机械及关键基础件为主，同时，充分发挥我省产业基础优势和市场优势，重点发展农机装备、石油装备、食品与农副产品加工装备等新兴装备。到2015年，主要行业落后产能基本淘汰，战略性新兴产业初步形成局部优势，主营业务收入占工业的比重达到30%；生产性服务业水平明显提升。

3. 产业组织结构进一步优化

支持哈电集团、一重集团、哈飞汽车、齐齐哈尔轨道交通公司等行业龙头企业整合并购国内外相关研发制造企业，提高核心技术的自主研发水平，实施供应链管理优化，开展增值服务，形成一批具有国际影响力的企业集团和一大批具有竞争优势的“专、精、特、新”专业化生产企业，建成若干创新能力强、特色鲜明的高端装备制造集聚区，产业集中度明显提升。创造适宜非公有制装备制造企业成长环境和氛围，解决中小企业信誉不足、融资难、研发能力欠缺等关键制约问题，筛选、培育高技术项目和科技型民营企业，鼓励中小企业向“专、精、特、新”方向发展，改变装备制造业所有制比重失衡问题，培育行业可持续发展新的增长点。

4. 创新能力大幅提升

初步形成产学研用相结合的高端装备技术创新体系，骨干企业研发经费投入占销售收入比例超过5%，形成一批具有知识产权的高端装备产品和知名品牌，培养一批具有国际视野的科技领军人才。建立产学研有效对接合作机制，同时注重企业技术创新体系建设。重点培育建设发电设备、重型机械、汽车、铁路车辆、数控机床、航空航天、农业装备、焊接8个具有自主研发能力的国家级装备工业技术创新体系。搞好AP1000核电设备制造技术的消化吸收，组织智能电网配变电技术、装备数控技术、风电控制技术等关键共性技术的研发攻关。鼓励企业兼并收购国内外研发机构，在海外或国内发达地区设立研发中心，成果在省内产业化。

5. 基础配套能力显著增强

高端装备所需的关键配套系统与设备、关键零部件与基础件制造能力显著提高，其性能和质量达到国际先进水平，智能技术及核心装置得到普遍推广应用，高端装备重点产业智能化率超过30%。

6. 加大技术改造投资力度

全行业每年固定资产投资达到300亿元以上。逐年推进一批重点项目，支持优势装备制造业通过创新提高竞争力，发展高端装备制造业。通过技术改造，在核电、风电等新能源装备、交通运输装备、现代农机装备、高档数控机床及基础功能部件、重型装备等方面形成规模优势。组织首台(套)重大技术装备研制，支持高新技术产品和新兴装备的产业化，建设国家级装备制造业示范基地，推进非公有装备制造大项目建设。

7. 加快装备制造专业园区建设

到2015年，围绕新材料、装备制造、煤化石化、生物产业、矿产资源、食品产业等重点产业，以提高产业集中度为重点，重点支持工业园区特色产业链延伸配套，形成产业集群的关键项目，培育10家至20家国家级新型工业化示范基地，20家省级重点产业园区。重点培育30家县域重点工业园区，着力提升土地集约利用水平，推进产业链式延伸，企业集群式组合，资源循环利用，提高工业园区的投入产出水平，加快建成一批主导产业突出、产业配套程度高、商务成本低的高成长型特色工业园区。按照主机企业带动配套产业发展的思路，搭建产业聚集发展平台。依托哈尔滨哈南工业新城建设哈飞汽车园区，哈飞飞机及复合材料园区，大庆高新区和经开区石油装备园区，齐市高新区，佳木斯高新区现代农机装备制造园区，鸡西煤机制造园区等装备制造专业园区，沃尔沃汽车、龙华、中大新能源汽车产业园等。改变企业单独、分散、低水平建设和竞争，促进形成产业链和聚集效应。

8. 推进装备制造业信息化建设

采用信息技术改造提升装备工业，实现数字化设计、自动化生产、信息化管理、网络化经营，满足市场个性化和多样化需求，增强企业综合能力。推进现代物流自动化与供应链管理技术的应用。建立企业信息化应用公共平台，为企业提供方便快捷的信息服务。争取国家信息技术推广应用项目和资金支持。

9. 加快装备制造服务业发展

促进企业由制造型向制造服务型转变，构建产业服务体系。注重装备制造行业物流市场体系建设，应用物联网，培育专业化公司，为企业提供便利及时的原料采购、供应、产品存储、运输等社会化服务。在哈尔滨、齐齐哈尔、大庆等装备制造业集中的区域辟建机电产品展示交易平台，为企业提供门类齐全的机电配件产品。引导骨干企业为用户提供全面解决方案，包括工程设计、主要装备制造及成套、设备安装调试、设备操作人员培训、设备运行管护维修、备件供应等增值服务等。培育装备制造中介服务产业，拓展海外市场销售及售后服务、设备租赁、信息服务、品牌营销、电子商务、融资、保险等增值服务等。探索发电装备、重型装备、石油装备、轨道交通装备等再制造低碳发展模式。

六、装备制造企业发展的保证措施

（一）制定完善相关政策，营造促进装备制造业发展的良好环境

紧紧抓住国家振兴装备制造业和新一轮经济增长对装备制造业需求的机遇，营造振兴装备制造业的政策和舆论环境，破除阻碍装备制造业振兴的思想观念和行为方式。加强对振兴装备制造业的组织领导，加快建立公平竞争市场秩序。进一步完善推进重大设备国产化制造、鼓励订购和使用国内首台（套）重大技术装备、加强设备进口管理及优先支持装备制造业企业分离办社会职能等政策。在积极争取国家装备制造业资金和政策支持的同时，各地、各有关部门也要全方位支持。发挥行业协会等中介组织的作用，完善行业自律机制，引导装备制造业企业健康发展。

（二）优化产业组织结构，加快构建促进装备制造业快发展的微观基础

充分发挥市场导向和政策支持作用，推进国企改革，发展壮大一批大型装备制造企业。以促进高端装备制造规模化、集约化发展为目标，组织和引导高端装备制造领域的骨干力量，建立集“产、学、研、用”为一体的高端装备产业联盟，在科研开发、市场开拓、业务分包等方面开展合作，实现重大技术突破和科技成果产业化。鼓励社会资金特别是大型国有和国有控股企业以并购、参股等多种方式参与国有装备制造业企业的改革和不良资产的处置。对在重大技术装备制造领域具有关键作用的装备制造骨干企业，要在保证国家控制能力和主导权基础上，支持跨行业、

跨地区、跨所有制重组。支持整合东北地区装备制造业资源，推进区域一体化进程，协调推进东北区域内重点装备制造业企业进行强强联合。鼓励装备制造企业之间、关联企业之间、企业与科研院所之间联合，通过多种途径培育大型企业集团。大力发展非国有装备制造业企业，形成由多种所有制中小企业组成的技术专业化、标准化、运作市场化加工企业群。装备制造业企业要深化内部改革，加快建立现代企业制度，转换经营机制。

（三）加强自主创新体系建设，增强装备制造业企业自主创新能力

健全产业创新体系，支持产业技术平台和技术创新服务平台建设，不断提高技术创新水平，增强为全行业服务的能力。装备制造企业要加强技术中心建设，增加研发投入，提高企业自主创新和研发能力，实现系统集成和综合创新。在巩固已批准的3家国家工程研究中心和6家国家级企业技术中心的同时，争取新设立一批国家工程研究中心和国家级企业技术中心。加强与战略性新兴产业重大创新发展工程的衔接，突破和掌握关键核心共性技术，加大关键制造装备研发力度，加强军民创新资源集成融合，支持促进技术成果工程化，为提升高端装备研发产业化能力提供强有力支撑。鼓励支持企业通过自主研发、引进技术消化吸收及国际合作、并购、参股国外先进的研发、制造企业等方式掌握核心技术。支持建立产、学、研、用相结合的技术创新体系，发挥哈尔滨工业大学等高等院校和科研院所人才和技术优势，加强装备制造业共性关键技术攻关开发，提高重大技术装备和高技术装备设计、制造和系统成套水平及自主化能力。对关系国家全局、企业难以独立完成的重大技术装备，除争取国家支持外，各地、各有关部门要给予必要的支持。

（四）以建设哈大齐工业走廊为契机，培育壮大装备制造产业集群

整合现有资源，发挥比较优势，合理规划装备制造业产业布局，形成一批特色鲜明、重点突出的产业集群和装备制造集中地。充分发挥哈大齐工业走廊的集聚效应，以电站成套装备、重型机械、交通运输装备、基础机械装备等优势产业为重点，加强同国内其他地区特别是东北地区的产业衔接和分工协作，不断延伸产业链条，逐步形成总装企业、配套企业和服务性企业有机结合的新型专业化分工协作体系，建成产业优势突出、各具特色及服务配套功能完善的装备制造业功能园区。

（五）开展对外经济贸易合作，提高装备制造企业核心竞争力

充分利用各种渠道和平台，积极探索合作新模式，融入全球产业链。鼓励境外企业和科研机构在我国设立研发机构，支持国外企业和国内企业开展高端装备联合研发和创新。积极承接国际装备制造业的产业转移，推进骨干企业与国际知名企业特别是世界500强企业和国际装备制造业巨头开展深层次合资合作。抓住我省对俄经贸科技合作战略升级的有利时机，扩大与俄罗斯的科技交流和技术合作。支持国内企业"走出去"，鼓励有条件的企业到境外投资，并购或参股国外高端装备制造企业和研发机构，实现国内低成本制造能力与国外先进研发能力的紧密结合，支持国内企业培育国际化品牌，开展国际化经营，提高企业国际竞争能力和国际化经营水平。

(六)加强装备制造业专业人才队伍建设，为现代装备制造业提供智力支撑

加快实施"装备制造人才队伍建设中长期规划(2011—2020年)"，依托国家相关人才工程、计划，大力实施人才强业战略，制定培养、吸引和留住人才的相关政策，建立促进科技创新和创业的人才汇集机制，建立有利于培养人才、留住人才、吸引人才和人尽其才的管理机制和保障机制。以建设创新型科技人才、急需紧缺专业人才和高技能人才队伍为先导，统筹装备制造经济管理人才、专业技术人才、技能人才队伍建设。高等院校要重视装备制造业人才培养，充分利用工科院校众多优势，争取成为国家重大技术装备人才培养基地。企业要加强对在职技术人员和高级技术工人培训和继续教育，解决高级技术人才沉淀和技术工人人才接续问题。积极落实国家有关技术入股、持股、提高薪酬等政策措施，吸引国内外高水平专业人才，尤其是俄罗斯人才，为装备制造业长远发展积攒后备力量。加大海外高层次人才和国外智力引进工作力度，加速装备制造业人才国际化进程。建立科学的人才评价标准和创新人才培养模式，提高人才培养质量。完善人才评价体系，健全激励与分配机制，营造良好的人才发展环境。

(七)突出质量品牌建设

实施质量品牌提升工程，鼓励企业建立专利联盟，联合构筑专利共享平台，拥有关键技术和前沿技术的知识产权。建立完善高端装备及其技术、关键系统、零部件的研发、试验验证及知识产权保护体系。鼓励和支持企业在质量、安全、环保等方向采用国际标准和国外先进标准，强化高端装备可靠性技术研究与应用，提升装备产品质量和安全性、可靠性、实用性。鼓励企业提升品牌层次，扩大品牌影响，支持自有品牌在境外的商标注册和专利申请，促进自有品牌跨国经营与国际化发展。

第二节　黑龙江省装备制造企业自主创新现状

一、黑龙江省装备制造企业自主创新投入现状

在振兴东北老工业基地战略的推动下，黑龙江省装备制造企业逐渐加大了企业新技术、新工艺、新产品研究开发的资金投入力度，企业开展创新活动的发展势头迅猛。

(一)黑龙江省装备制造企业自主创新的人力资源投入现状

具有较高科学素质的科学家和工程师是R&D人员中的核心力量,他们是装备制造企业自主创新活动中的核心主体,具有不可替代的地位。同时,相比较而言,装备制造企业开展创新活动的主体是科技活动人员,他们的数量在很大程度上反映了企业自主创新的能力[135]。本书以"科技活动人员"与"科学家和工程师"两项指标作为装备制造企业技术创新活动的人力资源投入,具体情况见表7.11。

表7.11　黑龙江省装备制造企业自主创新的人力资源投入情况(大中型企业)

年份	科技活动人员数/人	科学家和工程师人数/人	科技活动人员数增长速度/%	科学家和工程师人数增长速度/%
2005	20 595	15 730		
2006	21 621	14 201	4.98	-9.72
2007	22 320	15 773	3.23	11.07
2008	23 888	17 508	7.02	11.00
2009	26 047	19 664	9.04	12.32
2010	28 735	22 458	10.32	14.21

数据来源:搜集与整理而成

由表7.11可以看出,2010年,黑龙江省装备制造业大中型企业共有科技活动人员28 735人,而2005年,这一指标为20 595人,比较而言,科技活动人员这一指标在2005~2010的6年间实现了39.52%的增长。具体分析各年可知,黑龙江省装备制造业大中型企业的科技活动人员能够保持稳定增长,增长速度维持在3%~11%之间,且增长幅度有扩大趋势。对于科学家和工程师人数这一指标而言,2010年,黑龙江省装备制造业大中型企业共有科学家和工程师22 458人,相对于2005年的15 730人,实现了在2005~2010的6年间的42.77%的增长。具体分析各年可知,黑龙江省装备制造业大中型企业的科学家和工程师人数增长趋势呈现波动性,表现在科学家和工程师人数这一指标在2006年出现了9.72%的负增长,但从长时间而言,科学家和工程师人数稳定增长,且增长幅度逐渐扩大。科技活动人员数和科学家和工程师人数作为衡量黑龙江省装备制造企业人力资源投入的重要指标,它们在发展趋势上表现出一定的差别,后者的平均增幅大于前者,但从增长的稳定性上来说,前者稍强。

(二)装备制造企业自主创新的财力资源投入现状

为装备制造企业的自主创新活动提供稳定的、可持续的财力资源,是保障企业自主创新活动得以顺利延续的基本条件之一[136]。一般来说,科技活动经费筹集总额、科技活动经费内部支出、R&D经费内部支出是衡量企业财力资源投入的基本指标。

黑龙江省装备制造企业自主创新财力资源投入情况见表7.12。由表7.12可以看出,2010年,黑龙江省装备制造业大中型企业科技活动经费筹集总额为634 082万元,而2005年,这一指标为180 460万元,比较而言,科技活动经费筹集总额这一指标在2005~2010的6年间实现了251.37%的增长,年平均增长速度为28.80%。对于科技活动经费内部支出这一指标而言,2010年,黑龙江省装备制造业大中型企业科技活动经费内部支出为622 926万元,相对于2005年的163 257万元,实现了在2005~2010的6年间的281.56%的增长,年平均增长速度为31.03%。对于R&D经费内部支出这一指标而言,2010年,黑龙江省装备制造业大中型企业R&D经费内部支出为562 670万元,相对于2005年的113 002万元,实现了在2005~2010的6年间的397.92%的增长,年平均增长速度为37.86%。具体分析各年可知,黑龙江省装备制造企业财力资源投入实现了快速的增长,并且这一趋势有望保持。通过以上分析可知,黑龙江省装备制造企业已逐步扭转了计划经济时期由政府担当自主创新资金筹措主体的局面,企业开始作为科技活动经费筹集的主体。

表7.12　黑龙江省装备制造企业自主创新财力资源投入情况(大中型企业)

年份	科技活动经费筹集总额/万元	科技活动经费内部支出/万元	R&D经费内部支出/万元	科技活动经费筹集总额增长速度/%	科技活动经费内部支出增长速度/%	R&D经费内部支出增长速度/%
2005	180 460	163 257	113 002			
2006	255 884	240 795	153 024	41.80	47.49	35.42
2007	340 454	325 146	209 846	33.05	35.03	37.13
2008	412 800	401 494	290 469	21.25	23.48	38.42
2009	508 034	498 430	403 349	23.07	24.14	38.86
2010	634 082	622 926	562 670	24.81	24.98	40.00

数据来源:搜集与整理而成

二、黑龙江省装备制造企业自主创新产出现状

(一)科技成果产出情况

科技成果作为企业自主创新活动的直接产出,一般从专利申请数和发明专利授权数两个方面来衡量。专利也即专利权,指专利权人对发明创造享有的专利权,即国家依法在一定时期内授予发明创造者或者其权利继受者独占使用其发明创造的权利[137]。黑龙江省装备制造企业专利申请与授权情况见表7.13。

表 7.13　黑龙江省装备制造企业专利申请与授权情况(大中型企业)

年份	专利申请数/项	发明专利授权数/项	专利申请数增长速度/%	发明专利授权数增长速度/%	发明专利授权数比重/%
2005	186	39			20.97
2006	281	51	51.08	30.77	18.15
2007	415	76	47.69	49.02	18.31
2008	643	119	54.94	56.58	18.51
2009	997	188	55.05	57.98	18.86
2010	1 550	298	55.47	58.51	19.23

数据来源:搜集与整理而成

由表 7.13 可以看出,2010 年,黑龙江省装备制造业大中型企业专利申请数为 1 550项,而 2005 年,这一指标为 186 项,比较而言,专利申请数这一指标在 2005～2010的 6 年间实现了 733.33% 的增长,年平均增长速度为 52.84%。具体分析各年可知,黑龙江省装备制造业大中型企业的专利申请数能够保持稳定增长,增长速度高达 47% 以上。对于发明专利授权数这一指标而言,2010 年,黑龙江省装备制造业大中型企业发明专利授权数为 298 项,相对于 2005 年的 39 项,实现了在 2005～2010 的 6 年间的664.10% 的增长,年平均增长速度为 50.57%,并且,该项指标的增长速度一直保持上升趋势,增长态势良好。但是,需要特别关注的是,黑龙江省装备制造企业发明专利授权数占专利申请数的比重严重偏低,平均比例为 19.00%,这表明,企业下一步须做好专利申请项目的有效转化工作。

(二)自主创新经济效益情况

黑龙江省装备制造企业自主创新经济效益情况见表 7.14。

表 7.14　黑龙江省装备制造企业自主创新经济效益情况(大中型企业)

年份	新产品产值/万元	新产品销售收入/万元	新产品出口额/万元	新产品产值增长速度/%	新产品销售收入增长速度/%	新产品出口额增长速度/%
2005	2 734 985	2 254 171	114 768			
2006	2 676 253	2 572 312	137 646	-2.15	14.11	19.93
2007	3 403 386	3 510 404	159 812	27.17	36.47	16.10
2008	3 653 535	3 972 373	192 094	7.35	13.16	20.20
2009	3 934 243	4 523 840	233 040	7.68	13.88	21.32
2010	4 252 499	5 148 730	283 755	8.09	13.81	21.76

数据来源:搜集与整理而成

由表 7.14 可以看出,2010 年,黑龙江省装备制造业大中型企业新产品产值为

4 252 499万元，而2005 年，这一指标为2 734 985 万元，比较而言，新产品产值这一指标在2005～2010 的6 年间实现了55.49%的增长，年平均增长速度为9.63%。具体分析各年可知，黑龙江省装备制造业大中型企业的新产品产值呈现波动性，表现在新产品产值这一指标在2006 年出现了2.15%的负增长。对于新产品销售收入这一指标而言，2010 年，黑龙江省装备制造业大中型企业新产品销售收入为5 148 730万元，相对于2005 年的2 254 171 万元，实现了在2005～2010 的6 年间的128.41%的增长，年平均增长速度为18.29%。具体分析各年可知，黑龙江省装备制造业大中型企业的新产品销售收入能够保持稳定增长，表明黑龙江省装备制造企业开发的新产品在市场上的认可度不断增加。对于新产品出口额这一指标而言，2010 年，黑龙江省装备制造业大中型企业新产品出口额为283 755 万元，相对于2005 年的114 768 万元，实现了在2005～2010 的6 年间的147.24%的增长，年平均增长速度为19.86%。具体分析各年可知，黑龙江省装备制造业大中型企业的新产品出口额不仅能够保持正向增长的势头，并且各年的增长幅度稳定。

三、黑龙江省装备制造企业自主创新动力现状

自主创新活动绝不是一个偶然的、单因素决定的过程，而是由经济、社会、科技和政策等多种因素的相互作用所决定的、具有一定自组织性的系统动力学过程[138]。从企业的角度看，装备制造企业自主创新的动力来自于外部因素，包括市场需求、竞争者自主创新、科技进步和政府支持，以及企业内部因素，包括激励机制、企业文化、企业利益等。

（一）外部创新动力现状

首先，由于国民经济和国防建设需要，促使黑龙江省装备制造业提高生产能力，开发新产品。为适应经济发展的需要，我国展开了大量的基础设施、水电工程、航天航空工程建设，像三峡水利工程、青藏铁路、“神舟号”载人航天飞船等系列重点项目为黑龙江省装备制造业带来了发展机遇，同时也提出了更高的要求。只有高效率、高技术含量的产品，才能与国内甚至国外竞争者同台竞技，获得装备制造合同。

其次，东北地区装备制造业结构趋同，迫使黑龙江省装备制造业开拓创新。黑龙江、吉林、辽宁都以重型工业企业为排头兵，在普通机械制造业、专用设备制造业和交通设备制造业等行业展开市场竞争，特别是辽宁依托沈阳、大连两市形成具有竞争优势的装备制造产业集群，技术外溢效应明显，这对东北工业基地的“老大哥”黑龙江省的装备制造业构成了威胁。

再次，丰富的高校资源和研究机构，加速了装备制造业科技创新成果的转化。以哈尔滨工业大学、哈尔滨工程大学和黑龙江大学等为代表的一批高校为专业人才的培养以及技术的支撑提供了充分的保障，黑龙江省一大批企业与国内外多所

大学和研究机构建立了多种形式的紧密合作关系，联合共建的工程技术研究中心达到26个，省级以上企业技术中心达到120家，其中国家级11家，以企业为主体、产学研相结合的企业自主创新体系初步形成。

最后，出台了装备制造业的相关政策，进一步明确了装备制造业自主创新的方向。国家"十二五"规划纲要（2011）提出了装备制造业发展的目标和重点，是推动装备制造由生产型制造向服务性制造转变，推进产品数控化、生产绿色化和企业信息化。发展战略性新兴产业及基础设施等重点领域所需装备。推进铸造、锻造、焊接、热处理、表面处理等基础工艺专业化生产，提升轴承、齿轮、模具、液压、自控等基础零部件水平。黑龙江省装备制造业"十二五"规划提出将建设成具有较强核心技术研发能力、特色产业比较突出、产品技术比较先进、综合实力较强的现代装备制造业基地。结合两者发展目标，都旨在推动装备制造业自主创新，由粗放型发展模式向集约型发展模式转变。

（二）内部创新动力现状

首先，黑龙江省装备制造企业知识产权保护意识逐渐提高，初步形成自主创新的企业文化。随着我国市场经济体制的逐步完善，企业逐步适应运用市场工具来获取利润，并逐步积累了大量的市场竞争经验。整体而言，黑龙江省装备制造企业知识产权保护意识逐步加强，企业相关专利的申请和注册数量保持稳定增长态势。2010年黑龙江省装备制造业规模以上企业申请专利174 088项，比2009年增加5 302项，增长44.25%。其中申请发明专利48 732项，比2009年增加13 497项，增长38.31%。企业拥有发明专利72 784项，比2009年增加31 023项，增长74.29%。

其次，国有企业体制改革加快，企业的市场活力加强。黑龙江省装备制造企业国有企业的比重很大，受计划经济影响严重。20世纪90年代后期实行了债转股、核销呆坏账、引入经理人等改革措施来促进装备制造企业适应市场经济，装备制造企业开始建立以市场为导向，以研究—开发—生产—市场化为流程，以产品的市场实现为目标的现代化企业制度。生产经营性支出的"减负"、技术参与分配的合理化以及内部的奖惩机制都为创新机制的形成奠定了基础。

最后，对外开放度提高，建立国际化市场目标。黑龙江省装备制造企业借鉴其他发达地区企业的相关经验，如长江三角洲、珠江三角洲等东南沿海地区的外向型发展模式，从代理外国品牌技术产品，或者跟踪、引进开始，逐步模仿先进技术，到最终通过加大对自主创新研发投入，形成自主技术，创立自有品牌。黑龙江省装备制造企业不仅积极与外国高技术企业合作开发新产品，引进新技术，加速设备改造，而且将市场目标扩大到国际市场。"引进来、走出去"战略也取得了初步成效。在飞机生产上，哈航集团加深与巴西航空公司的合作，吸收支线客机核心制造技术；在汽车及关键零部件上，哈航集团加紧与日本、德国、美国等汽车厂商进行合资合作,开发生产高档轿车;在重型机械装备上,一重集团正与德国西马克、日本三菱重工、奥地利奥钢联等进行合资合作,引进大型联铸联轧设备、压力机、大型矿山设备和核压力容器等制造技术;在煤矿机械上,佳木斯、鸡西两大煤机公司正与美国P&H 矿山设备公司、日本三井公司合资合作,开发生产超大功率采煤机和大型掘进机。除此,黑龙江省装备制造企业还在环保设备、造纸机械和工程机械等方面承接国际最新产业转移业态,并成功举办了“首届黑龙江省汽车暨重点装备企业配套项目洽谈会”。

第三节 黑龙江省装备制造企业自主创新支持系统现状

一、企业自主创新内部支持系统现状

(一)企业管理与制度现状

黑龙江省装备制造企业管理制度不合理,管理粗放,非生产经营性支出过多。一些改革措施流于表面,对公有制下的国有企业管理至关重要的约束机制和激励机制严重缺乏,至今还有很多企业一方面连年亏损,大量职工下岗,拖欠工资;另一方面管理层享受高薪和优厚津贴,由此影响了市场优势和技术优势发挥。

黑龙江省装备制造企业组织结构转换落后于中国其他地区装备制造业,自经济制度改革以来失去了制度优势,组织结构不合理主要表现在:我国推行市场经济已经有 30 多年,但是由于大多数黑龙江省装备制造企业受计划经济体制的影响深刻,企业改革缓慢,大多数企业还未真正建立现代企业制度,企业产权不明晰,股份治理结构建设不完善等问题在相当一段时间内继续存在。企业内部的分配制度和激励制度不完善,导致企业经营者和技术骨干自主创新动力缺乏[139]。

(二)企业创新资源投入现状

黑龙江省装备制造企业既缺乏资金支持,又没有人才保障,创新资源的紧缺使得自主创新难以启动。创新资源投入不足,一方面体现在科研经费来源单一。一直以来,企业自筹经费在黑龙江省科技经费投入结构中的比重高达 60% 以上,上级拨款仅占微小比例,而在发达国家,除企业外,政府、公共部门也是一个重要的投资机构。装备制造企业“大而全”的经营方式,使得非生产经营性支出侵占了技术开发资金,企业一般不愿意把资金投入到科研上,尤其是把资金投入到基础研究上[140]。另一方面,缺乏鼓励企业自主创新的多渠道、多层级的投融资体系及完备高效的企业自主创新金融支持系统。一般而言,在装备制造企业自主创新过程中(包括研究成果产生、创新成果转化以及创新产品市场化等环节),需要大量的资金来提供支持，而黑龙江省装备制造企业一直是传统的直接融资体制，融资渠道非常单一。

另外，国有成分在黑龙江省装备制造企业中占较大比重，国有企业资产负债率大多超过80%，负债经营效益低又容易产生偿债危机，造成银行呆账坏账，银行信贷为主体构成的资本市场不利于企业自主创新的健康发展。随着证券市场日趋成熟，创业板块的建立为中小企业自主创新的融资活动开辟了新方式。但是，对于黑龙江省装备制造企业而言，充分利用这一新兴渠道为企业开展创新活动保驾护航，还有很长一段路要走。

（三）企业知识管理现状

从目前情况来看，黑龙江省装备制造企业知识管理水平不容乐观。以专利申请来讲，在全国范围内，黑龙江省装备制造企业申请的专利量多年来一直处于末端水平。究其原因，就是忽视企业知识的日常管理，不注重企业知识产权保护工作。黑龙江省装备制造企业普遍存在的一个“通病”是企业在知识产权战略的日常管理和经营中，不重视对自身知识产权缺乏导致的潜在危机的预防，未能冷静地思索如何将知识产权优势形成合围。

在企业管理过程中，由于对知识产权战略工作的重要性认识不够，很少设置专门的知识产权部门及专职人员处理企业知识产权相关事务。企业一直在短期经济利益的驱使下急功近利，不愿在核心技术领域投资，进行自主研发，更没有及时地将技术专利化、将专利标准化、将标准许可化；核心技术和关键元器件还依赖于进口，然后再进行重复组装，走仿制老路，产品技术含量低，缺乏市场竞争力。资金、技术的严重不足，导致自主知识产权缺乏[141]。最终导致黑龙江省装备制造企业在技术、资本和市场仍处于外围，很多企业存在“有制造无创造、有创造无产权”的现象。

（四）企业生产制造水平现状

合理可靠的制造技术是产品更新换代的保证，也是产品质量稳定提高的可靠保证。也就是说，设计优良的产品，其先进性和可靠性需要通过先进的制造技术来实现[142]。制造水平不高已经成为制约黑龙江省装备制造企业自主创新能力提高的“瓶颈”，制造水平不高的突出原因在于：工艺技术的落后或存在较大缺陷。由于企业现有的生产工艺存在缺陷，造成大量有着广泛社会需求的工业产品不能被生产，最终导致社会上对特定产品的需求不能得到满足。黑龙江省装备制造企业工艺技术存在缺陷，具体表现在：(1)由于某些行业的自身特点，一些老大难的工艺问题一直未能解决，造成材料利用率低、废品率高。(2)部分企业由于不注重装配规范的制定、装备精度分析等工作，造成装配线的自动化水平低。

（五）企业市场营销水平现状

装备制造企业开展技术创新的过程，就是提升企业竞争力的过程；提升企业竞争力的出发点就是对创新所带来的利润的追求。在企业技术创新能力提升过程中,营销能力的高低起着重要的作用。黑龙江省装备制造企业在市场营销环节存在的问题主要有:(1)营销人员对装备制造企业产品知识及营销知识掌握不够。装备制造企业的产品是一个集知识、工艺、价值的复杂组合体,特别是对企业新开发的产品进行市场推广时,需要市场营销人员具备较深的专业知识及先进的营销理念。而相当一部分营销人员由于专业背景等原因所限,对产品往往不能做到较透彻地了解。(2)营销人员和新产品研发人员之间缺乏信息交流。部门间协调,特别是市场营销部门和新产品开发部门的协调,对于装备制造企业新产品开发和销售的成功至关重要。而现实情况是,黑龙江省大多数装备制造企业的营销部门和研发部门各自为政,其成员间缺乏信息的沟通,特别缺乏客户需求相关信息的交流[143]。

二、企业自主创新外部支持系统现状

(一)市场环境现状

行政性垄断、市场秩序不良和市场信息不充分成为制约市场环境良性发展的突出环节。一方面,由于黑龙江省装备制造业早期是全国投资的重点部门,深受计划经济影响,造成政府指令性计划代替企业的市场自主性,进而导致装备制造企业普遍存在依靠政府的思想,企业未成为真正的市场主体;另一方面,改革开放以来,国内市场结构逐渐由卖方市场转入买方市场,虽然已经经历了多年的发展,但在体制和市场结构上依旧还有许多弊端,从而导致了市场秩序不良和市场信息不充分。在有效市场的前提下,企业通过市场销售产品,又从市场获取消费者的反馈信息,用以指导下阶段的研发工作,如此循环往复构成一个高效的“研发－销售”体系。但在不利因素的影响下,市场所反馈和发布的信息发生扭曲,企业产品的优势无法得到有效发挥,造成过度竞争,进一步加剧了自主创新资金的短缺,而技术交易与科技要素竞投市场不健全使得产学研等创新服务体系的效果难以发挥[144]。

(二)政策法规环境现状

法律法规方面,黑龙江省装备制造企业面临着企业自主创新的共性问题:相关法律法规不完善,立法工作严重滞后。我国的《科技进步法》立法初衷,在于加快企业的技术改造及国内外先进技术的引进,以此来加快我国的科技进步。但是,随着我国创新战略向自主创新的转变,需要从国家层面关注企业创新本身,特别是服务于企业科技成果的市场化进程,如产品化规范化、行业技术标准及知识产权等方面[145]。另外,支持中小企业自主创新的法律体系尚未形成。我国《中小企业促进法》于 2003 年开始实施,标志着我国中小企业的发展正式进入国家法律轨道。但是,我国尚未形成完整的中小企业法律体系,未能为中小企业及非国有企业提供公平有效的法律环境。黑龙江省装备制造企业要促进非国有成分的发展,就需要建立保障中小企业的法律环境。

政策方面,财政税收政策需要进一步向装备制造企业倾斜,现有的框架性条文无法为企业自主创新资金的投入给予政策性指导,而且随着黑龙江省"六大基地"、"火炬计划"等开展,税收优惠政策的覆盖面仍有加大空间;政府采购有待加强,实践证明,政府直接采购是促进企业开展自主创新活动、提升创新能力的最有效的政策工具。但是,该项政策的实施过程最显著的问题在于:购买本国技术的少,政府采购自主品牌的少,激励民族品牌的良好环境没有形成。

(三)资源环境现状

黑龙江省装备制造企业自主创新的资源环境主要包含科研机构、科技人才和科技经费3个方面。科研机构方面,截至2010年年底,黑龙江省有普通高校79所;有独立科研机构724个,其中中直科研院所23个、省属科研院所139个;有工程技术研究中心86家,其中国家级4家;有企业技术研究开发中心18家,其中国家级企业技术中心7家;有省级以上重点实验室92个,其中国家级5个;有中试基地66个。

科技人才方面,黑龙江省拥有中国科学院和中国工程院院士39位(1位为双院士),工程院院士数量列全国第五位。2010年全省从事科技活动人员11.5万人,科技人力资源居全国第14位。近五年,省杰出青年科学基金共资助107人,青年基金项目469项、留学基金项目156项。同时,黑龙江省争取国家自然科学基金项目数和资金数逐年增加,2010年突破了1个亿,达到11 819.5万元,显示了黑龙江省在基础研究领域的科研实力,培养了大批创新型人才。

科技经费方面,2010年,黑龙江省科技经费支出132.4亿元,其中研究与发展(R&D)经费支出107.94亿元,R&D支出相当于地区生产总值的1.04%。

(四)服务环境现状

如果所有技术环节都以自主研发的方式开展,既缺乏资金支持,又没有人才保障,同时还必须承担极大的风险,可行性不高。所以,企业必须求助于外部的科技服务体系。但是,黑龙江省装备制造企业自主创新服务环境发展滞后,突出表现是:研究机构技术成果太少、研究机构科技能力有限、企业与科研机构缺乏沟通、科技与生产脱节、缺乏基础研究支撑和科研机构服务、合作收费过高[146]。

从产业集聚角度来看,配套、支持产业发展落后,技术协作的专业化程度低。黑龙江大型装备制造企业增加值占工业增加值77.27%,大型企业比重高反映了企业规模优势突出,但装备制造业配套产业滞后,上下游一体化程度差制约了基础、共性和关键技术的外溢效应。主要表现为主导企业配套的元器件、零配件企业成长缓慢,区域内大、中、小企业之间、各类开发园区和工业园区之间分工协作体系没有形成。

(五)科学技术环境现状

2010年,黑龙江省有科研机构724个,其中393个分布在企业中,这些科研机构为黑龙江省装备制造企业创新发展提供了大量的科技成果。2010年共取得重大科技成果1 055项,比2007年的997项增加5.81%,其中应用研究成果827项;拥有发明专利数1 884项;共签订技术合同1 607份,成交金额35.02亿元,技术交易额为26.54亿元,丰富多样的科学技术成果能够适应装备制造企业不同的生产要求。

目前黑龙江省的技术体系标准仍以国家的统一标准为主。截至2006年底,我国已经有国家标准21 410项,备案行业标准33 552项,备案地方标准10 304项和备案企业标准130多万项。虽然我国在技术体系标准制定方面取得了一定的成果,但我国技术标准还存在很大程度上的不足,主要有以下3个方面:第一,标准总体水平不高,竞争力不强。标准化与科技结合不够,标准制定与科研脱节现象普遍。标准重制定,轻研究,科研投入不够。标准中的技术过时落后,科技含量特别是自主创新技术含量低,导致标准老化,标准年龄偏长。第二,企业主体地位不充分。企业应当是标准化的主体,但是当前我国企业标准化意识不强,特别是广大中小企业,对标准化不够重视,没有配备标准化人员,没有专门经费投入。第三,标准化工作基础薄弱。法律法规老化,机制不健全,没有统一的标准信息资源服务网络,标准化国民教育薄弱,全社会标准化意识不强,标准化经费与实际需求还存在较大缺口[147]。

(六)社会文化环境现状

现行教育体制、官僚主义、传统文化和社会舆论环境等因素造成了社会文化缺乏创新意识。2008年,黑龙江省科技人员素质综合指标由2007年的全国22位下降到27位,对教育的综合投资指数“人均图书消费量”由2007年的19.35元降低到16.88元,区域排序由26位退至27位,在全国处于落后位置;官本位、权本位文化居主导地位,阻碍创新,传统文化中的消极因素也不利于企业自主创新。制造企业中的科研机构官僚主义严重,这与自主创新要求的平等、开放环境背道而驰;缺乏自主创新的社会环境和舆论氛围的支持。在自主创新文化方面,黑龙江省科技进步环境指标从2007年的22位降到2008年的27位,其中创新意识在全国排名15,创新人员生活质量提高程度在全国各排名第9位,而生活环境排名仅为第14位,创新物质条件两年排名都为31名,物质条件并未得到改善。从以上情况可以看出,黑龙江省需要从根本上改变黑龙江省自主创新文化环境。

第四节 黑龙江省装备制造企业的特殊性分析

一、装备制造业地理特殊性

黑龙江省位于中国最东北部,南有辽宁、吉林两省,西有内蒙古自治区,北部、东部以黑龙江、乌苏里江为界,与俄罗斯相望,又与朝鲜、韩国、日本为邻,便于开展国际经贸活动和边境小额贸易。境内的铁路、高速公路不但贯通国内各经济发达地区,而且是欧亚大陆桥的东部起点,是中国东北地区和世界东北亚区域的经济活动中心。这就为发展装备制造业提供了其他地区少有的经济地理优势。但地理距离削弱了与国内沿海地区的经济联系,独立于京津、长江三角洲、中部地区等经济圈的辐射范围之外,发展环境相对闭塞。

二、装备制造业体制特殊性

东北地区是中国改革开放前进行大规模投资和重点建设的地区,因而国有企业较为集中。黑龙江省装备制造业国有经济比重高,注重国有资产存量的改革。这为形成规模较大、实力雄厚、技术领先的优势行业和骨干企业打下了基础,但另一方面使得由计划经济体制向市场经济体制过渡相对缓慢,产业结构和组织结构无法适应市场需求的变化。为了保持社会稳定,相当多的装备制造企业历史包袱沉重,不得不继续承担社会职能,企业冗员问题难以解决。

三、装备制造业结构特殊性

黑龙江省装备制造业结构失衡。重大成套装备和重要装备产品领域居于国内领先地位,优势行业是普通机械制造业、专用设备制造业、交通运输设备制造业;劣势行业是仪器仪表及文化、办公用品机械制造业、电子及通信设备制造业。电气机械、电子通信设备、医疗器械等设备制造业由于信息技术的应用而成为装备制造业附加值高、经济效益好、市场需求增长较快的行业,对装备制造业的发展具有较大带动作用,而这些行业恰恰是黑龙江乃至东北地区发展的“软肋”。

第五节 黑龙江省装备制造企业自主创新支持系统的重要性分析

装备制造业本身作为典型的技术密集型产业,其竞争力的获取更依赖于创新。而黑龙江省装备制造业,一方面,由于所处地理位置、地区制度、自身结构的特殊性，对其发展有一定影响；另一方面，作为该地区的支柱产业和传统优势产业，对于地区经济建设和社会发展有着非比寻常的战略意义。因此，发展好、建设好黑龙江省装备制造业刻不容缓。

目前，黑龙江省装备制造企业面临的外部环境日益严峻。加入 WTO 后，发达国家加强了对我国的技术封锁，知识产权和技术标准的缺乏已成为制约黑龙江省装备制造企业参与国际竞争的巨大障碍。在这种形势下，黑龙江省装备制造企业必须逐渐摆脱过去的资源依赖型或者对外技术依附型发展模式，必须采取自主创新的发展模式。通过发展具有自主知识产权的核心技术，构建具有自主知识产权的创新体系，才能实现装备制造企业核心竞争力的根本提升。

黑龙江省装备制造业作为传统优势产业，其竞争力的迅速衰减，直至没落，根本原因在于创新实力的缺失。究其原因，主要是由于创新支持系统建设的落后。一方面，企业自身发展的缺陷，如企业管理方式落后，制度建设落后，科研体制、知识管理体系尚未建立等；另一方面，黑龙江省创新环境建设滞后，表现在相关政策法规有待完善、创新服务体系存在诸多弊端等。

自主创新作为集知识、经济与社会等多种因素交互作用的复杂动力过程，是一个开放的、非线性复杂巨系统，这一系统的运转需要定位明确、功能完善的支持系统提供条件。而自主创新支持系统按其作用方向可分为内部支持系统和外部支持系统两种，特别是黑龙江省装备制造企业已拥有一定规模和基础，支持系统成为影响创新发展的更为关键的变量。自主创新支持系统的引入，对于人们认识和把握自主创新活动的本质，对于企业在一定的创新环境中有效地培育和展现出创新活力，建立和保持竞争优势，获得最佳的经济效益都具有重要的现实意义。自主创新支持系统为决策者提供广阔的创新环境分析视角，解析黑龙江省装备制造业缺陷和不足，并为统筹兼顾内部创新管理和外部创新环境提出科学、系统和可操作性的建议和对策。

第八章　黑龙江省装备制造企业自主创新支持系统运行效果评价

第一节　数据来源与收集

本书采用问卷调查的方式收集数据,具体又可分为调查问卷设计,样本企业选择和数据获取3个步骤。

一、调查问卷设计

问卷结合企业基本情况,以表中(见本书附录A)所示86个题项为主,通过5点量表对每一题项加以度量,即对每个问题给出5个描述性刻度(1、2、3、4、5),其中1表示认为所陈述内容“很差”(或“很弱”),5表示“很好”(或“很强”),1~5分别表示作用效果逐渐递增。由被调查人根据具体情况选择合适的刻度。

二、样本企业选择

样本范围涉及黑龙江省装备制造业的金属制品业,通用设备制造业,专用设备制造业,交通运输设备制造业,电气机械及器材制造业,通信设备、计算机及其他电子设备制造业,仪器仪表及文化办公用机械制造业7个行业内的企业,主要分布于哈尔滨、大庆、齐齐哈尔3个地区。“哈大齐”三地是黑龙江省装备制造业发展最快的地区,也是装备制造企业比较密集的区域,在这3个地区集中调查,一方面确实能够涵盖黑龙江省装备制造企业自主创新支持系统的目前的运行效果;另一方面也可以节省调研成本。黑龙江主要装备制造业企业名录如表8.1所示。

表8.1　黑龙江省主要装备制造业企业名录

黑龙江东亚交通工具有限公司	黑龙江大东机械有限责任公司
黑龙江省哈工大中俄科技合作有限公司	黑龙江地勘局探矿机械厂
黑龙江省海轮王农机制造有限公司	黑龙江建龙钢铁有限公司
黑龙江博远汽车维修有限公司	黑龙江烟草工业有限责任公司

续表 8.1

黑龙江大众汽车维修有限责任公司	黑龙江省哈双高速公路公司
黑龙江瑞兴科技股份有限公司	黑龙江省完达山乳业股份有限公司
黑龙江正大实业有限公司	黑龙江龙凤玉米开发有限公司
黑龙江黑化股份有限公司	黑龙江葵花药业股份有限公司
黑龙江华安机械有限责任公司	黑龙江省北大荒肉业有限公司
黑龙江环宇电缆股份有限公司	黑龙江北大荒药业有限公司
黑龙江北方工具有限公司	黑龙江省宝泉消防设备有限公司
黑龙江省四海特种钢管有限公司	黑龙江阿城华龙工业总公司
黑龙江省大庆市金三元有限公司	黑龙江省大庆市石化公司炼油厂仪表公司
黑龙江丹峰磨料磨具集团有限公司	黑龙江百脑惠科技有限公司
黑龙江省庆安钢铁股份有限公司	黑龙江柯远科技发展有限公司
哈尔滨北方制动系统有限公司	哈尔滨空调股份有限公司
哈药集团有限公司	哈尔滨友好科技发展有限公司
哈尔滨峰雷电力设备制造有限公司	哈尔滨利德维喷码机技术有限公司
哈尔滨锅炉厂有限责任公司	哈尔滨市科佳通讯机电有限公司
哈尔滨华春药化环保技术开发有限公司	哈尔滨海尔哈工大机器人技术有限公司
哈尔滨哈飞汽车工业集团有限公司	哈尔滨汽轮机厂有限责任公司
哈尔滨电机厂有限责任公司	哈市东联电子技术开发有限公司
哈尔滨飞机工业集团有限责任公司	哈尔滨新华供电设备制造有限公司
哈飞工业集团汽车转向器有限责任公司	哈尔滨市北方石墨厂
哈尔滨工业大学固泰电子有限责任公司	哈尔滨北方船舶工业有限公司
哈尔滨哈耐力汽车减震器制造有限公司	哈尔滨市动力区鸿翔汽车修配厂
哈尔滨东安汽车发动机制造有限公司	哈尔滨火车站电子计算站
哈尔滨科隆新技术开发有限责任公司	哈尔滨航空工业集团有限公司
哈尔滨市光宇蓄电池股份有限公司	哈尔滨航天科技控股集团股份有限公司
哈尔滨东安发动机集团有限公司	哈铁工业处哈尔滨机车车辆配件厂
哈尔滨热电有限责任公司	哈尔滨哈飞凌云汽车零部件有限公司
哈尔滨安博威飞机工业有限公司	哈尔滨澳飞汽车管业有限公司
哈尔滨市深航汽车空调有限公司	哈尔滨东安实业发展总公司
哈尔滨爱英斯汽车部件有限公司	哈尔滨威特汽车有限公司
哈尔滨自行车工业公司	中国第一汽车集团哈尔滨轻型车厂
哈尔滨拖拉机配件厂	哈尔滨轴承集团公司
哈尔滨广丰汽车维修有限公司	哈尔滨建成集团有限公司
中国第一汽车集团哈尔滨轻型车厂工业总公司	华电能源股份有限公司哈尔滨第三发电厂
哈尔滨量具刃具集团有限责任公司	黑龙江省哈尔滨市昌华电缆桥架厂
中煤龙化哈尔滨煤化工有限公司	哈尔滨东方众鑫工贸有限公司
中煤龙化哈尔滨矿业有限公司	哈尔滨三迪工控工程有限公司
哈尔滨光宇电源股份有限公司	哈尔滨世光光电技术开发有限公司

续表 8.1

哈尔滨中庆燃气有限责任公司	哈尔滨金鑫电气有限责任公司
哈尔滨天泰科技有限公司	哈尔滨北方特种车辆制造有限公司
哈尔滨万得科技股份有限公司	哈尔滨供排水集团有限责任公司
哈尔滨巨容新能源有限公司	哈尔滨第一工具有限公司
哈尔滨避雷器制造有限公司	哈尔滨印铁制品厂
哈尔滨市电力电子器材公司	哈双奇标牌制作有限公司
哈尔滨市整流设备厂	哈尔滨市三强信息技术有限公司
哈尔滨哈电多种经营有限责任公司	哈尔滨市福康节能造具厂
哈尔滨智通科技有限公司	哈尔滨第二工具厂
哈尔滨七星机械制造有限公司	阿城继电器股份有限公司
哈尔滨无线电五厂	哈尔滨九洲电气股份有限公司
黑龙江省哈尔滨市电力设备总厂	哈量集团数控刀具有限责任公司
哈尔滨搪瓷厂	哈尔滨市华龙电子散热器厂
哈尔滨市鑫锚防盗门制造有限公司	哈尔滨中源电力自动化有限公司
哈尔滨华加新型建材有限公司	哈尔滨七彩阳光科技有限公司
哈尔滨双太电子实业有限公司	哈尔滨千秋实业有限公司
哈尔滨练达科技有限公司	哈尔滨凯力减速机械有限公司
哈尔滨量具刃具厂	哈尔滨盛阳成套设备工程技术有限公司
哈尔滨卓尔科技开发有限公司	哈尔滨哈成套博发电站设备有限公司
哈尔滨市友斌风机配件厂	哈尔滨斯威特科技发展有限公司
哈尔滨标准件二厂	哈尔滨赛达电子有限公司
哈尔滨市弹簧厂	哈尔滨府明电器有限公司
哈尔滨赛德技术发展有限公司	哈尔滨市香华高密封轴承厂
哈尔滨第二空调机厂	哈尔滨天合人造板机械有限公司
哈尔滨彼绍特科技开发有限公司	哈尔滨万兴传动设备有限公司
哈尔滨市华能气动液压元件经销有限公司	哈尔滨工业大学博实精密测控有限责任公司
哈尔滨市精密样板工具厂	哈尔滨市荣光照相制版厂
哈尔滨天城锅炉仪器科技有限公司	哈尔滨哈锅阀门股份有限公司
九三粮油工业集团有限公司	亿阳集团有限公司
翰如天正信息技术有限公司	国脉通信科技公司
哈尔滨农业机械厂	哈尔滨东宇农业工程机械有限公司
西林钢铁集团有限公司	松江量具厂
国营风华机械厂	东北轻合金有限责任公司
齐齐哈尔北方重型设备修造厂	齐齐哈尔建华工业有限责任公司
齐齐哈尔市轨道交通装备有限责任公司	齐齐哈尔大华电器有限公司
齐齐哈尔二机床(集团)有限责任公司	齐重数控装备股份有限公司
齐齐哈尔市铁路车辆集团修车厂	齐齐哈尔市铁鑫技术开发有限责任公司
齐齐哈尔北方机器有限责任公司	齐齐哈尔建华机械有限公司

续表 8.1

齐齐哈尔市碾子山建兴电器安装大修厂	齐齐哈尔斯潘塞表面处理设备有限公司
齐齐哈尔北方洁具五金件制造公司	齐齐哈尔重型铸造有限公司
齐齐哈尔市富重材料加工厂	齐齐哈尔市振华农工商总公司
齐齐哈尔富工冶金机械设备制造有限公司	齐齐哈尔市富拉尔基区兴隆标准件厂
中国第一重型机械(集团)有限责任公司	东北特钢集团北满特殊钢有限责任公司
中国华电集团富拉尔基发电总厂	桦林佳通轮胎有限公司
牡丹江石油机械有限责任公司	牡丹江市轻工机械制造有限责任公司
牡丹江市天龙石油仪表科技开发有限责任公司	牡丹江市东北热风幕厂
牡丹江北龙机械电力设备厂	牡丹江天音电子有限公司
海林市腾飞汽车配件有限公司	东宁县银河贸易有限责任有限公司
华电能源股份有限公司牡丹江第二发电厂	牡丹江恒丰纸业集团有限责任公司
佳木斯市煤矿机械有限公司	佳木斯市电力机械厂
佳木斯电机股份有限公司	佳木斯宏盛门业科技有限公司
约翰迪尔佳联收获机械有限公司	大庆榆树林油田开发有限责任公司
大庆钻探工程公司	大庆石化计算机开发公司
大庆让胡路区双隆机械制造有限公司	大庆油田化工有限公司
大庆石油管理局公共汽车公司	大庆油田中庆燃气控股有限责任公司
大庆市巨龙石化配件有限公司	大庆开发区福尔康医疗用品有限公司
大庆庆普电力电子有限公司	大庆高新区海峰仪器制造有限公司
大庆华力机械制造有限公司	大庆创汇仪器仪表有限公司
中国石油大庆石油化工总厂	庆安县开天电脑有限公司
七台河矿业精煤集团有限责任公司	七台河市双叶家具实业有限公司
鸡西矿业(集团) 有限责任公司	沈阳煤业(集团)鸡西盛隆矿业有限责任公司
鸡西北方制钢有限公司	鸡西市恒山区福鑫修配厂
双鸭山矿业集团有限公司	双鸭山北方升平矿业有限责任公司
国电双鸭山发电有限公司	鹤岗矿业集团有限责任公司

三、调查数据获取

本书的研究通过多种途径发放问卷:首先,广泛联系,向相关企业中高层管理人员发放问卷;其次,通过登门拜访等方式对目标企业进行了专门的问卷调查;第三,通过哈尔滨工程大学科技园向相关的企业中高层管理者发放问卷;第四,向相关的 MBA 人员发放问卷。本次问卷主要调查范围是哈尔滨、大庆、齐齐哈尔3 个城市的装备制造企业,这 3 个城市是黑龙江省装备制造企业最密集、发展势头最强的城市,这在一定程度上可以保证本次问卷的信度。

本次调查共发放问卷 300 份,收回 235 份,回收率 78.3%,其中有效问卷 203

份,有效回收率67.7%。

第二节 隶属度矩阵的确定

根据问卷汇总结果,可得各指标层的隶属度矩阵。

对于管理与制度支持子系统(B_1),其下属的3个要素层为:创新战略(C_{11})、创新机制(C_{12})、创新体系(C_{13})。

根据问卷汇总结果,由要素层"创新战略(C_{11})"下的指标C_{111}(高层领导对自主创新活动的支持力度),C_{112}(高层领导创新的预测和评估水平),C_{113}(高层领导的创新欲望和责任心),C_{114}(创新资源的优化配置能力水平)评语集组成的评判矩阵为(即隶属度矩阵)

$$\begin{array}{ccccc} \text{很好} & \text{较好} & \text{一般} & \text{较差} & \text{很差} \end{array}$$

$$\boldsymbol{R}_{11}=\begin{bmatrix} 0.010 & 0.324 & 0.157 & 0.446 & 0.063 \\ 0.000 & 0.204 & 0.296 & 0.446 & 0.054 \\ 0.040 & 0.176 & 0.353 & 0.402 & 0.029 \\ 0.037 & 0.284 & 0.186 & 0.453 & 0.040 \end{bmatrix}$$

同理,要素层"创新机制(C_{12})、创新体系(C_{13})"下的指标层评语集组成的评判矩阵(即隶属度矩阵)分别为

$$\boldsymbol{R}_{12}=\begin{bmatrix} 0.163 & 0.232 & 0.197 & 0.281 & 0.128 \\ 0.084 & 0.163 & 0.330 & 0.232 & 0.192 \\ 0.099 & 0.094 & 0.384 & 0.266 & 0.158 \\ 0.049 & 0.148 & 0.241 & 0.441 & 0.118 \end{bmatrix}$$

$$\boldsymbol{R}_{13}=\begin{bmatrix} 0.163 & 0.232 & 0.177 & 0.379 & 0.049 \\ 0.113 & 0.281 & 0.192 & 0.320 & 0.094 \\ 0.094 & 0.192 & 0.286 & 0.315 & 0.113 \\ 0.148 & 0.192 & 0.143 & 0.448 & 0.069 \end{bmatrix}$$

对于创新资源投入支持子系统(B_2),其下属的3个要素层为:人员投入(C_{21})、资金(C_{22})、信息(C_{23})。这3个要素层下属指标构成的隶属度矩阵分别为

$$\boldsymbol{R}_{21}=\begin{bmatrix} 0.163 & 0.232 & 0.281 & 0.197 & 0.128 \\ 0.084 & 0.163 & 0.232 & 0.330 & 0.192 \\ 0.099 & 0.094 & 0.266 & 0.384 & 0.158 \\ 0.049 & 0.148 & 0.443 & 0.241 & 0.118 \end{bmatrix}$$

$$R_{22}=\begin{bmatrix}0.113 & 0.192 & 0.438 & 0.158 & 0.099\\ 0.123 & 0.182 & 0.369 & 0.241 & 0.084\\ 0.167 & 0.143 & 0.414 & 0.182 & 0.094\\ 0.074 & 0.143 & 0.448 & 0.217 & 0.118\end{bmatrix}$$

$$R_{23}=[0.133 \quad 0.266 \quad 0.271 \quad 0.236 \quad 0.094]$$

对于知识存量支持子系统(B_3),其下属的两个要素层为:显性知识(C_{31})、隐性知识(C_{32})。这两个要素层下属指标构成的隶属度矩阵分别为

$$R_{31}=\begin{bmatrix}0.034 & 0.118 & 0.222 & 0.360 & 0.266\\ 0.207 & 0.271 & 0.266 & 0.118 & 0.238\end{bmatrix}$$

$$R_{32}=\begin{bmatrix}0.084 & 0.167 & 0.330 & 0.251 & 0.167\\ 0.212 & 0.291 & 0.350 & 0.108 & 0.039\end{bmatrix}$$

对于生产制造支持子系统(B_4),其下属的3个要素层为:工人素质(C_{41})、设备水平(C_{42})、生产周期(C_{43})。这3个要素层下属指标构成的隶属度矩阵分别为

$$R_{41}=\begin{bmatrix}0.163 & 0.167 & 0.232 & 0.300 & 0.138\\ 0.064 & 0.094 & 0.300 & 0.355 & 0.187\end{bmatrix}$$

$$R_{42}=\begin{bmatrix}0.108 & 0.192 & 0.429 & 0.202 & 0.069\\ 0.163 & 0.167 & 0.232 & 0.300 & 0.138\\ 0.054 & 0.143 & 0.315 & 0.330 & 0.158\end{bmatrix}$$

$$R_{43}=\begin{bmatrix}0.064 & 0.143 & 0.419 & 0.217 & 0.158\\ 0.059 & 0.232 & 0.271 & 0.246 & 0.192\\ 0.118 & 0.192 & 0.222 & 0.276 & 0.192\\ 0.123 & 0.241 & 0.360 & 0.118 & 0.167\end{bmatrix}$$

对于市场营销支持子系统(B_5),其下属的两个要素层为:市场调查研究能力(C_{51})、销售能力(C_{52})。这两个要素层下属指标构成的隶属度矩阵分别为

$$R_{51}=\begin{bmatrix}0.074 & 0.118 & 0.281 & 0.389 & 0.138\\ 0.113 & 0.192 & 0.202 & 0.350 & 0.143\end{bmatrix}$$

$$R_{52}=\begin{bmatrix}0.074 & 0.133 & 0.330 & 0.340 & 0.123\\ 0.103 & 0.182 & 0.217 & 0.315 & 0.177\\ 0.064 & 0.187 & 0.202 & 0.379 & 0.167\\ 0.059 & 0.192 & 0.202 & 0.438 & 0.108\end{bmatrix}$$

对于市场环境支持子系统(B_6),其下属的3个要素层为:市场竞争的激烈程度(C_{61})、市场秩序的规范程度(C_{62})、市场体系的健全程度(C_{63})。这3个要素层下属

指标构成的隶属度矩阵分别为

$$R_{61}=\begin{bmatrix}0.113&0.182&0.369&0.182&0.153\\0.059&0.128&0.374&0.197&0.241\\0.217&0.182&0.266&0.177&0.158\\0.059&0.143&0.212&0.320&0.266\end{bmatrix}$$

$$R_{62}=\begin{bmatrix}0.113&0.232&0.340&0.182&0.133\\0.064&0.094&0.300&0.365&0.177\end{bmatrix}$$

$$R_{63}=\begin{bmatrix}0.064&0.133&0.419&0.281&0.103\\0.123&0.192&0.300&0.217&0.167\end{bmatrix}$$

对于政策法规支持子系统(B_7),其下属的 3 个要素层为:财政政策(C_{71})、融资政策(C_{72})、知识产权保护(C_{73})。这 3 个要素层下属指标构成的隶属度矩阵分别为

$$R_{71}=\begin{bmatrix}0.034&0.084&0.291&0.389&0.202\\0.074&0.094&0.300&0.414&0.118\\0.103&0.133&0.315&0.281&0.177\end{bmatrix}$$

$$R_{72}=\begin{bmatrix}0.084&0.099&0.394&0.320&0.103\\0.094&0.143&0.350&0.281&0.133\\0.054&0.148&0.266&0.330&0.202\end{bmatrix}$$

$$R_{73}=\begin{bmatrix}0.153&0.192&0.379&0.172&0.103\\0.108&0.133&0.300&0.330&0.128\end{bmatrix}$$

对于资源环境支持子系统(B_8),其下属的 3 个要素层为:人力资源环境(C_{81})、融资环境(C_{82})、基础设施环境(C_{83})。这 3 个要素层下属指标构成的隶属度矩阵分别为

$$R_{81}=\begin{bmatrix}0.133&0.419&0.133&0.167&0.148\\0.158&0.227&0.153&0.276&0.187\\0.054&0.315&0.330&0.143&0.158\\0.108&0.429&0.202&0.192&0.069\end{bmatrix}$$

$$R_{82}=\begin{bmatrix}0.163&0.478&0.123&0.143&0.094\\0.108&0.251&0.281&0.133&0.227\\0.034&0.315&0.360&0.084&0.207\end{bmatrix}$$

$$R_{83}=\begin{bmatrix}0.167&0.473&0.074&0.241&0.044\\0.059&0.453&0.222&0.182&0.084\\0.049&0.266&0.409&0.074&0.202\end{bmatrix}$$

对于服务环境支持子系统(B_9),其下属的两个要素层为:创新服务机构建设情况(C_{91})、创新服务机构服务支持水平(C_{92})。这两个要素层下属指标构成的隶属度矩阵分别为

$$\boldsymbol{R}_{91}=\begin{bmatrix}0.118 & 0.291 & 0.172 & 0.325 & 0.094\\ 0.108 & 0.232 & 0.212 & 0.355 & 0.094\\ 0.049 & 0.217 & 0.261 & 0.315 & 0.158\\ 0.064 & 0.222 & 0.163 & 0.429 & 0.123\\ 0.118 & 0.241 & 0.192 & 0.340 & 0.108\end{bmatrix}$$

$$\boldsymbol{R}_{92}=\begin{bmatrix}0.044 & 0.094 & 0.222 & 0.473 & 0.167\\ 0.064 & 0.182 & 0.261 & 0.355 & 0.138\\ 0.025 & 0.069 & 0.360 & 0.365 & 0.182\end{bmatrix}$$

对于科学技术支持子系统(B_{10}),其下属的两个要素层为:技术(C_{10-1})、技术源(C_{10-2})。这两个要素层下属指标构成的隶属度矩阵分别为

$$\boldsymbol{R}_{10-1}=\begin{bmatrix}0.143 & 0.202 & 0.463 & 0.123 & 0.069\\ 0.015 & 0.133 & 0.355 & 0.276 & 0.222\end{bmatrix}$$

$$\boldsymbol{R}_{10-2}=\begin{bmatrix}0.094 & 0.256 & 0.315 & 0.222 & 0.113\\ 0.064 & 0.153 & 0.384 & 0.217 & 0.182\\ 0.099 & 0.167 & 0.438 & 0.212 & 0.084\\ 0.079 & 0.123 & 0.379 & 0.197 & 0.222\\ 0.020 & 0.069 & 0.389 & 0.315 & 0.207\end{bmatrix}$$

对于社会文化支持子系统(B_{11}),其下属的两个要素层为:创新文化(C_{11-1})、创新、创业教育(C_{11-2})。这两个要素层下属指标构成的隶属度矩阵分别为

$$\boldsymbol{R}_{11-1}=\begin{bmatrix}0.044 & 0.108 & 0.369 & 0.315 & 0.163\\ 0.064 & 0.103 & 0.315 & 0.236 & 0.281\\ 0.099 & 0.217 & 0.163 & 0.438 & 0.084\end{bmatrix}$$

$$\boldsymbol{R}_{11-2}=\begin{bmatrix}0.034 & 0.133 & 0.320 & 0.365 & 0.148\\ 0.054 & 0.123 & 0.256 & 0.384 & 0.182\end{bmatrix}$$

第三节　指标权重的确定

依据隶属度矩阵,根据公式(6.4),运用微粒群算法优化计算得出各指标层具体指标的权重。具体计算过程以其中一个做范例来描述。下面本书就以对于管理

与制度支持子系统的要素层“创新战略”下属的4个具体指标为例来确定权重。

C_{111}（高层领导对自主创新活动的支持力度），C_{112}（高层领导创新的预测和评估水平），C_{113}（高层领导的创新欲望和责任心），C_{114}（创新资源的优化配置能力水平）评语集组成的评判矩阵为（即隶属度矩阵）

$$\begin{matrix} & \text{很好} & \text{较好} & \text{一般} & \text{较差} & \text{很差} \end{matrix}$$

$$\boldsymbol{R}_{11}=\begin{bmatrix} 0.010 & 0.324 & 0.157 & 0.446 & 0.063 \\ 0.000 & 0.204 & 0.296 & 0.446 & 0.054 \\ 0.040 & 0.176 & 0.353 & 0.402 & 0.029 \\ 0.037 & 0.284 & 0.186 & 0.453 & 0.040 \end{bmatrix}$$

在利用微粒群求解指标权重 ω_i 之前，首先利用罚函数法将优化函数(6.4)转化为适应度函数

$$Fitness(\omega)=A\left(\sum_{i=1}^{m}\omega_i-1\right)^2+B\sum_{j=1}^{n}\sum_{i=1}^{m}\omega_i^2\left[\frac{(1-\boldsymbol{R}_{ij})^2+\boldsymbol{R}_{ij}^2}{mn}\right] \quad (8.1)$$

式(8.1)中，A 与 B 为惩罚因子。一般情况下，取 A，B 随矩阵 $\boldsymbol{R}$ 的不同而有所不同。利用微粒群对函数(8.1)进行权重计算的步骤如下：

(1)设置微粒群的第 i 个体初始值为

$$\omega_i(0)=[\omega_{ij}(0)]=[\omega_{i1}(0),\omega_{i2}(0),\cdots,\omega_{im}(0)]$$

其中 $i=1,2,\cdots,N$，N 是微粒群的规模；$j=1,2,\cdots,m$，m 是个体的维数，此处令 $N=200$。

(2)设置微粒群的惯性权值 ω。为了提高微粒群的全局寻优能力，此处使惯性权值动态变化。惯性权值 ω 的变化规律为

$$\omega=\omega_{\max}-\frac{\omega_{\max}-\omega_{\min}}{k_{\max}}\times k \quad (8.2)$$

式中，$\omega_{\max}$ 为惯性初始权重；$\omega_{\min}$ 为惯性最终权重；$k_{\max}$ 为微粒群算法的最大迭代次数；k 为微粒群算法当前的迭代次数。令 $\omega_{\max}=1.4$，$\omega_{\min}=0.8$，$k_{\max}=1\ 000$。

(3)设置加速度常数，$c_1=1.8$；$c_2=1.8$。

(4)利用适应度函数(8.1)评价微粒群个体的初始适应值，并以此设置个体历史最优 p_{id} 和全局最优历史最优 p_g，则

$$p_g=\{\omega_1 \mid F(\omega_1)=\min F(\omega_L),i=1,2,\cdots,N\}$$

(5)利用微粒群算法进行迭代运算，即

$$v_{ij}(k+1)=\omega v_{ij}(k)+c_1\cdot rand_1\cdot[p_{id}-\omega_{ij}(k)]+c_2\cdot rand_2\cdot[p_g-\omega_{ij}(k)]$$

$$\omega_{ij}(k+1)=\omega_{ij}(k)+v_{ij}(k+1) \quad (8.3)$$

在每次迭代运算结束后，均利用适应度函数(8.1)评价微粒的适应值。对于每个微粒，比较其当前适应值和其个体历史最好适应值，若当前适应值更优，则当前适应值为其个体历史最好适应值，并保存当前微粒为个体历史最佳，即

$$p_{id}=\begin{cases}p_{id} & if\ F(p_{id})<F[\omega_i(k+1)]\\ F[\omega_i(k+1)], & if\ F(p_{id})>F[\omega_i(k+1)]\end{cases}$$

比较群体所有微粒的当前适应值和全局历史最好适应值，若某微粒的当前适应值更优，则该微粒的当前适应值为全局历史最好适应值，并保存该微粒为全局历史最好的，即

$$p_g=\begin{cases}p_g & if\ F(p_g)<\min F(p_{id}),i=1,2,\cdots,N\\ p_{id}\mid F(p_{id})=\min F(p_{id}), & if\ F(p_g)>\min F(p_{id}),i=1,2,\cdots,N\end{cases}$$

(6)若满足条件(迭代次数达到最大值 2 000，$\sum_{ij}^{m}\omega_{ij}=1$，适应值变化误差达到允许范围之内)，则停止计算并输出计算结果；否则，转到第(5)继续计算。

根据以上步骤(具体的微粒群编程程序见本书附录 B)，可以得出管理与制度支持子系统的要素层“创新战略”其下属的 4 个具体指标的权重。其他的同理可得，权重结果见表 8.2～8.12。

表 8.2　管理与制度支持子系统评价指标体系及权重

准则层	权重	要素层	权重	指标层	权重
管理与制度支持子系统(B_1)	0.078	创新战略(C_{11})	0.349	高层领导对自主创新活动的支持力度(D_{111})	0.308
				高层领导创新的预测和评估水平(D_{112})	0.279
				高层领导的创新欲望和责任心(D_{113})	0.173
				创新资源的优化配置能力水平(D_{114})	0.239
		创新机制(C_{12})	0.328	新产品研发机制有效性(D_{121})	0.200
				企业创新文化氛围(D_{122})	0.212
				企业的创新决策水平(D_{123})	0.260
				研发人员的技术创新成果与工资收入和晋升机会的关联程度(D_{124})	0.328
		创新体系(C_{13})	0.323	组织协调沟通机制的有效性(D_{131})	0.239
				组织学习能力(D_{132})	0.312
				研发部门与生产、营销部门的合作程度(D_{133})	0.233
				产学研或其他形式的合作研发机构的建设情况(D_{134})	0.215

表 8.3 创新资源投入支持子系统各指标的权重

准则层	权重	要素层	权重	指标层	权重
创新资源投入支持子系统（B_2）	0.114	人员投入（C_{21}）	0.362	科学家充裕程度（D_{211}）	0.270
				科技活动人员充裕程度（D_{212}）	0.253
				R&D 人员充裕程度（D_{213}）	0.236
				工程师充裕程度（D_{214}）	0.241
		资金（C_{22}）	0.323	科技活动经费的投入力度（D_{221}）	0.197
				技术改造经费支出的投入力度（D_{222}）	0.261
				消化吸收经费支出投入力度（D_{223}）	0.260
				新产品开发经费支出投入力度（D_{224}）	0.283
		信息（C_{23}）	0.315	企业信息平台的建设水平（D_{231}）	1.000

表 8.4 知识存量支持子系统各指标的权重

准则层	权重	要素层	权重	指标层	权重
知识存量支持子系统（B_3）	0.095	显性知识（C_{31}）	0.507	知识产权（专利授权）（D_{311}）	0.486
				科技文献（D_{312}）	0.514
		隐性知识（C_{32}）	0.493	人力知识资本（D_{321}）	0.499
				企业内部对创新成功经验、案例的认同度（D_{322}）	0.501

表 8.5 生产制造支持子系统各指标的权重

准则层	权重	要素层	权重	指标层	权重
生产制造支持子系统（D_4）	0.125	工人素质（C_{41}）	0.317	工程技术人员结构合理程度（D_{411}）	0.508
				工人的技术等级水平（D_{412}）	0.492
		设备水平（C_{42}）	0.337	企业装备的先进性（D_{421}）	0.329
				现代制造技术的使用情况（D_{422}）	0.353
				工艺设计和管理水平（D_{423}）	0.317
		生产周期（C_{43}）	0.346	样机生产周期（D_{431}）	0.271
				模具生产周期（D_{432}）	0.235
				工艺准备周期（D_{433}）	0.280
				产品生产周期（D_{434}）	0.213

表 8.6　市场营销支持子系统各指标的权重

准则层	权重	要素层	权重	指标层	权重
市场营销支持子系统(B_5)	0.012	市场调查研究能力(C_{51})	0.498	针对开发新产品或进行重大技术改进的企业调研机制的完善程度(D_{511})	0.495
				处理客户反馈信息的有效性(D_{512})	0.505
		销售能力(C_{52})	0.502	销售渠道的管理和控制水平(D_{521})	0.256
				营销队伍的建设水平(D_{522})	0.232
				企业品牌管理的水平(D_{523})	0.197
				售后服务和技术支持水平(D_{524})	0.316

表 8.7　市场环境支持子系统各指标的权重

准则层	权重	要素层	权重	指标层	权重
市场环境支持子系统(B_6)	0.097	市场竞争的激烈程度(C_{61})	0.331	市场前景景气程度(D_{611})	0.175
				市场化水平(D_{612})	0.228
				市场竞争强度(D_{613})	0.283
				市场竞争的公平程度(D_{614})	0.314
		市场秩序的规范程度(C_{62})	0.333	市场规则的完善程度(D_{621})	0.505
				市场道德和信用的良好性(D_{622})	0.495
		市场体系的健全程度(C_{63})	0.336	市场需求水平(D_{631})	0.490
				技术要素市场健全程度(D_{632})	0.511

表 8.8　政策法规支持子系统各指标的权重

准则层	权重	要素层	权重	指标层	权重
政策法规环境支持子系统(B_7)	0.255	财政政策(C_{71})	0.338	减税政策实施效果(D_{711})	0.342
				对创新产品的政府采购政策实施效果(D_{712})	0.307
				创新资助专项资金的实施效果(D_{713})	0.351
		融资政策(C_{72})	0.340	政府的信用担保有效性(D_{721})	0.327
				政府实施自主创新引导性投资的有效性(D_{722})	0.327
				风险投资制度的有效性(D_{723})	0.346
		知识产权保护(C_{73})	0.322	知识产权保护法律制度的完善程度(D_{731})	0.497
				公民知识产权法律保护意识(D_{732})	0.503

表 8.9　资源环境支持子系统各指标的权重

准则层	权重	要素层	权重	指标层	权重
资源环境支持子系统(B_8)	0.038	人力资源环境(C_{81})	0.346	技术工人的充裕程度(D_{811})	0.333
				区域内劳动力综合素质(D_{812})	0.180
				人才流动机制的有效性(D_{813})	0.208
				人才培养与人才引进的力度(D_{814})	0.280
		融资环境(C_{82})	0.321	获取银行贷款的难易程度(D_{821})	0.302
				市场融资渠道的宽畅程度(D_{822})	0.347
				资本市场的完善程度(D_{823})	0.351
		基础设施环境(C_{83})	0.333	互联网普及程度(D_{831})	0.341
				交通物流设施的便利程度(D_{832})	0.336
				创新、创业教育基础设施的建设情况(D_{833})	0.324

表 8.10　服务环境支持子系统各指标的权重

准则层	权重	要素层	权重	指标层	权重
服务环境支持子系统(B_9)	0.129	创新服务机构建设情况(C_{91})	0.504	高新技术开发区(D_{911})	0.205
				科研机构,科技园(D_{912})	0.221
				科技企业孵化器(D_{913})	0.082
				生产力促进中心(D_{914})	0.279
				专利代理机构(D_{915})	0.213
		创新服务机构服务支持水平(C_{92})	0.496	产学研合作情况(D_{921})	0.306
				服务机构人员素质(D_{922})	0.359
				服务机构服务质量(D_{923})	0.335

表 8.11　科学技术支持子系统各指标的权重

准则层	权重	要素层	权重	指标层	权重
科学技术支持子系统(B_{10})	0.021	技术(C_{10-1})	0.498	技术的丰富多样程度(D_{10-11})	0.493
				技术标准体系建设的完善程度(D_{10-12})	0.507
		技术源(C_{10-2})	0.502	技术市场的交易活跃程度(D_{10-21})	0.410
				企业间技术合作水平(D_{10-22})	0.099
				高等院校、科研院所与企业合作创新水平(D_{10-23})	0.206
				科技市场技术转移的水平(D_{10-24})	0.164
				科技市场对国外先进技术的消化吸收能力(D_{10-25})	0.120

表 8.12　社会文化支持子系统各指标的权重

准则层	权重	要素层	权重	指标层	权重
社会文化支持子系统(B_{11})	0.036	创新文化(C_{11-1})	0.504	消费者愿意购买正版产品的社会风气(D_{11-11})	0.355
				“鼓励探索，容忍失败”的社会氛围(D_{11-12})	0.345
				消费者的产权意识强度(D_{11-13})	0.300
		创新、创业教育(C_{11-2})	0.496	社会教育中对创新精神的重视程度(D_{11-21})	0.499
				创业培训的开展(D_{11-22})	0.501

第四节　综合评价

一、一级综合评价

根据已经确定的管理与制度支持子系统的要素层“创新战略”其下属的4个具体指标的权重：$\omega_{11}=(\omega_{111},\omega_{112},\omega_{113},\omega_{114})$，可得要素层“创新战略”的综合评价结果为

$$B_{11}=\omega_{11}*R_{11}$$

同理可得出管理与制度支持子系统的要素层“创新机制”和“创新体系”的综合评价结果为B_{12}、B_{13}。

其他支持子系统的要素层的综合评价结果见表8.13。

表 8.13　第一级评价结果

要素层 C	很好	较好	一般	较差	很差
创新战略(C_{11})	0.098	0.255	0.237	0.440	0.049
创新机制(C_{12})	0.092	0.154	0.288	0.320	0.146
创新体系(C_{13})	0.128	0.229	0.200	0.361	0.082
人员投入(C_{21})	0.100	0.162	0.304	0.285	0.149
资金(C_{22})	0.119	0.163	0.417	0.203	0.099
信息(C_{23})	0.133	0.266	0.271	0.236	0.094
显性知识(B_{31})	0.123	0.197	0.245	0.235	0.252
隐性知识(B_{32})	0.148	0.229	0.340	0.179	0.103
工人素质(C_{41})	0.114	0.131	0.265	0.327	0.162
设备水平(C_{42})	0.110	0.168	0.323	0.277	0.122
生产周期(C_{43})	0.090	0.198	0.316	0.219	0.177
市场调查研究能力(C_{51})	0.094	0.155	0.241	0.369	0.141

续表 8.13

要素层 C	很好	较好	一般	较差	很差
销售能力(C_{52})	0.074	0.174	0.238	0.373	0.139
市场竞争(C_{61})	0.113	0.157	0.292	0.227	0.210
市场秩序(C_{62})	0.089	0.164	0.320	0.273	0.155
市场体系(C_{63})	0.094	0.163	0.358	0.248	0.136
财政政策(C_{71})	0.071	0.104	0.302	0.359	0.167
融资政策(C_{72})	0.077	0.130	0.335	0.311	0.147
知识产权保护(C_{73})	0.130	0.162	0.339	0.251	0.116
人力资源环境(C_{81})	0.114	0.366	0.197	0.189	0.135
融资环境(C_{82})	0.099	0.342	0.261	0.119	0.180
基础设施环境(C_{83})	0.093	0.399	0.232	0.167	0.109
创新服务机构建设情况(C_{91})	0.095	0.242	0.261	0.363	0.110
创新服务机构支持水平(C_{92})	0.045	0.117	0.232	0.395	0.162
技术(C_{10-1})	0.078	0.167	0.408	0.201	0.147
技术源(C_{10-2})	0.081	0.183	0.367	0.226	0.143
创新文化(C_{11-1})	0.067	0.139	0.289	0.325	0.180
创新、创业教育(C_{11-2})	0.044	0.128	0.288	0.375	0.165

二、二级综合评价

如对于管理与制度支持子系统的要素层“创新战略(C_{11})”、“创新机制(C_{12})”、“创新体系(C_{13})”,其综合评价结果为 $R_{11}=(B_{11},B_{12},B_{13})$。见表 8.14,根据这一综合评价结果,还是运用公式(8.1)的权重确定思想和方法。可得要素层 C_{11},C_{12},C_{13} 的权重 $\omega_1=(\omega_{11},\omega_{12},\omega_{13})$。

同理,可得其他支持系统要素层的权重,见表 8.3 ~ 8.12,则二级评价结果为:$B_1=\omega_1 * R_1$。同理可得其他支持子系统的二级评价结果,见表 8.14。

表 8.14　第二级评价结果

准则层 B	很好	较好	一般	较差	很差
管理制度支持子系统(B_1)	0.106	0.213	0.242	0.375	0.091
创新资源投入支持子系统(B_2)	0.117	0.195	0.330	0.243	0.116
知识存量支持子系统(B_3)	0.135	0.213	0.292	0.207	0.179
生产制造支持子系统(B_4)	0.104	0.167	0.302	0.273	0.154
市场营销支持子系统(B_5)	0.084	0.165	0.239	0.371	0.140
市场环境支持子系统(B_6)	0.099	0.161	0.324	0.249	0.167
政策法规支持子系统(B_7)	0.092	0.132	0.325	0.308	0.144

续表 8.14

准则层 B	很好	较好	一般	较差	很差
资源环境支持子系统(B_8)	0.102	0.369	0.229	0.159	0.141
服务环境支持子系统(B_9)	0.070	0.180	0.236	0.379	0.136
科学技术支持子系统(B_{10})	0.080	0.175	0.387	0.214	0.145
社会文化支持子系统($B11$)	0.056	0.134	0.289	0.350	0.173

三、三级综合评价

二级综合评价结果为 $R=(B_1,B_2,B_3,B_4,B_5,B_6,B_7,B_8,B_9,B_{10},B_{11})$，根据这一综合评价结果，还是运用公式(8.1)的权重确定思想和方法。可得准则层的权重 $\omega=(\omega_1,\omega_2,\omega_3,\omega_4,\omega_5,\omega_6,\omega_7,\omega_8,\omega_9,\omega_{10},\omega_{11})$，则三级评价结果为：$B=\omega*r$。同理可得，三级评价结果，见表 8.15。

表 8.15　第三级评价结果

黑龙江省装备制造企业自主创新支持系统的运行效果	评价结果				
	很好	较好	一般	较差	很差
	0.098	0.169	0.335	0.260	0.143

第五节　评价结果分析

根据最大隶属度原则可以看出：黑龙江省装备制造企业自主创新支持系统的构成子系统的运行效果分别是：管理与制度支持子系统(B_1)、市场营销支持子系统(B_5)、服务环境支持子系统(B_6)、社会文化支持子系统(B_{11})效果为“较差”，创新资源投入支持子系统(B_2)、知识存量支持子系统(B_3)、生产制造支持子系统(B_4)、市场环境支持子系统(B_6)、政策法规支持子系统(B_7)、科学技术支持子系统(B_{10})效果为“一般”；资源环境支持子系统(B_8)效果为“较好”。

从以上可知，黑龙江省装备制造企业自主创新支持系统构成子系统的发展建设水平存在一定的不均衡性，11 个子系统中，有 4 个子系统的运行效果为“较差”，6 个子系统的运行效果为“一般”，资源环境支持子系统的运行效果为“较好”。装备制造企业自主创新支持系统作为复杂社会系统，其最优演化状态的形成和运行效果的发挥，绝不是某个或某几个子系统或系统要素的单独作用，而是整个支持系统的共同作用和综合贡献，其良性运行的基本条件是其各子系统之间的协调发展。为此，应加强管理与制度支持子系统(B_1)、市场营销支持子系统(B_5)、服务环境支持子系统(B_9)、社会文化支持子系统(B_{11})4 个子系统的建设与优化,促使黑龙江省装备制造企业自主创新支持系统整体运行效果的提高。

对三级评价结果进行归一化处理,黑龙江省装备制造企业自主创新支持系统的运行效果有 9. 75% 的可能属于“很好”;有 16. 82% 的可能属于“较好”;有 33. 33% 的可能属于“一般”,有 25. 87% 的可能属于“较差”,有 14. 23% 的可能属于“很差”。根据最大隶属度原则,在 5 个等级的隶属度中“33. 33%”的数值最大,因此,黑龙江省装备制造企业自主创新支持系统的运行效果为“一般”。

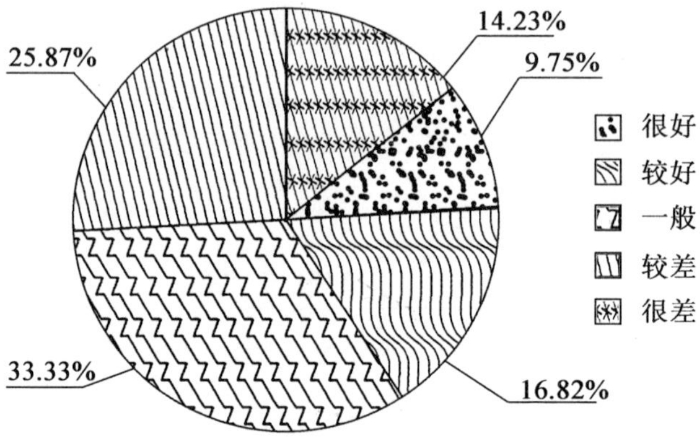

图 8. 1　三级评价结果分析图

从以上的分析结果可看出,黑龙江省装备制造企业自主创新支持系统的运行效果表现为一般,表明自主创新支持系统对黑龙江省装备制造企业自主创新活动的支撑作用未充分发挥出来,支持系统有待完善与优化。

第九章　黑龙江省装备制造企业自主创新支持系统 SD 建模及仿真

第一节　SD 建模的理论分析

一、系统建模的设计思路

本章应用系统动力学的理论进行模型的构建，主要目的是研究企业自主创新支持系统的运行机制。本书从企业创新过程的角度出发，对该支持系统的运行机制和运行特征进行了研究，对于提升企业的自主创新能力和促进企业的自主创新活动以及可持续发展具有重要的作用。

企业自主创新支持系统是个复杂且开放的系统，涉及多种创新要素的投入与产出过程，企业自主创新活动的最终目的是：提高自身的竞争力、获得利润、提升自身乃至国家的科技水平。因此，系统建模以创新利益获得为主线，通过计算机模拟企业创新过程中各个环节要素的变量关系、外部环境支持子系统与内部支持子系统之间的协同作用机制，以期实现企业资源的优化配置，实现资源利用与收益获得的最大化。

二、系统建模的假设条件

（1）对企业而言，企业进行自主创新的基本动力在于不断获得超额利润。创新收益的高低，对企业创新投入和员工激励有着巨大影响。

企业实现自主创新的途径主要包括以下 3 种类型：一是企业通过完全自主创新的直接途径来实现。二是企业基于合作创新基础上的迂回途径来实现。三是企业基于模仿创新基础上的迂回途径来实现。无论采取何种途径，其主要形式均是自主突破、合作开发、技术引进，最终目的是实现自主创新。本书基于完全自主创新的途径，利用系统动力学的理论和方法对装备制造企业的自主创新支持系统进行了仿真。

（2）知识存量与创新收益作为自主创新支持系统的两个子系统，其内部作用机理各不相同,知识存量子系统为创新系统的正常运行提供知识和信息保障,创新收益子系统为创新系统的正常运行提供资金的支持。在企业自主创新支持系统的建模过程中,本书认为外部与内部支持子系统对于企业创新过程中知识的积累、市场信息的反馈以及资金的分配等方面具有重要的作用。系统模型各种创新要素投入强度的大小设计为常数变量,由企业家创新决策决定,根据决策的变化对模型进行动态维护与检验,在外部与内部支持子系统运行中发挥作用。

三、系统因果关系分析

本书主要研究的是企业自主创新支持系统,重点研究企业产品创新的过程。研究的主要目的在于探寻企业产品自主创新过程的外部支持系统与内部支持系统通过何种方式影响创新活动。产品创新是指产品在商品化过程中在技术上出现的变化。产品创新依据技术变动的程度的不同被分为重大的和渐进性的产品创新。产品创新在企业的发展过程中占据着重要的位置,产品创新的成败也是企业能否长久生存与持续发展的关键[148]。因此,将系统边界内的变量确定为:产品销售收入和创新收益、知识存量、发明设计投入、设计细化投入、用于创新的资金、再生产设计投入。运用 Vensim PLE 软件结合装备制造企业自主创新支持系统构成要素间的因果关系构建如图 9.1 所示系统因果关系图。

(一)资源 - 生产支持子系统主要因果关系分析

在企业自主创新活动过程中,生产制造与资源投入是相辅相成的,互相联系不可分割的。结合系统论的观点,将企业资源投入与生产制造活动合并为资源投入与生产制造支持子系统进行分析。

本书在研究企业创新过程的基础上构建了企业资源—生产制造支持子系统,而企业的创新过程主要包括:发明设计、设计细化和再生产设计 3 个重要阶段。

1. 反馈回路分析

(1)发明设计投入→发明设计失败概率→企业显性→发明设计成功的概率→企业自主知识→产品创新→产品设计细化成功率→产品设计团队能力→企业隐性知识→再生产设计成功率→功能差异化的新产品→产品附加值→产品新市场占有率→产品市场销量→产品销售收入→创新收益→用于创新投入→发明设计投入。

该反馈环路为正反馈回路,主要反映了企业从发明设计投入开始到企业技术创新顺利完成,企业逐渐实现创新产品市场化并且获得创新收益的过程。

(2)产品设计细化投入→产品设计细化成功率→产品设计团队能力→企业隐性知识→再生产设计成功率→功能差异化的新产品→产品附加值→产品新市场占有率→产品市场销量→产品销售收入→创新收益→用于创新投入→产品设计细化投入。

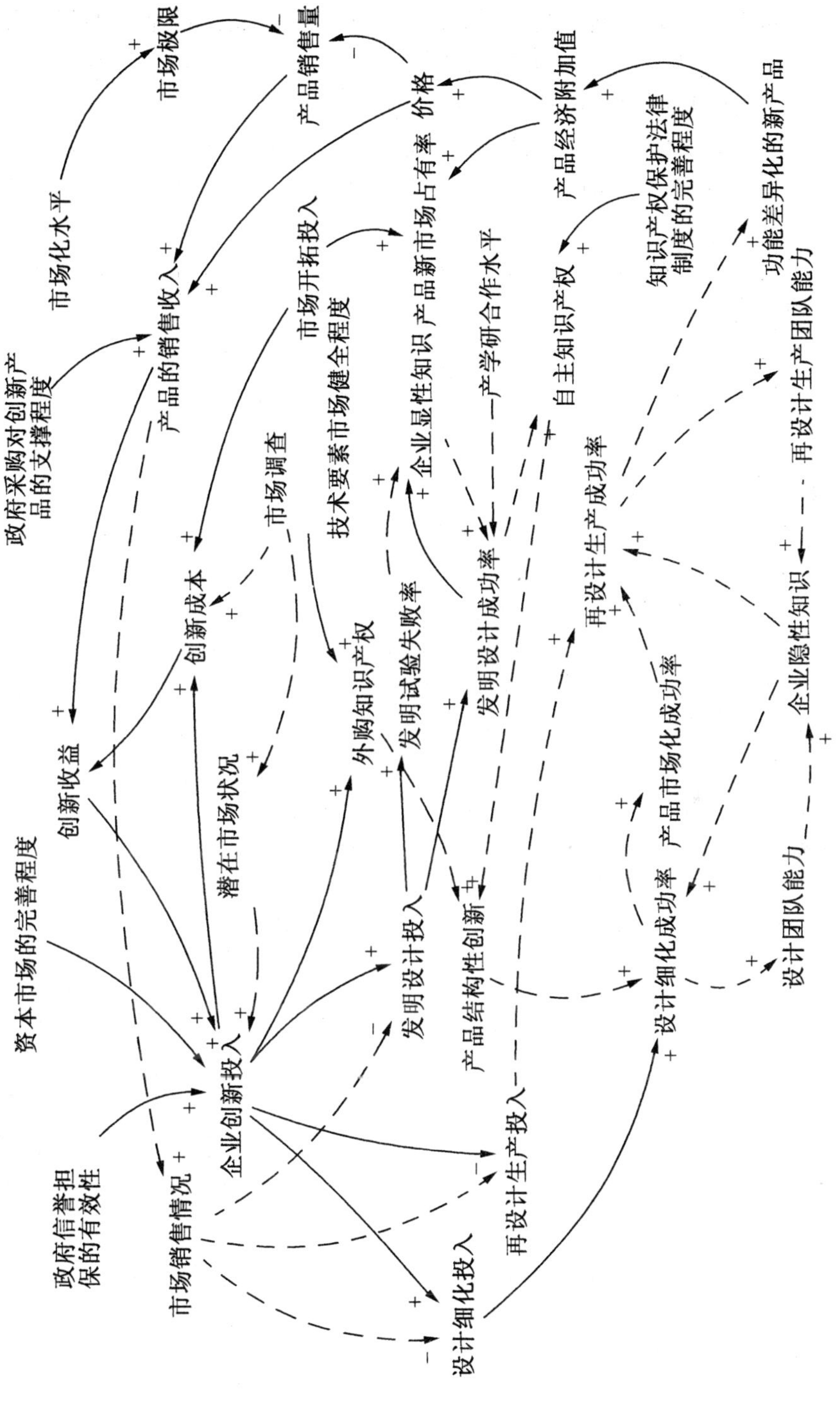

图9.1　装备制造企业自主创新支持系统因果关系图

该反馈回路为正反馈回路，主要反映了企业通过对产品设计细化的投入提升产品设计团队的能力，进而丰富了创新团队的创新经验，产生了功能差异化的创新产品，新产品市场化，从而使企业的创新收益增加。

(3)再生产设计投入→ 再生产设计成功率→功能差异化的新产品→产品附加值→产品新市场占有率→产品市场销量→产品销售收入→创新收益→用于创新投入→再生产设计投入。

该反馈回路为正反馈回路，主要反映企业对通过再生产设计的投入实现企业创新收益增加的过程。

2. 资源投入子系统原因树分析

对企业资源投入与生产制造支持子系统能力进行原因树分析，如图 9.2 所示。

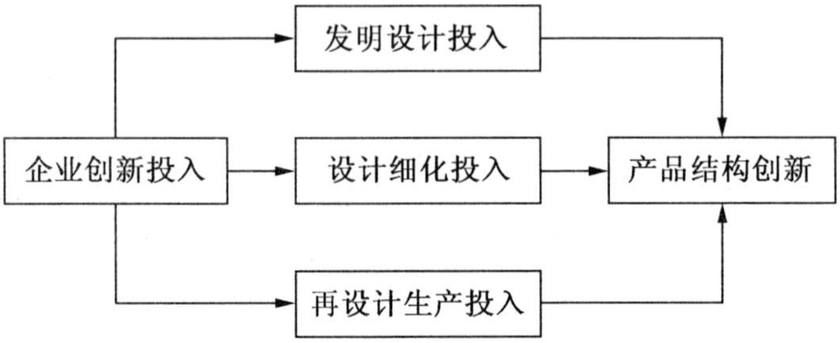

图 9.2　企业资源 - 生产制造支持子系统原因树分析

经过分析发现，企业通过 3 个环节的创新投入，使企业的创新经验得到了增加，企业的隐性知识也得到了相应的积累，最终使企业的创新能力也有很大的提升。

(二)技术 - 知识存量支持子系统主要因果关系分析

1. 反馈回路分析

(1)企业显性知识→发明设计成功概率→企业自主知识产权→产品创新→产品设计细化成功率→产品设计团队能力→企业隐性知识→再生产设计成功率→功能差异化的新产品→产品附加值→产品新市场占有率→产品市场销量→产品销售收入→创新收益→用于创新投入→发明设计投入→发明设计失败概率→企业显性知识。

该反馈回路为正反馈回路，主要反映了企业通过显性知识的积累促进装备制造企业从事自主创新活动获得创新收益的过程。

(2)企业隐性知识→再生产设计成功率→功能差异化的新产品→产品附加值→产品新市场占有率→产品市场销量→产品销售收入→创新收益→用于创新投入→发明设计投入→发明设计失败概率→企业显性知识→发明设计成功概率→企业自主知识产权→产品创新→产品设计细化成功率→产品设计团队能力→企业隐性知识。

该反馈回路为正反馈回路，主要反映了企业通过隐性知识的积累促进企业从事自主创新活动获得创新收益的过程。

2. 技术－知识存量子系统原因树分析

在企业创新过程中，企业会发生知识存量积累行为，知识存量的累积会通过企业知识资源的增加以及企业知识资产的增加两种方式来实现，前者主要表现在企业创新团队经验的积累，后者主要表现为企业的技术、秘密文件等[149]。所以，在企业自主创新内部运行系统因果关系图中，本书将知识存量定义为显性知识和隐性知识，如图9.3与图9.4所示。

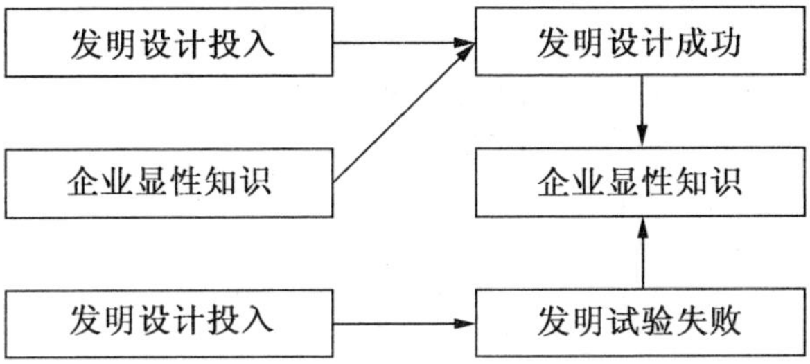

图9.3　企业显性知识存量原因树分析

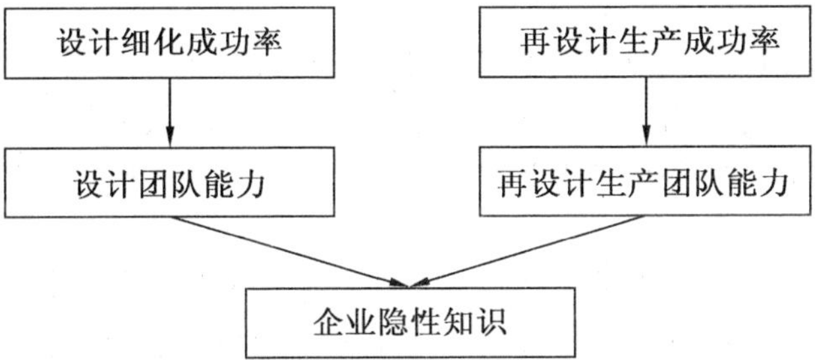

图9.4　企业隐性知识存量原因树分析

企业的显性知识主要在发明设计的过程中进行积累，企业进行发明设计时具有很大的风险，通常是在许多次的失败之后才会成功。因此，发明设计的成败对十显性知识的积累具有十分重要的作用。相反的，企业显性知识的不断积累也会使企业在发明设计阶段更容易获得成功。

但是，本书并没有将企业所获得的自主知识产权作为企业的显性知识，只是把知识产权看做是发明设计的结果。企业只有通过显性知识的不断积累才会获得更多的知识产权。所以，本书将知识产权作为结果变量而没有定义为知识积累的过程变量。

企业隐性知识的积累主要集中在设计细化和再生产设计两个阶段，而在发明设计阶段主要表现为企业显性知识的积累，所以，本书在处理过程中已将其忽略。

隐性知识主要包括一些具有高度个人化以及难以规范化的内隐知识。在对企业隐性知识积累进行研究的过程中,本书主要选择了设计团队能力和再设计生产团队能力两个因素进行研究,隐性知识的载体主要是创新团队成员。在设计细化和再生产设计两个阶段中,企业的创新团队通过不断的实践来积累技术和经验以及创新过程中所形成的思维模式,这些都是属于隐性知识的范畴。

在对企业技术创新进行研究时,单一的考虑内部研发环节是不合理的。应该结合企业自身的实际情况,在内部运行系统因果关系图中,将企业外购知识产权作为企业进行创新活动的另外一条途径,如图 9.5 所示。

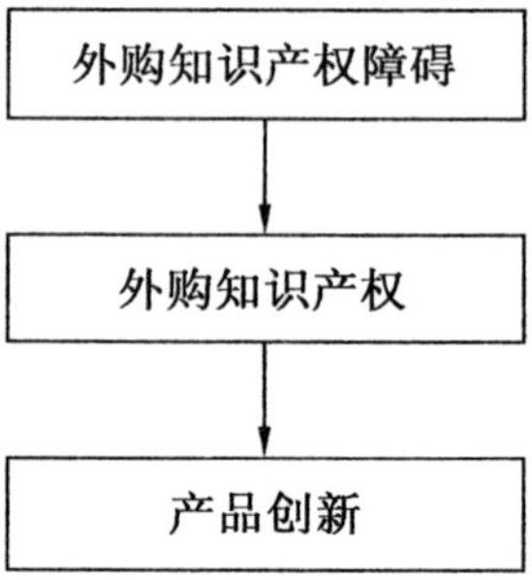

图 9.5 企业外购知识产权原因树分析

企业的外部知识资源种类很多,与其他资源相比,企业利用外购知识产权来实现产品创新的过程是较为普遍的。然而,企业对知识产权的外购也要受到技术市场价格因素和市场竞争环境的共同作用。因此,本书将这些影响因素都定义为外购知识产权的障碍。

与企业通过自主研发来推动产品创新这一路径相比,采用外购知识产权,并通过消化吸收来进行产品创新的过程就显得十分的便捷和容易。而企业只单纯地依靠外购知识产权来推动产品的创新也是不可取的。这样,很容易使企业陷入引进、吸收、消化、再引进的循环创新陷阱,企业的创新能力就会下降,企业也很难得到可持续的发展[150]。

(三)市场营销支持子系统主要因果关系分析

1. 反馈回路分析

(1)创新收益→用于创新投入→发明设计投入→发明设计失败概率→企业显性知识→发明设计成功概率→企业自主知识产权→产品创新→产品设计细化成功率→产品设计团队能力→企业隐性知识→再生产设计成功率→功能差异化的新产品→产品附加值→产品新市场占有率→产品市场销量→产品销售收入→创新收益。

该反馈回路为正反馈回路,主要反映了装备制造企业创新收益作为企业从事创新的强大动力进而推动企业顺利完成产品创新的过程。

(2)市场销售情况→发明设计投入→发明设计失败概率→企业显性知识→发明设计成功概率→企业自主知识产权→产品创新→产品设计细化成功率→产品设计团队能力→企业隐性知识→再生产设计成功率→功能差异化的新产品→产品附加值→产品新市场占有率→产品市场销量→产品销售收入→市场销售情况。

该反馈回路为正反馈回路,主要反映了创新收益利用市场信息的反馈来推动影响企业进行产品创新的过程。

2. 市场营销支持子系统原因树分析

通过图9.6分析可知,企业自主创新支持系统主要的信息反馈都是通过市场环节进行反馈的。在企业将创新产品进行市场化的过程中,企业通过创新活动生产出功能差异化的产品后,不断从市场上获得该创新产品的相关销售和需求信息,企业通过这些信息来实现对企业未来创新和发展方向的调整。

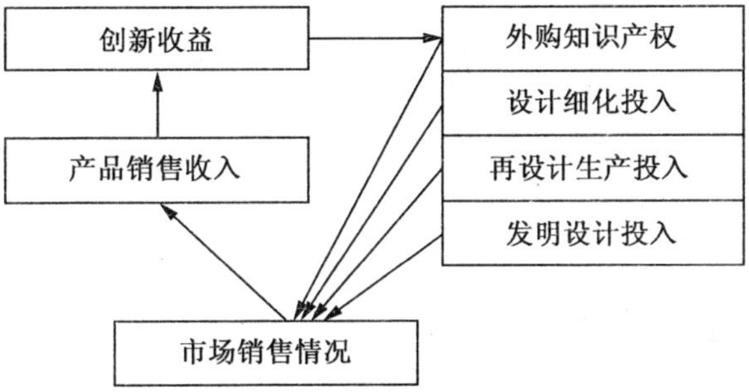

图9.6　装备制造企业创新收益子系统原因树分析

第二节　企业自主创新支持系统的SD模型

一、企业自主创新支持系统流图

根据企业自主创新支持系统因果关系图,构建企业自主创新支持系统的系统流程图,如图9.7所示。

(一)资源－生产支持子系统流图

在构建系统流程图时,遵循系统建模的目的和设计思路,综合考虑了创新过程的各个要素,将发明设计、设计细化与再生产设计3个创新环节转化为发明设计投入、设计细化投入、再生产设计投入、发明设计成功率、发明设计成功率、设计细化成功率、再设计生产成功率、设计团队能力、再设计生产团队能力等变量[151]。

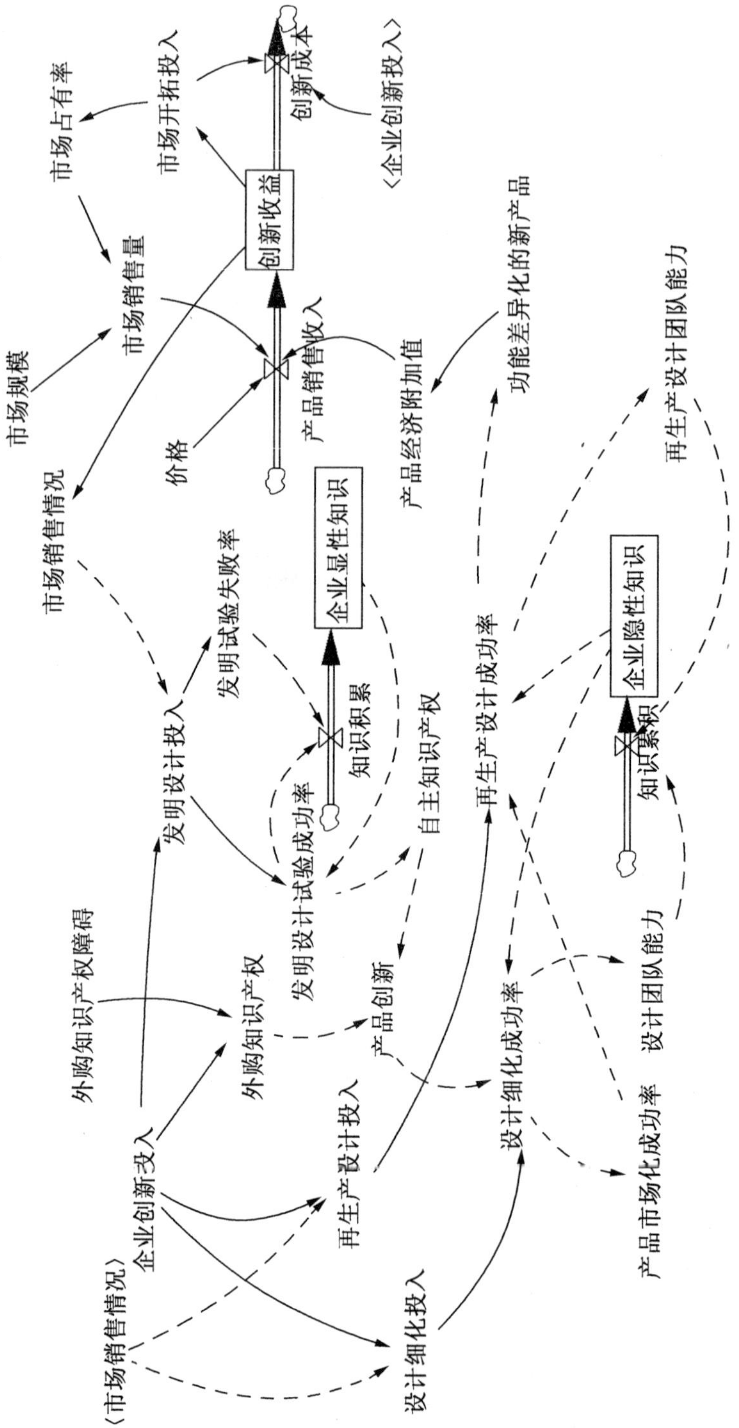

图9.7 装备制造企业自主创新支持系统流图

资源－生产活动遍布整个内系统当中，因此其系统流程图与支持系统相重合，在此不再赘述。

（二）知识存量支持子系统流图

在知识存量子系统中将显性知识与隐性知识设定为累积变量，通过发明设计成功率和失败率这两个变量达到积累显性知识的目的。同时，通过设计团队能力和再生产设计团队能力来积累隐性知识，其具体过程如图 9.8 所示。

在企业自主创新支持系统中，知识存量支持子系统是尤为重要的，通过显性知识和隐性知识的积累，企业获得了创新经验和创新能力，促进了企业的发展，相对于显性知识，隐性知识对企业创新过程贡献更为突出。隐性知识的积累主要是创新团队在长期的创新合作中产生的技术诀窍、独特的心智模式等，这些都是企业在进行创新活动时所积累的特有的知识，是不易被模仿的，是企业防范竞争对手的重要壁垒。

（三）市场营销支持子系统流图

市场营销支持子系统是为企业自主创新支持系统提供创新动力和市场信息反馈的，将创新收益设置为累积量，将产品销售收入作为流入，而创新成本作为流出，同时设置市场规模、市场占有率、市场开拓投入等一系列变量影响因素来控制系统。其系统流程图具体如图 9.9 所示。

在企业自主创新支持系统中，市场营销支持子系统为企业技术创新行为提供了充足的资金，同时为企业调整自身的创新活动提供了重要的市场信息反馈。

二、企业自主创新支持系统动力学方程

以下是系统模型中相应的变量方程和常量的初始值，其量纲见表 9.1。

（01）成本＝产品生产量×（0.7－技术改进）

（02）产品销售收入＝产品生产量×客户诚信度＋创新产品的政府采购×0.87

（03）产品生产量＝市场需求量×2.1×供应商诚信度

（04）产品再设计＝新产品市场化成功率×创新机构水平

（05）发明设计投入＝企业的创新意愿×（0.1×创新收益＋创新投入）

（06）创新服务机构＝2

（07）功能完善的新产品＝产品再设计

（08）科学技术标准化＝04

（09）容忍失败的社会氛围＝0.1

（10）发明设计能力＝专业技术人员×0.4＋用于创新的资金＊0.6

（11）核心技术＝技术壁垒

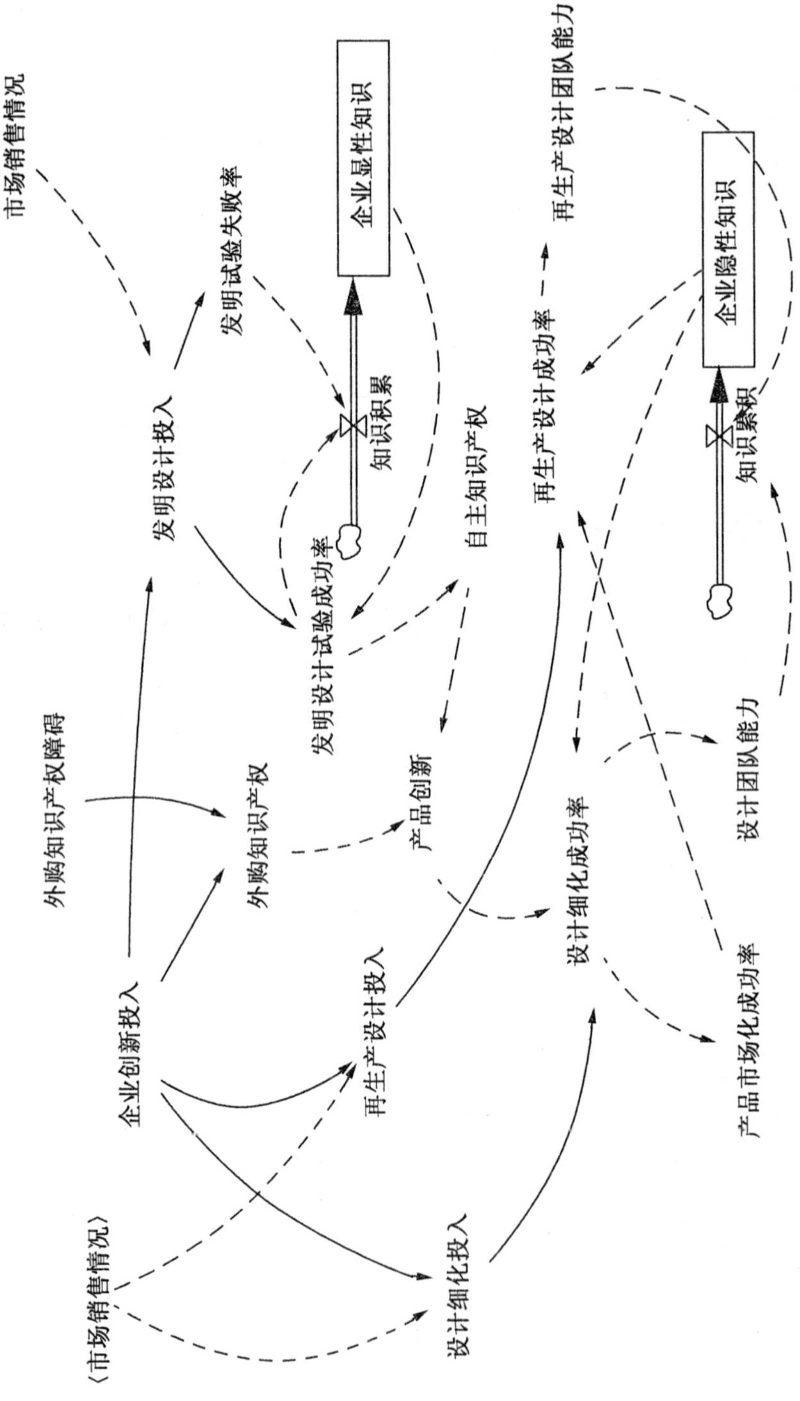

图9.8 知识存量支持子系统流程图

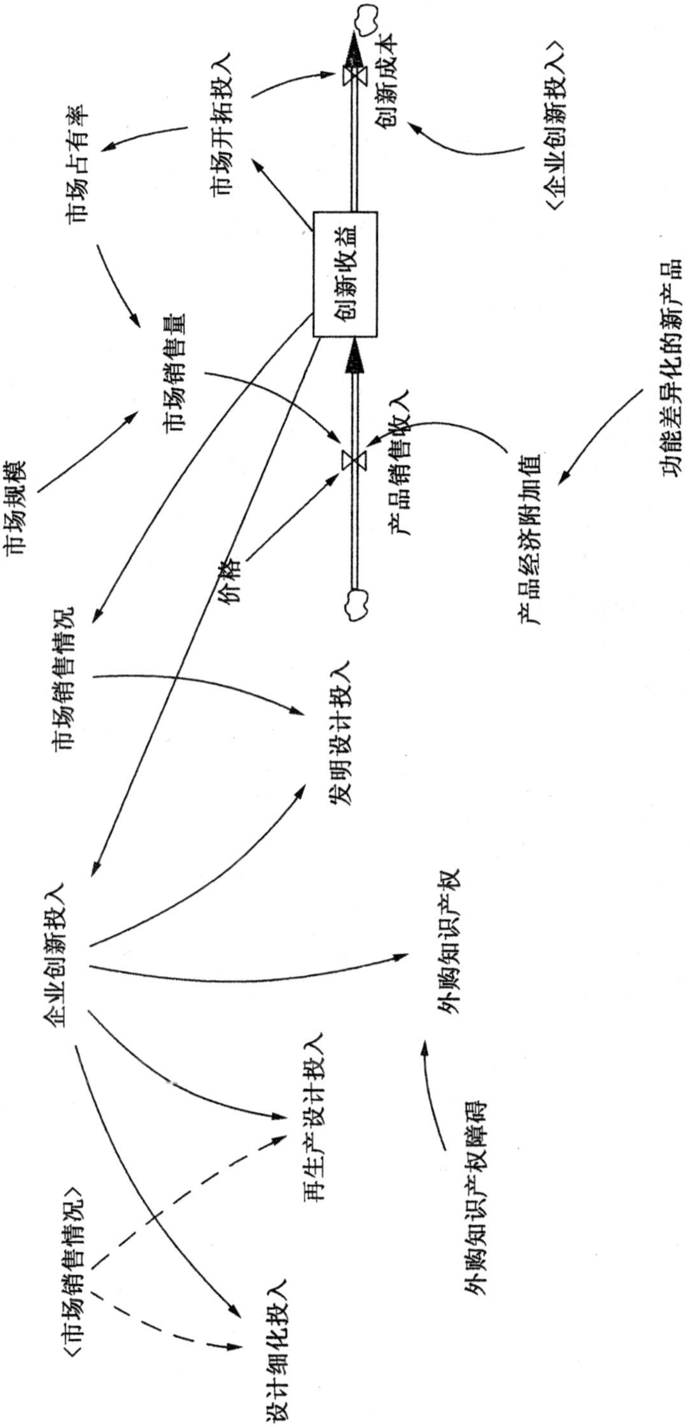

图9.9　市场营销支持子系统流程图

(12)市场需求对创新的拉动 =0.4

(13)科学技术多样性 =4

(14)政府财政支持 =9

(15)技术壁垒 = 技术提升 ×0.44 + 知识产权保护力度 ×0.68 + 科学技术标准化 ×0.63

(16)新产品 = 发明设计能力 + 创新服务机构 ×0.86

(17)技术提升 =0.1

(18)市场竞争对创新的推动 =0.5

(19)创新机构水平 =5

(20)税后利润 = INTEG（产品销售收入—成本）

(21)市场需求量 = 功能完善的新产品 ×0.4

(22)市场容量 =10

(23)设计细化能力 = 用于创新的资金 ×0.3 + 专业技术人员 ×0.6

(24)专业技术人员 =10

(25)知识产权保护力度 =0.1

(26)融资渠道 =10

(27)用于创新的资金 = INTEG(创新收益 ×0.5,0)

表 9.1　变量或常量的量纲

变量或常量名称	量纲	变量或常量名称	量纲
创新成本	资金单位	政府财政支持	商品单位
融资得到的资金量	资金单位	市场竞争对创新的推动	无量纲
政府的物质投入	资金单位	市场需求量	商品单位
发明设计投入力度	资金单位	市场需求对创新的拉动	无量纲
知识存量	无量纲	市场容量	无量纲
核心技术	无量纲	知识产权保护力度	无量纲
新产品	商品种类	产品生产量	商品单位
税后利润	资金单位	新产品市场化成功率	%
产品销售收入	资金单位	产品再设计	无量纲
专业技术人员	人	优惠财税	资金单位
创新服务机构	数量	创新机构水平	无量纲
用于创新的资金	资金单位	技术壁垒	无量纲
设计细化能力	无量纲	容忍失败的社会氛围	无量纲
企业创新意愿	无量纲	技术提升	无量纲
功能完善的新产品	商品种类	科学技术多样性	数量
发明设计能力	无量纲	科学技术标准化	无量纲
融资渠道	数量		

第三节　黑龙江省装备制造企业自主创新支持系统的SD仿真

由于装备制造企业自主创新周期相对较长,新旧产品的更替周期也相对较为稳定。所以,本书对装备制造企业自主创新支持系统的仿真时间设定为20个月。系统主要的仿真结果如图9.10所示。

装备制造企业创新资金的投入情况决定了企业自主创新的内部行为。通过对系统各变量的无量纲化处理以及Vensim软件的仿真模拟,本书得出了该内部运行系统中企业创新投入的动态变化曲线图,如图9.10所示。在图中,不难看出在企业从事创新活动的初期,企业自身创新资金投入是较大的。在这一时期,企业要融合内外部的各类创新资源对企业的创新活动进行支持和保障,这一过程中,对资源的获取和利用都需要大量的资金。随着创新活动的不断展开,企业的创新也逐渐地进入了稳定期,企业对资源的需求量也随之减少。而随着创新活动的继续进行,企业对资金的需求就会保持在一个较低的水平。此时,企业生产的创新产品也渐渐趋于成熟,随着产品的市场化逐渐地开始获得了创新收益。创新收益的增加会使得企业开始寻找下一个创新项目,重新在新的创新项目上进行资金投入。

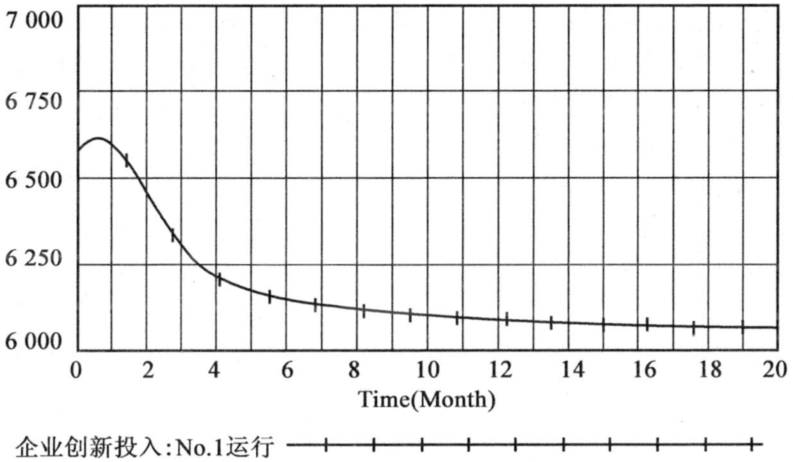

图9.10　企业创新投入趋势图

市场开拓的投入作为企业创新收益子系统中的一部分,它的变化对企业的创新行为具有十分重要的意义。在图9.11中,装备制造企业在从事自主创新活动的初期,为拓展创新产品的市场空间,在市场开拓方面的资金投入较大。当新产品投入市场后,新老客户对新产品的认知和接受还需要一个过程。所以,创新产品在市场化的初期,需要大量的市场开拓投入。然而,随着创新产品在市场中不断地被市场和消费者所接受,企业也会逐渐地减少在市场开拓方面的投入,最后保持在一个较低的水平上。

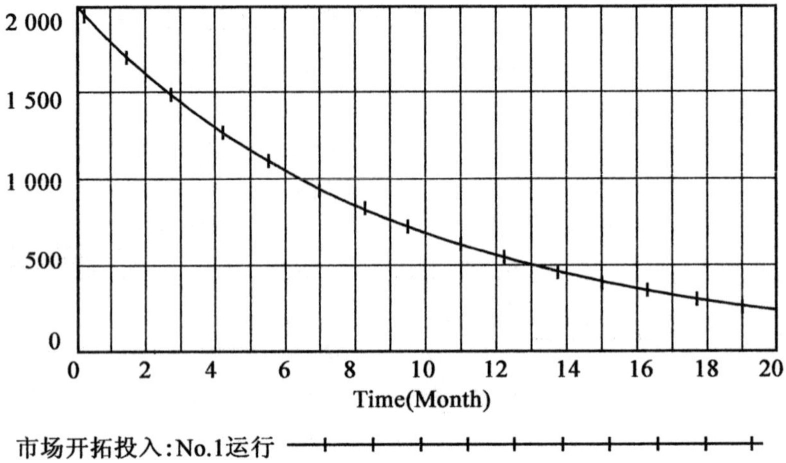

图 9.11 市场开拓投入变化趋势

企业从事创新主要就是为了获取超额的创新收益,从而获得更多的利润,为企业的可持续发展积累更多的资金。图 9.12 反映了装备制造企业创新收益水平的一个动态变化趋势,如图所示,企业的创新收益在经过了一定的起伏后最终保持在了一个较为稳定的水平上。当一项功能差异化的创新产品进入市场之后,其先进的技术含量以及广阔的市场需求量,会使该创新产品在市场化的初期就为企业带来较高的创新收益。然而,新产品或新技术的成功必然会导致其他企业的追赶或效仿行为。随着这些后来企业的不断创新和技术改造,也不断地向市场推出功能相似或一致的创新产品,进而与市场内其他的企业争夺市场空间,提高自己产品的市场占有率。

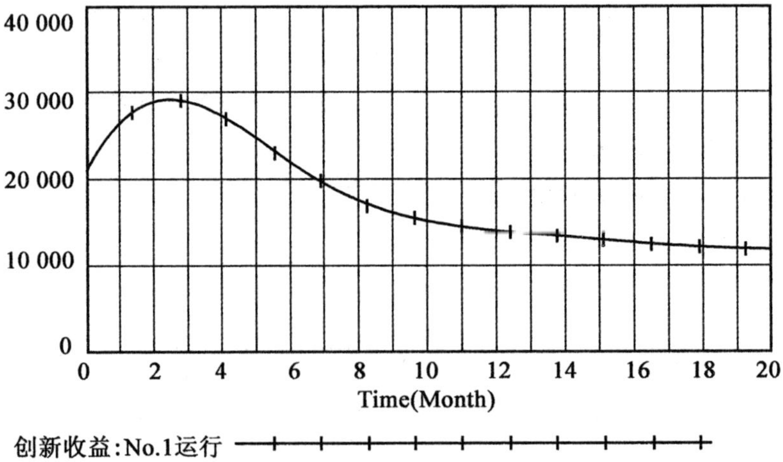

图 9.12 创新收益变化趋势图

当企业的创新产品市场化成功后，随之而来的就是激烈的市场竞争。在这一过程中，企业会面临来自竞争企业在产品上的模仿竞争和在技术上的追赶竞争等，由于受到企业的竞争，企业的创新收益在竞争的过程中会有所下降。此时，企业为保持自己的市场占有量，就会采取相应的措施来应对激烈的市场竞争，这就会使产品的成本相应增加，使企业的创新利润减少。然而，随着市场竞争的不断进行，企业在竞争中的优胜劣汰也在不断地发生着变化。竞争优势强的企业就会在竞争中获得更大的发展，而竞争优势弱的企业就会被淘汰。而市场也会随着企业在市场竞争中的变化，逐渐出现企业市场分层的稳定状态[152]。因此，在市场竞争的后期，随着市场分层的稳定，企业也不会再获得更高的创新收益，但是会保持在一个较为稳定的水平上。

在对装备制造企业自主创新内部支持系统进行研究的过程中发现，企业在开展创新活动时，不仅会获得相应的创新收益，还积累了隐性和显性的知识。在该系统中，隐性知识和显性知识都包含在企业知识存量子系统中，在利用系统流程图进行仿真的过程中，这两个变量也是以流位存量的形式存在的。隐性知识是一种无形的因素（如世界观、价值观以及一些难以进行量化处理的知识等），它是在个人经验基础上所形成的。显性知识是通过各类知识渠道（如图书、网络以及报刊杂志等）进行学习而得到的。

随着企业创新过程的不断深入，隐性和显性知识的积累也在不断地增加，并且表现出各不相同的形式。在企业创新的初期，企业不一定会具有专利技术。也就是说，企业不一定会在原有科学技术专利的基础上进行创新活动。因此，在对该系统进行仿真的过程中，要将企业的显性知识的初始值定为零。在企业的创新过程中，企业的显性知识虽然不经常被使用，但企业的隐性知识却要常用来进行创新活动。这主要是由于隐性知识以人才为载体，而人才也是企业创新活动的主体。企业在进行创新活动的过程中主要包含资金、知识以及物质流的交流与应用。企业创新活动的成功进行与企业中创新团队的努力是分不开的，他们不断地将自己的经验和技巧转化为企业创新发明和设计的动力和保障。而这些经验和技巧的积累就构成了企业的隐性知识。因此，隐性知识的积累是企业顺利进行创新活动的重要保障，所以，在进行系统仿真的过程中，我们将隐性知识的初始值设置为非零状态。

隐性和显性知识的形态与属性具有本质的差异，这样的差异就决定了隐性和显性知识在装备制造企业自主创新内部支持系统中动态的变化趋势会有所不同。在图9.13中，企业的显性知识和隐性知识都处于一个增长的趋势。企业在进行创新活动初期，对各类创新资源的分配较为合理。因此，在这一过程中显性知识和隐性知识会出现增长的趋势。但是，随着企业创新活动的不断深入，显性和隐性知识的增长方式开始出现了不同。显性知识的增长曲线随着创新活动的深入慢慢开始趋于平滑并且渐渐稳定到一个较为平稳的状态。在企业中，显性知识主要是指企业的技术专利。企业为了在市场竞争中获得更大的竞争优势，会将一些关键的技术作为企业的秘密技术来进行保护。此外,知识会随着企业的不断发展而发生陈腐老化,这也是影响企业显性知识存储的重要因素。随着专利保护期限的临近以及新旧知识的更替,企业的显性知识也会发生相应的交替,如图 9.13 所示的曲线趋势。

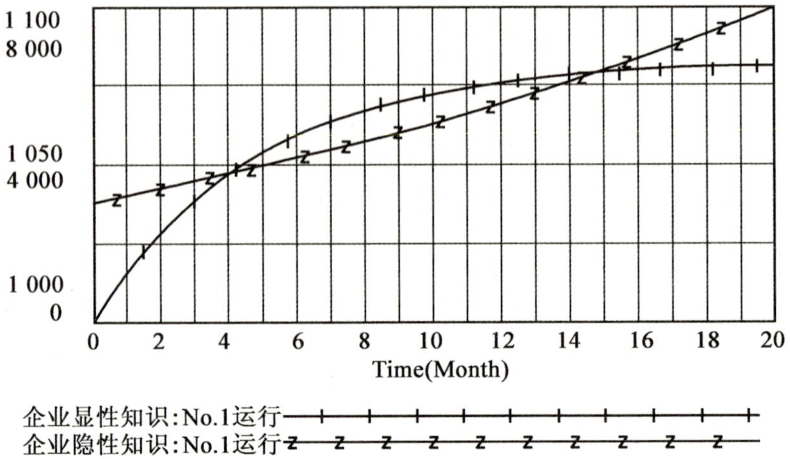

图 9.13　隐性和显性知识变化趋势

隐性知识的载体主要是企业创新团队的成员。因此,隐性知识在企业成立的初期就已经存在了,并且会随着企业创新活动的深入,创新团队成员间的配合默契程度也越来越熟练,企业创新的成功率也会得到一定的提高,渐渐地这些成功的经验和习惯以及行为准则等就转化为企业的隐性知识的积累。但是,这一目标的实现,还需要一定的时间,这主要由于创新人员具有流动性以及团队间的合作还具有不确定性,导致企业的隐性知识积累的增长不会是简单的线性增长,一定阶段内隐性知识在增长幅度和速度上要低于企业显性知识的增长,如图 9.13 示。

第四节　仿真结果分析

在系统动力学中模型分析主要是指通过改变系统模型中各个流位变量和流率变量的参数或结构,并对该系统模型进行调试运行,对模型所输出的运行结果进行比较分析,进而来确定各个变量的影响程度。在系统动力学模型的变化中,除外生变量的变化外,还主要包括参数变化、结构变化以及参数结构共同变化等。

本书中主要对装备制造企业自主创新支持系统进行研究,重点分析该系统内部和外部要素的运行状况。所以,在对系统模型的分析过程中,本书重点改变系统外部要素的参数并且选择对该系统内部构成要素之间相互关联的程度进行了分析,进而研究了装备制造企业自主创新支持系统各要素之间的关联性。

一、市场环境支持子系统仿真结果分析

(一)市场竞争因子

图9.14 中两次仿真的结果表明:当市场因子的活动性强度由弱变强时,企业为适应市场的竞争强度变化,会加大对创新资金的投入。仿真结果也说明企业创新投入决策在一定程度上是受市场竞争强度变化影响的。

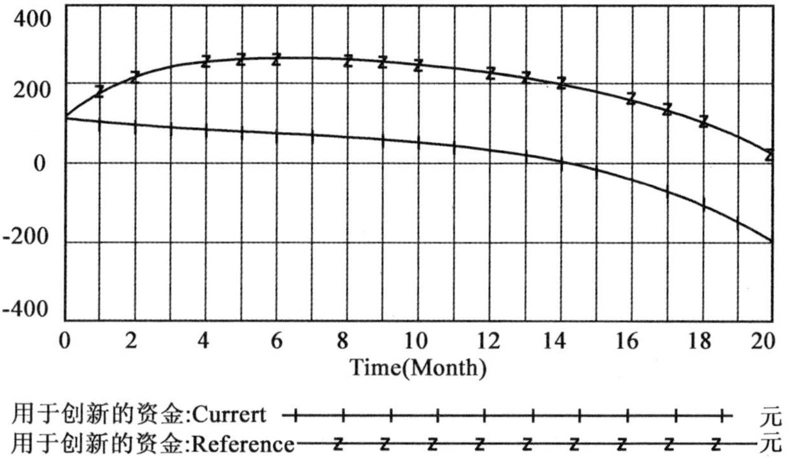

图 9.14 市场竞争对装备制造企业创新资金的影响

在图9.15 中所看到的仿真结果表明,市场竞争对知识存量也是有一定影响的,但其影响不是即时性的,存在一定时间延迟,这也是符合企业运行规律的。

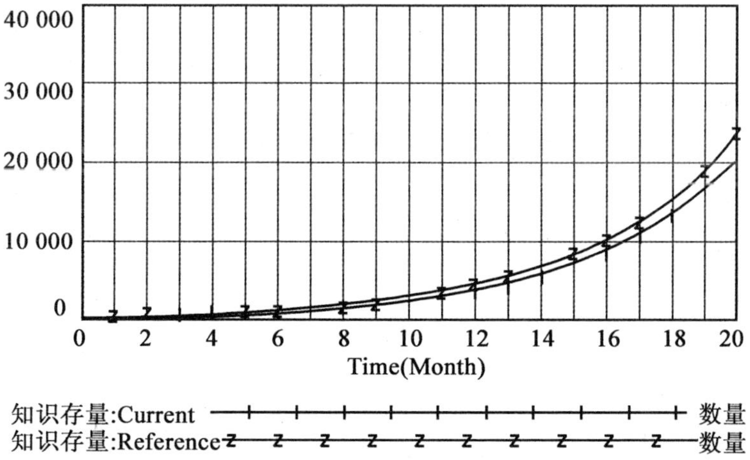

图 9.15 市场竞争对知识存量的影响

(二)市场需求因子

在图9.16中所看到的仿真结果表明,市场需求因子也同市场竞争因子对创新的作用一样,随着活性强弱变化,对企业创新投入的决策有一定影响。

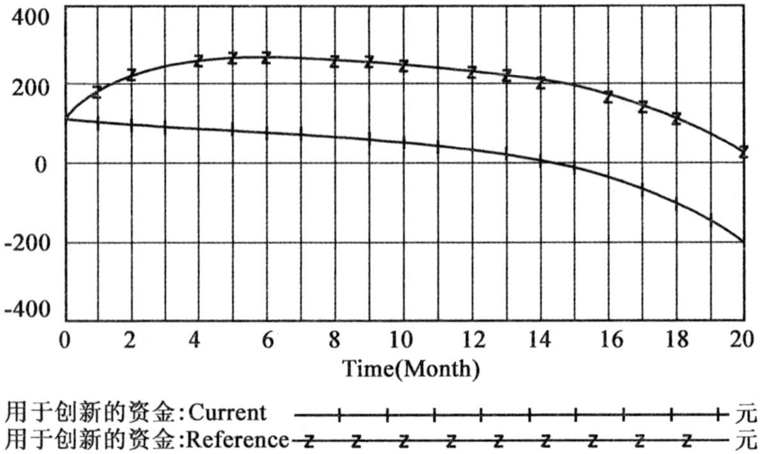

图9.16 市场需求对装备企业创新资金的影响

图9.17中仿真结果表明,单纯的市场需求对知识存量的影响是微不足道的,并且对企业知识存量的增加是没有任何贡献的。图中第二次仿真结果表明,只考虑市场需求因子的影响,企业知识存量不是上升反而下降,这说明市场需求因子不是影响企业产生创新行为的核心因子。

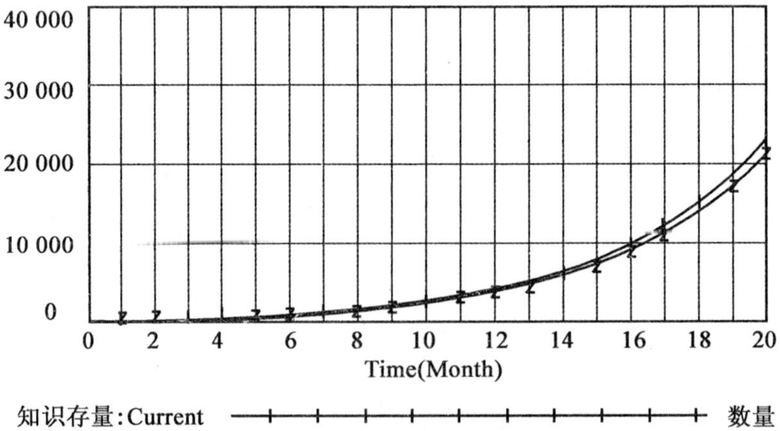

图9.17 市场需求对创新的拉动因子改变对知识存量的影响

二、政策法规支持子系统仿真结果分析

政府的物质投入因子　图9.18中仿真结果表明,政府投入对企业创新投入有着明显的刺激效用。

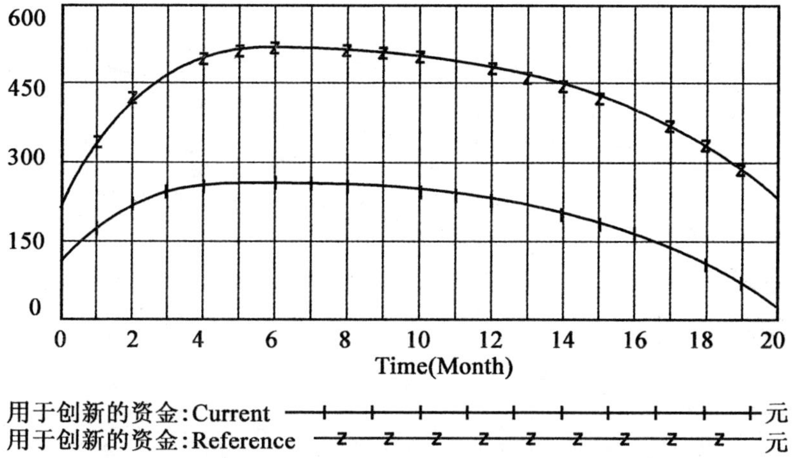

图9.18　政府物质投入因子改变对用于创新的资金的影响

图9.19仿真结果表明,当政府的物质投入因子由小变大时,发明设计投入也是明显增加的。

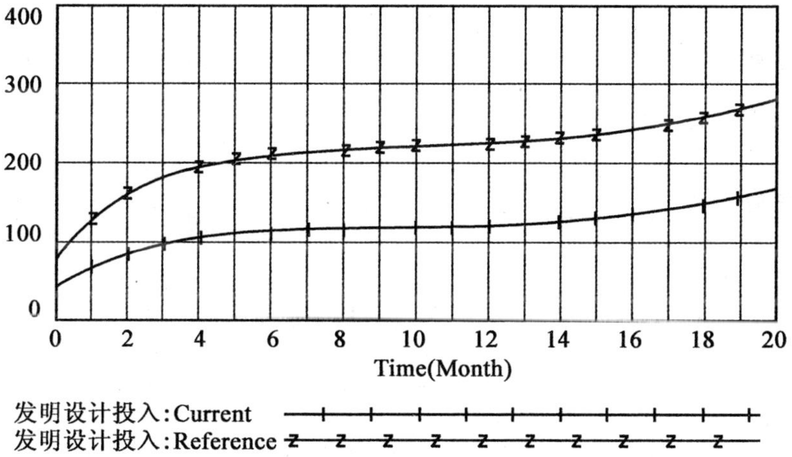

图9.19　政府物质投入因子改变对发明设计投入的影响

图9.20仿真结果表明,当政府的物质投入增加时,知识存量也会出现增加,但是在创新活动后期出现这种情况也表明知识积累的客观规律是渐进式的,是需要消化吸收过程的。

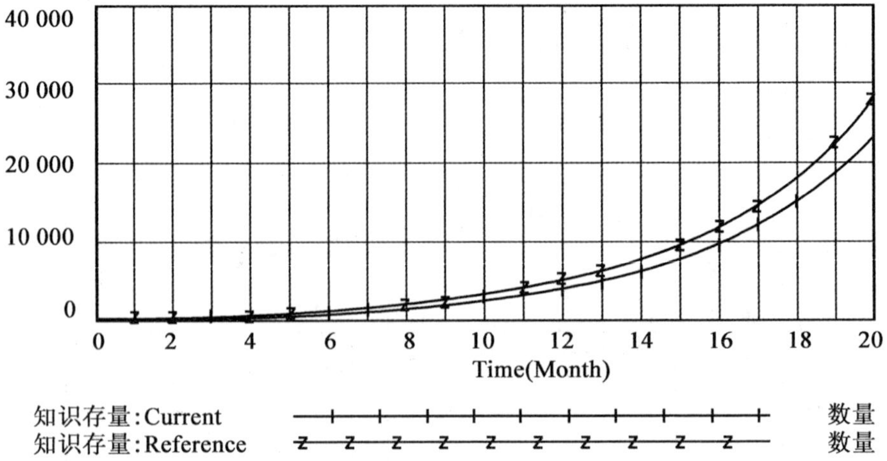

图 9.20　政府物质投入因子改变对知识存量的影响

三、资源环境支持子系统仿真结果分析

技术工人充裕度　图 9.21 中所看到的仿真结果表明，当技术人员数量维持在一定水平时，企业在创新方面的投入会呈现下降趋势，这也证明企业的创新活动进入到平稳运行的阶段，这是符合经济规律的。

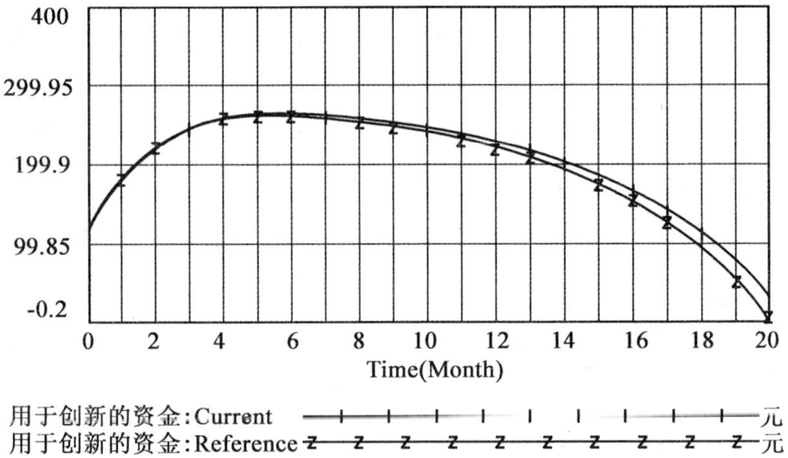

图 9.21　技术人员充裕度对装备企业创新的资金的影响

图 9.22 中所看到的仿真结果表明，技术人员的增加势必会带动企业知识存量的增加，但是知识的积累，必定需要一定过程和时间，其增加所需的时间以及增加的幅度在短期内都不会明显地体现出来。

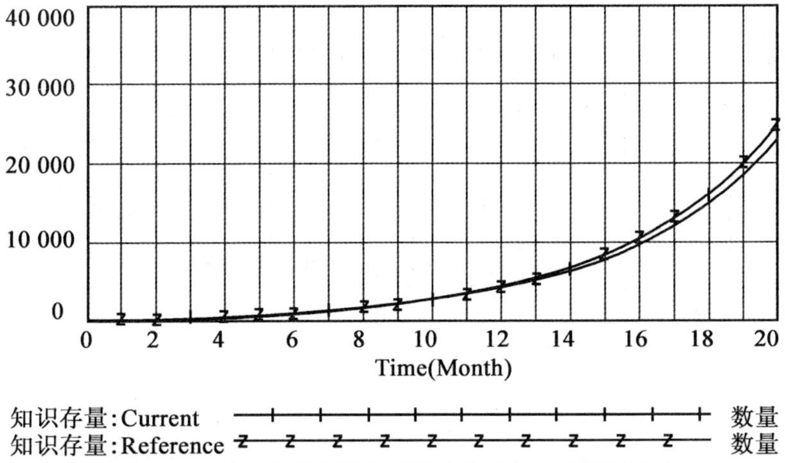

图 9.22 技术人员充裕度对装备企业知识存量的影响

四、服务环境支持子系统仿真结果分析

创新机构因子 图9.23中的仿真结果表明,创新机构因子的增强,势必会降低企业的创新投入成本,所以创新机构数量和服务质量的提高,会降低企业在创新活动中投入的资金成本。

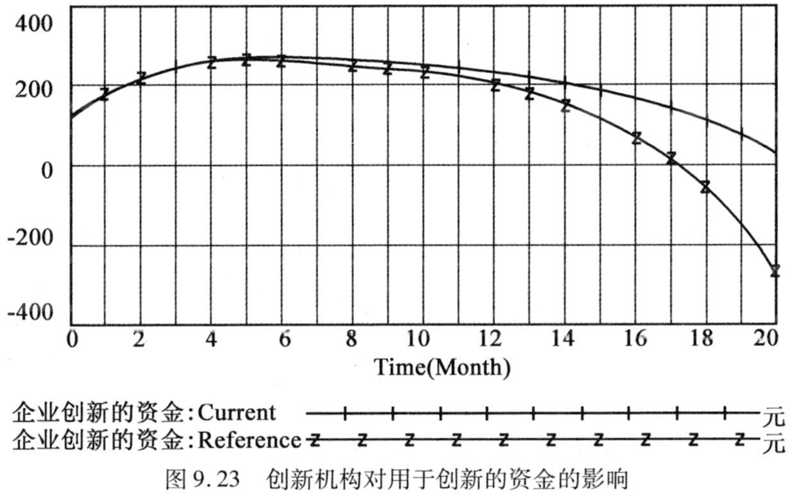

图 9.23 创新机构对用于创新的资金的影响

图9.24中的仿真结果中,创新机构因子对发明设计投入的影响不体现在企业活动前期,更多体现在后期,这意味着创新机构对企业创新活动的影响体现在发明定型阶段,创新机构提供的技术评价服务和技术合作服务,将会缩短企业创新选择的周期,缩短企业创新成功产品化的周期。

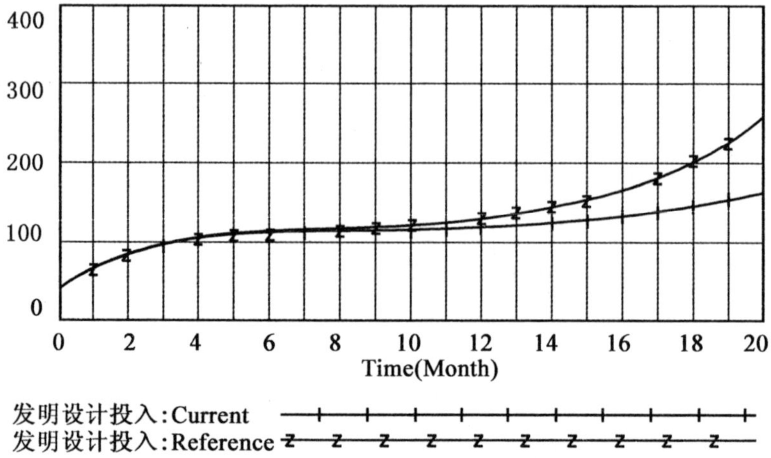

图 9.24 科研机构、大学科技园因子改变对发明设计的投入的影响

图 9.25 中的仿真结果表明,与创新机构的合作可显著提高企业的知识存量,创新机构的知识存量大部分都是显性的,以专利形式存在的,企业在吸收这些知识时,是不需要自我摸索和消耗太多时间的,因此,知识存量的提高也是快速而显著的。

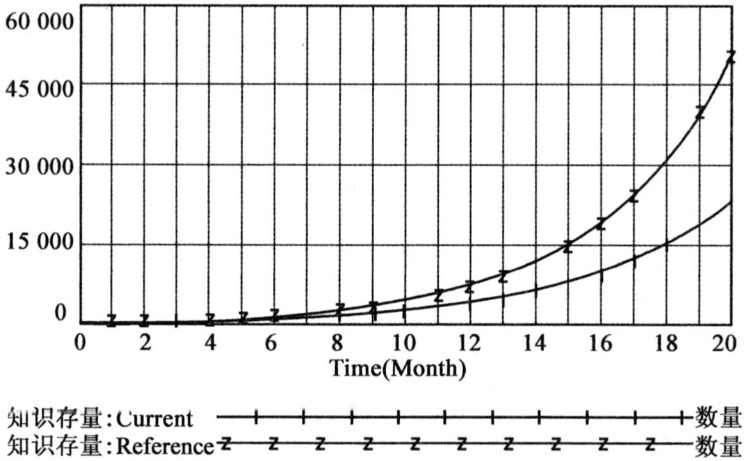

图 9.25 创新机构因子对知识存量的影响

五、科学技术支持子系统仿真结果分析

技术丰富多样程度因子 图 9.26 中的仿真结果表明,技术丰富多样性因子在装备制造企业自主创新系统中所起到的作用是很小的。

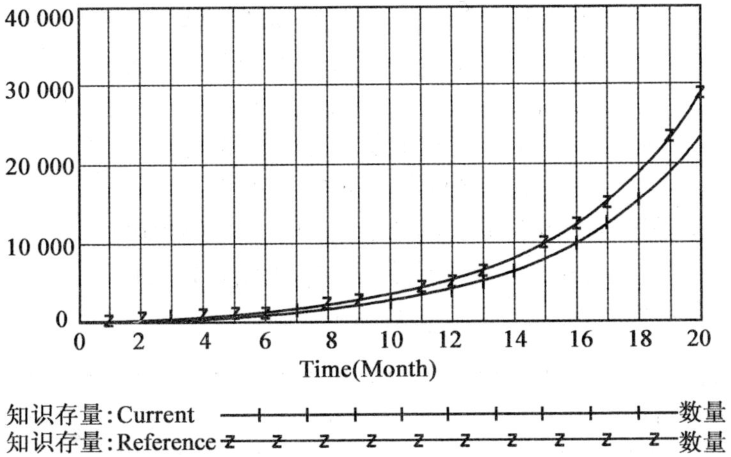

图 9.26　技术丰富多样程度因子对知识存量影响

六、社会文化支持子系统仿真结果分析

创新失败宽容因子　图 9.27 中的仿真结果表明,对创新活动失败的宽容在创新初期是十分重要的,在创新后期其影响就不大了。

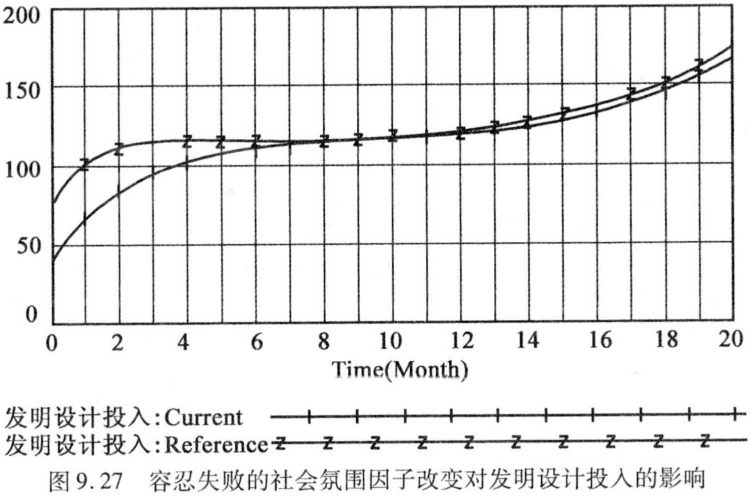

图 9.27　容忍失败的社会氛围因子改变对发明设计投入的影响

七、市场营销支持子系统仿真结果分析

本书在市场营销支持子系统中将创新收益设置为流位变量,将产品销售收入设置为流入率变量,将创新成本设置为流出率变量。因此,在市场营销支持子系统中,创新收益的变化趋势受到产品销售收入以及创新成本共同变化的影响。如图

9.28 所示,企业在开始进行创新活动时,会经历新技术的变革或者应用新的生产方式,这就会使企业创新的成本下降。但是,企业在将创新产品进行市场化以后,一定会受到行业内其他竞争企业激烈的竞争反击。企业在应对这些激烈的市场竞争的过程中,一定会相应地出现支出增加,从而导致企业创新成本的上升。企业创新成本如果上升,必然会使企业创新的收益减少,但创新收益并不会持续减少到零。经过激烈的市场竞争必然会导致市场分层,使企业具有明确的市场定位。所以,这并不会导致产品销售收入的减少,只是销售收入的增长幅度是较为趋缓的,如图 9.28 所示。这说明该系统模型的建立是合理有效的。

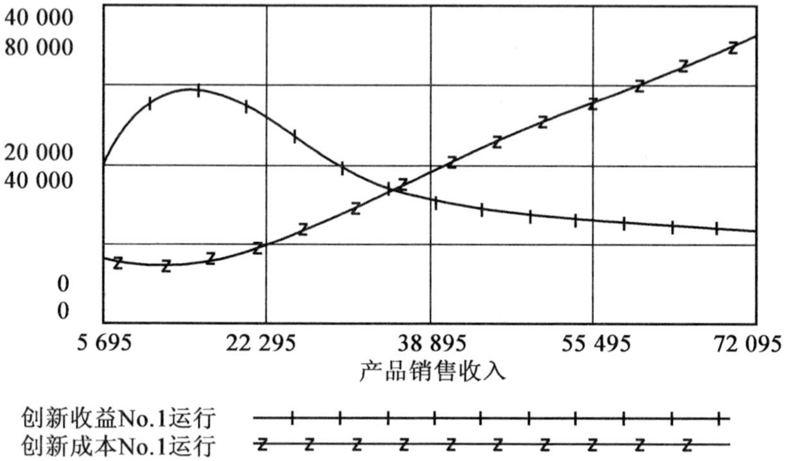

图 9.28　创新收益子系统运行图

八、知识存量支持子系统仿真结果分析

本书在知识存量支持子系统中,将显性和隐性知识设置为主要的流位变量。该子系统的仿真结果反映了企业在创新过程中内部知识流动的变化趋势。企业在创新过程中进行知识产权的外购,会导致企业显性和隐性知识的增长。企业从事创新活动之初,企业会针对自己的实际,综合考虑企业创新成本的投入和创新活动周期的制定。此时,一般情况下企业都有可能去选择外购知识产权来对自身的企业进行融合创新。随着企业创新活动的持续开展,企业的创新经验也会不断积累,隐性和显性知识也会随之而增加,从而使得企业创新团队的创新能力有所提高、创新周期缩短以及知识产权数量增加。所以,企业会逐渐放弃外购知识产权的引进,而进行自主创新活动。随着显性和隐性知识的不断积累,外购知识产权就会不断地减少,如图 9.29 所示。

企业创新团队是企业创新的主体或灵魂。本书将企业的创新活动分为发明设计、设计细化以及再生产设计 3 个环节,相应地就会有 3 类创新团队与这 3 个环节对应,即发明设计团队、设计细化团队以及再生产设计团队。企业创新活动中主要的知识产出是指隐性知识的积累,企业创新活动的持续开展的过程中,在对失败经验进行总结的基础上,各类创新团队也在不断地提升自己的团队能力,这对提高企业隐性知识积累有着重要的作用。创新团队能力的提高,隐性知识的积累,自然会导致企业创新活动的效率以及成功率会有相应地提高。而企业创新的投入也逐渐地减少,直至稳定到一定水平为止,如图 9.30 所示。

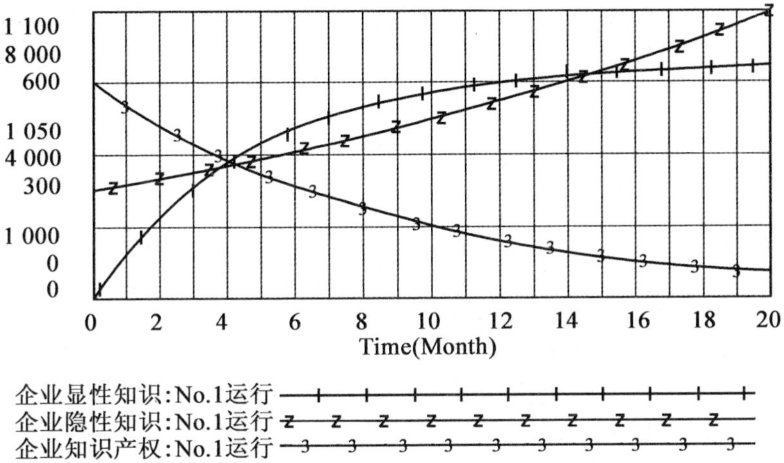

图 9.29 知识存量子系统运行图

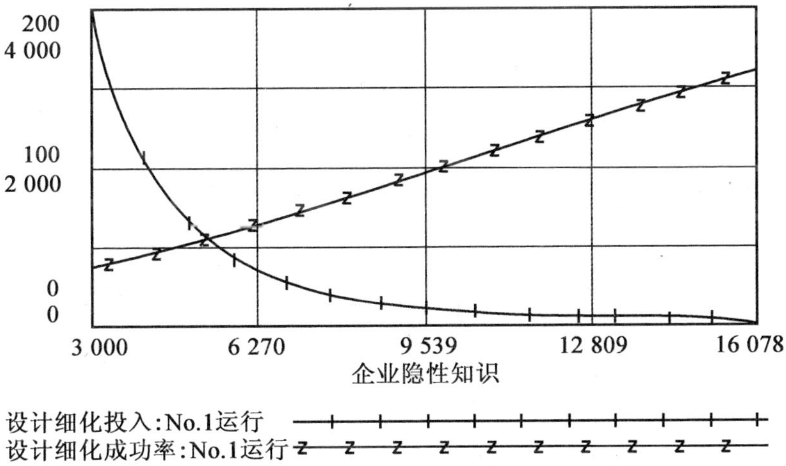

图 9.30 设计细化团队能力与隐性知识关系图

企业从事创新活动的目标是实现创新产品的市场化,为企业赢得更多的创新收益,在装备制造企业自主创新内部支持系统中也是如此。在该系统中,企业创新活动的创新收益主要包括以利润形式存在的资金收益和以隐性及显性知识形式存在的知识收益两个部分。创新产品在进行市场化的过程中,也是市场对企业创新成果的认可度以及对创新团队创新思路是否正确的检验。当创新产品满足了市场的需求时,创新产品就很容易完成市场化的过程,这也说明了创新团队创新设计的思路是正确的。一项成功的创新设计会提升创新团队的创新能力,企业隐性和显性知识的积累也较为迅速。在企业不断从事创新活动的过程中,当产品市场化不断成功时,企业创新团队的创新能力也相应提升了,进而形成一个自主增强的循环。当企业创新团队的运营渐渐步入正轨后,企业对创新团队的投入也会逐渐地稳定到一定的水平,如图 9.31 所示。

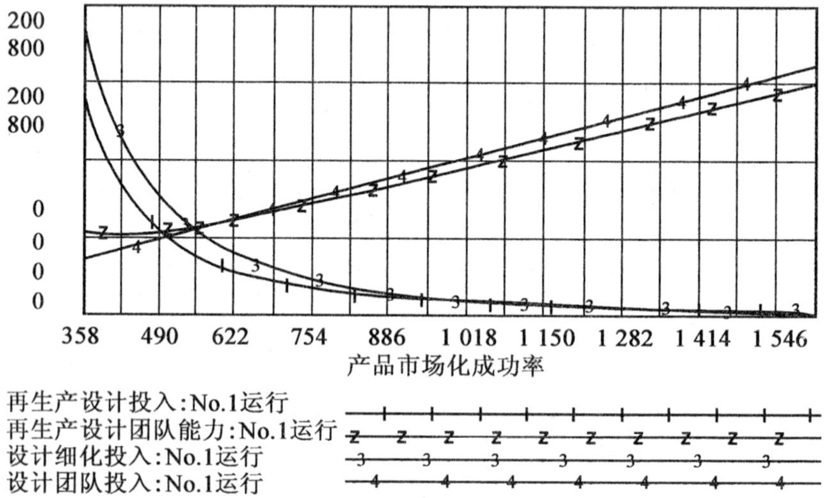

图 9.31　创新与产品市场化关系图

系统动力学是以系统论为核心,通过因果关系的设定,以微积分理论为基础研究非线性活动的一种方法,其通过模拟仿真的运行对研究要素的动态结果进行记录,最终形成仿真图表。但是,系统动力学本身也存在着缺陷。例如,本章对内系统的仿真,系统动力学不能对管理制度和资源投入 - 生产系统进行有效的仿真,因为系统动力学虽然是以系统论为核心,但在其对研究对象的分析方法上,仍然要采用局部逐次分析法才能得到研究结论,管理制度和资源 - 生产投入的影响存在于内系统的各个环节,现有的分析手段无法对其进行有效的分析,因此把其作为系统背景处理。

第十章 黑龙江省装备制造企业自主创新支持系统优化的对策研究

第一节 PSO模型和SD模型运行结果对比分析

本书第8章和第9章分别选用PSO模型和SD模型进行了实证研究,其中PSO是从黑龙江省装备制造企业自主创新系统发展建设的实际情况出发(侧重于企业内在视角),研究企业自主创新支持系统对装备制造企业自主创新的支撑效果,即支持系统自身的运行效果;SD则从政府管理层视角(侧重于企业外围视角),对企业自主创新支持系统在企业自主创新过程中的作用进行仿真,两种研究方法得出的结果之间存在一定的差异,具体分析如下。

根据PSO模型对黑龙江省装备制造企业自主创新支持系统的运行效果的实证分析结果,黑龙江省装备制造企业自主创新支持系统中的资源环境支持子系统的运行效果为“较好”;管理与制度支持子系统、市场营销支持子系统、服务环境支持子系统、社会文化支持子系统4个子系统的运行效果为“较差”,需要加强建设与优化;其他6个子系统运行效果为“一般”。但是根据SD的仿真结果显示,黑龙江省装备制造企业自主创新外部系统中,市场环境支持子系统与政策法规支持子系统对装备制造业自主创新活动影响较大,其包含的市场竞争、市场需求与政府物质投入因子对装备制造业自主创新活动的影响尤为明显。资源环境支持子系统对装备制造企业自主创新活动的影响程度不高;对黑龙江省装备制造企业自主创新支持系统的仿真,侧重于创新系统内部的运行机制和运行状态的观察与研究。仿真结果表明,在装备制造企业进行自主创新活动的过程中,创新收益与创新成本,企业知识存量系统的构成与创新不同阶段的投入存在着一定的非均衡关系。比较PSO模型和SD模型的实证研究结果可知,对于那些运行效果较差或一般,但是对装备制造企业自主创新活动影响程度高的支持子系统,应重点分析,制定相关措施加以完善,如市场营销支持子系统、政策法规支持子系统。对其他的各自主创新支持子系统应该根据自身特色和实证分析结果,制定出相应的优化对策。

第二节　黑龙江省装备制造企业自主创新内部支持系统优化的对策

一、管理与制度支持子系统的优化

（一）加强企业创新文化建设

培育企业创新文化对于企业适应知识经济时代的新变化具有战略意义。对于黑龙江省装备制造企业来说，解放思想、持续创新是企业生存与发展的内在要求和根本动力。创新文化贯穿于企业创新活动的整个过程，是企业创新的源泉，是提高企业整体创新能力的关键[153]。

企业创新文化是企业开展创新活动的基础，加强企业创新文化建设是一项系统工程，企业创新文化建设与企业文化建设有着密不可分的联系，企业创新文化是企业文化中集中、突出的对创新精神的凝炼。企业文化建设是创新文化建设的基础，创新文化建设是企业文化建设的拓展和深化，是新形势下企业发展对企业文化提出的新要求。

加强黑龙江省装备制造企业创新文化的建设，需要从以下 3 个方面着手。

1. 营造创新文化氛围

黑龙江省是一个装备制造业大省，营造一个良好的创新文化氛围对于推动黑龙江省装备制造企业的发展将起到至关重要的作用，加强企业创新文化建设，最重要的是能够让企业创新成为企业的价值观，使创新理念贯穿于企业生产运营的每一环节并深入到每一位员工的内心[154]。

2. 培育企业创新精神

培育积极的创新精神是企业营造良好的创新文化的基础，是企业创新文化建设的动力，也是企业文化建设的核心之一。培育企业创新精神主要包括培育员工所共有的创新信条、创新价值观念、创新行为准则以及他们对企业的责任感、荣誉感、自豪感等[155]。

3. 健全企业创新文化制度

健全企业创新文化的制度是为企业营造良好创新环境的一项保障。目前，黑龙江省多数装备制造企业创新文化建设处于起步阶段，建立健全支持自主创新的企业制度和政策体系，为开展创新活动提供制度保证，是加强企业创新文化建设的有效途径。对于黑龙江省装备制造企业来讲，目前急需建立和健全自主创新投入制度、自主创新管理制度、激励分配制度、吸引和稳定创新人才的人事制度等，从而提高员工创新的积极性和主动性，使企业员工自觉地投入到创新活动中去[156]。

(二)选择合适的创新战略

企业是否能够正确地选择一个适合企业创新的战略,并针对自己企业的实际环境对该战略的实施进行有效的管理,直接决定着企业自主创新活动能否顺利实施,能否取得创新利益[157]。当今世界,企业之间的市场竞争日益加剧,缺乏创新会导致企业运营受阻,但创新战略选择失误所导致的不良创新,反过来也可能会使企业遭受致命打击。因此,对于黑龙江省装备制造企业来讲,如何选择合适的创新战略是企业生存与发展的基本前提,是一项十分重要的企业战略决策。

对于大部分黑龙江省装备制造企业来说,完全实施自主创新困难较大,并且不太现实。但是,黑龙江省装备制造企业核心竞争力的培养与提升,最终取决于拥有自主知识产权的核心技术。为此,自主创新应该是大部分企业的努力方向和最终目标。对于少数技术研发力量雄厚的大型装备制造企业,应集中力量进行关键技术的自主开发。同时,对于大部分企业,特别是中小型装备制造企业,模仿创新是其最佳选择,但企业不应局限于模仿,而应在模仿中有所创新,不断增加自主创新的比重,建立并完善自身的研发机构,培育创新人才。另外,企业可以根据自身情况,通过"战略联盟、合同、创新网络、技术许可证"等多种形式进行合作创新,进而推动黑龙江省装备制造企业的自主创新[158]。

(三)完善企业组织协调沟通机制

协调沟通是企业创新项目管理活动的重要内容,协调沟通机制是企业创新项目管理活动运行的有力保障[159]。从企业创新项目管理出发,建立协调沟通的有效机制,并结合企业自身情况和工作实际提出具体协调沟通措施,将有助于企业创新项目研发过程中各个研制方向的协调和沟通。为此,建立完善的企业组织协调沟通机制对于推动黑龙江省装备制造企业的创新也会起到重要的作用。

黑龙江省装备制造企业在组织建设方面还比较落后,为完善企业组织协调沟通机制,应该从以下两个方面着手。

(1)建立每日创新项目情况信息收集表。由于企业研发所涉及的设备众多,而每个研发人员又可能承担多项研发任务,项目和人员交叉十分严重。对于每个创新项目来说,研发人员主动交流的机会就会大大减少,需及时沟通协调的事情经常不按时进行,影响了相互的进度。而相互之间的审核也不够仔细,容易产生一些质量问题。此时应实行精细化管理,由每个创新项目的主管人员,每天向负责创新项目的主要技术人员通过网络收集"每日创新项目情况信息收集表"是一个有效的措施,而且应该制度化。

(2)建立创新项目周例会制度。根据每个创新项目研发的周期、技术等特点,每周定期进行创新项目沟通例会,并制度化。检查一周内创新项目的进展,了解企业创新项目存在的问题,协商解决问题的办法,并且进一步明确下一阶段的工作任务。

(四)提高企业领导者的自主创新决策水平

新形势下,黑龙江省装备制造企业面临的新情况、新问题会更多、更复杂。因此,企业领导者需要不断提高领导的决策力与执行力,提高决策水平,最大限度地适应新形势的需要,不断提高应对复杂多变局面的能力,进而实现推动黑龙江省装备制造企业创新发展的目标。

创新意味着改变,其根本是思维的创新,企业自主创新能力的提高,即企业领导者创新思维能力的提高和科学决策水平的提高[160]。对于黑龙江省装备制造企业来讲,为提高企业领导者的自主创新决策水平,主要从以下两个方面入手。

(1)要求企业领导者具有合理的知识结构,这是提高企业领导者自主创新决策水平的前提,企业可以通过与高校合作,让企业的领导者在高校内进修相应的课程,获得相应的学位,从而达到对自身知识结构的合理构建。

(2)企业要选择一位知识丰富、专业技能较好的企业领导者,从而使企业领导者通过自己综合能力的运用,不断地提高企业自主创新决策水平,推动企业不断进步发展[161]。

二、资源投入支持子系统的优化

(一)积极培养、吸引创新人才

人才是保障企业进步和发展的最珍贵的资源,创新人才的引进更是企业创新发展的重要保障[162]。企业要努力为人才发展营造良好环境,坚持用事业聚才育才,使各类人才创业有机会、做事有舞台、发展有空间。要鼓励创新、爱护创新,使一切创新想法得到尊重、一切创新举措得到支持、一切创新才能得到发挥、一切创新成果得到肯定,从而加快创新人才的培养。

黑龙江省装备制造企业目前仍多以国有企业为主,积极培养、吸引创新人才,避免原有体制和机制的问题导致企业管理体制和用人机制不活、难以为技术类人才提供施展才华的舞台等类似问题的出现。为此,黑龙江省装备制造企业的领导者应该将企业的创新投入和创新能力建设作为企业负责人业绩考核的重要内容。积极探索对创新人才的培养造就机制、选拔使用机制、评价考核机制、分配激励机制等,支持企业为高等学校和职业院校建立学生实习、实训基地。推进企业引进博士,吸引优秀博士到企业从事创新活动,并对引进的优秀人才适当地放宽政策限制,从认识上找差距,实施有力政策措施,使更多优秀的科技骨干留在黑龙江,发展黑龙江省装备制造企业。

(二)加大创新资金投入

装备制造业作为资金密集和技术密集型产业,离不开创新资金的投入。由于黑龙江省装备制造企业创新资金投入严重不足，导致大部分企业创新过程中困难重重。企业应加大在科技研发等方面的投入力度，充分认识到加大创新资金投入力度对企业开展创新活动、对企业生存与发展所起到的重要作用。同时，黑龙江省装备制造企业要加快体制创新，发展新兴产业，必须加大政府对企业的扶持力度，加大创新资金投入。黑龙江省政府要尽量帮助省内的装备制造企业完善和健全自主创新的法制环境，鼓励企业大力提升自主创新能力，充分利用财政补贴政策，加大财政支持力度，为企业的创新提供便利的条件。通过提高企业在科技研发方面的投入，同时增加用于接受吸纳再创新的费用，来解决企业在技术创新中的资金短缺问题，从而使企业的自主创新再上新台阶[163]。

（三）提高信息获取能力和利用水平

在当前激烈的市场竞争中，掌握信息已成为支持企业获得竞争优势必不可少的武器[164]。因此，有效地把握市场信息有利于企业合理配置资源，也意味着在市场竞争中占得先机。企业自主创新是一个复杂的系统工程，需要大量人才、研发设备、实验仪器、技术情报信息和资金保障等多个方面的配合。对于黑龙江装备制造企业来说，提高信息获取能力和利用水平十分重要。

面对开放的市场，有效把握黑龙江省装备制造业市场信息有利于黑龙江省装备制造企业正确制定经营发展战略。在借鉴先进企业成功经验的基础上，黑龙江省装备制造企业为把握市场、客户需求、竞争动态等各方面信息，应在获取技术开发情报信息和研发设备、实验仪器资源方面，建立畅通的渠道，建立完善的市场信息收集体系。这样，一方面帮助企业获得各类技术开发资源；另一方面也逐步使广大中小民营企业学会利用各类专利数据库、科技文献库等公开技术资料，从而提高企业技术开发的效率。

三、知识存量支持子系统的优化

（一）加强装备制造企业的知识产权保护

随着科学技术的发展，知识产权在世界经济和科技发展中的地位越来越显赫，越来越多的国家意识到，国际竞争的源头在于人才及技术，而技术的占有标签则是知识产权，知识产权保护已成为国际经济秩序的战略制高点。

20 世纪 80 年代初期，高科技构想和产品在全球范围内蓬勃发展，尤其是信息技术和网络技术的日新月异，美国为恢复其在世界经济中的强势地位，陆续采取了一系列知识产权保护的重大举措，不断通过立法和司法判例，对商标法、专利法、版权法等进行修改，以增强知识产权的保护力度、扩展知识产权的保护范围。1995 年，美国制定《美国联邦商标反淡化法》，并先后于 1999 年和 2006 年对该法案进行修正,对商标淡化的行为加以严格限制,并进一步保护著名商标;1996 美国通过了《联邦商业间谍法》,加强了对商业秘密和国际商务的保护;1997 年制定了《反电子盗窃法》,加强互联网信息安全。紧接着,美国于 1997 年通过了《跨世纪数字化版权法》,于 1998 年通过《技术转让商业化法》,于 1999 年通过了《美国发明人保护法》,更是全面加强了专利、知识产权的保护。

20 世纪 90 年代以来,随着新技术、新知识的不断涌现,知识产权的保护也有了新的发展,现代知识产权的保护范围从专利、商标、版权扩展到包括软件、集成电路、物种、生物技术等在内的多元对象。同时,知识产权保护范围不断扩大的同时,知识产权保护的内容也在不断深化。日本在《2004 年推进计划》中指出:"2004 年以后将通过保护有关医疗行为专利来促进最尖端的生命科学的进步和使其用于医疗目的。尤其在有关人体胚胎与细胞(ES 细胞)、胚胎生殖与细胞(EG 细胞)等方面的发明,要在生命伦理、科技政策以及医疗政策方面给予充分的考虑,并研究进行专利保护的方法。"此外,知识产权的审批时间加快、保护期限延长,对侵权行为的惩罚力度逐渐增大,也使得知识产权保护更加成为自主创新的重要环节。

知识产权保护对于我国创新型国家的建设十分重要。同时,知识产权也是衡量黑龙江省装备制造企业自主创新程度的基础和重要指标,更是市场竞争的重要手段。因此,加强黑龙江省装备制造企业知识产权的保护,是保障黑龙江省装备制造企业正常运行及创新发展的重要条件。

加强黑龙江省装备制造企业的知识产权保护,应主要从以下两个方面入手。

(1)装备制造企业要把保护知识产权作为建立现代企业制度、现代科研制度的一项重要内容。一方面,企业要增强知识产权意识,遵守知识产权法律法规,将知识产权保护与企业的新产品、新技术、新工艺研究开发工作紧密结合;另一方面,为减少科研和生产中的不必要的重复开发及尽量避免发生侵权纠纷,企业在制订新产品等研究开发计划和生产经营战略时,要充分利用知识产权信息,进而保障技术路线和研究方向的正确性和前瞻性。

(2)政府通过对保护知识产权的法律法规体系的不断完善来增强对装备制造企业知识产权的有效保护。现任微软全球副总法律顾问、通用电气(GE)大中华区副总裁、哈佛法学院"法律职业项目"高级研究员的刘凤鸣认为:"　家公司只有清晰地看到经济回报的时候才会在研发方面投资。"这就是说,如果创新成果可以轻易被仿造或通过简易的模仿而取得,或者剽窃、盗版创新成果所付出的代价远低于进行技术创新所花费的成本,那么创新的风险因素则会成几何倍数放大。

通过法律法规加强对知识产权的有效保护,降低企业保护知识产权的成本,是鼓励创新的基本前提。《中华人民共和国专利法》明确写到:"建立本法的目的在于保护发明创造专利权,鼓励发明创造,有利于发明创造的推广应用,促进科学技术的发展，适应社会主义现代化建设的需要。”在通过立法健全企业自主创新环境的同时，要通过严厉的惩罚制度，提高知识产权的侵权成本，从而保护企业自主创新的成果，在全社会形成一种良性的知识产权保护意识。

（二）加强隐性知识的积累

隐性知识的积累有助于企业知识交换，从而达到更新知识、提高知识水平、完善知识结构的效果、实现知识在企业内的合理分布，为企业技术创新活动提供了创新知识源。为了有效地提高黑龙江省装备制造企业自主创新的能力和水平，提升其整体竞争优势，除了要增加对科学技术等显性知识的学习之外，还必须增强隐性知识的积累。为提高黑龙江省装备制造企业的隐性知识积累，可以从以下 3 个方面入手。

（1）获取人力知识资本。在知识经济迅速发展的今天，人才是最重要的资源，而人才的价值就在于其拥有知识，作为装备制造企业能够吸引到所需的人才，这无疑也是为企业积累了大量的隐性知识；

（2）获取他人的隐性知识。黑龙江省装备制造企业可以通过交流、调研等方式来了解其他创新成功企业的管理模式，学习它们的成功经验，从而结合自己的实际情况加以改进和利用；

（3）鼓励员工对创新成功案例进行学习和总结。鼓励员工积极参与企业内外部的创新活动，并系统详尽地进行总结记录，为企业以后的创新活动提供参考。

四、生产制造支持子系统的优化

（一）加强对先进设备的引进和消化吸收

与一般生产性企业不同，装备制造企业对生产制造能力要求较高。对于黑龙江省装备制造企业来说，可靠的生产制造能力是产品质量稳定提高的保证，更是产品更新换代的必要条件，是推动黑龙江省装备制造企业创新产品产业化的一个重要保障[165]。

为增强企业研发基础条件和自主创新能力建设，黑龙江省装备制造企业应加大国际领先和国内领先的生产设备的引进力度，从而实现对现有企业技术的改造。在此基础上，具体采取以下两个措施来实现对引进的先进设备的消化吸收，第一，为实现引进的先进设备功用的充分发挥，要充分发掘先进设备的功能及性能；第二，为提高产品的性能和质量，可以对引进的设备进行改进，以满足自身需求。

（二）推行绿色制造

绿色制造是一种现代制造模式，其最主要的特点在于对环境影响和资源利用效率的综合考虑和统筹规划[166]。运用到黑龙江省装备制造企业的创新活动中，就是通过对黑龙江省装备制造企业的内外部环境以及各类资源的利用效率的综合考虑,实现黑龙江省装备制造企业自主创新活动的经济效益和社会效益的协调优化。

对于黑龙江省装备制造企业来说,为有效地实施绿色制造这种现代化的制造模式,企业可以借助各种先进技术手段对制造模式、制造资源、制造工艺、制造组织等不断进行创新,最终实现在整个产品生命周期中,对环境的影响(负作用)最小的目标。

(三)通过工艺优化,缩短产品生产周期

创新产品的工艺设计是连接产品研发和新产品制造的重要纽带,是制造过程中最根本的环节。而在企业创新过程中,工艺的设计对于生产成本、质量和产量的影响将比其他生产活动更大。在创新成果转化为现实生产力或产品的过程中,一般需要经历技术开发、产品设计和工艺制造3个阶段,而每个阶段工作量较前一阶段会成倍增加。由此可见,工艺是创新成果转化过程中的关键因素,必须得到重视。

黑龙江省装备制造企业由于产品类型多、不同类型产品差别大和工艺管理水平滞后等原因,导致长期存在产品工艺术语不统一、工艺代号和符号不标准等问题。工艺术语由于地区、方言、习惯用语不一致,容易造成误解,影响不同创新项目或不同时期的创新项目之间的交流,严重的,会影响工艺工作的正常进行或造成质量方面的事故。而且随着数控加工技术的发展,产品的工艺术语也发生重大变化。因此,将编制工艺文件用的术语、工艺代号和符号进行标准化,对黑龙江省装备制造企业的工艺设计工作有着重要的作用。

除此之外,为推动黑龙江省装备制造企业的创新,还要对工艺文件进行标准化。对于工艺文件的标准化要以数据库平台为基础,与"3C"(CAD、CAPP、CAM)有机结合,利用成组技术的原理与方法来实现。第一,要依据零件几何形状、尺寸及工艺方法的相似性对零件进行分类分组,如有相似度较高的零件,要考虑设计成通用零件的可能性;第二,要制定各类零件的工艺路线原则和加工工艺原则;第三,制定标准工序卡片。

(四)推进企业信息化建设,加快装备制造业信息化和工业化的融合步伐

为了响应党中央提出的"以信息化带动工业化,以工业化促进信息化"的战略决策方针,黑龙江省装备制造业要大力推进信息化工程,加快行业信息化与工业化的融合,进而提升装备制造企业的生产制造能力,以此来构建完善的技术创新体系和技术服务体系。

对国民经济各行业的生产装备在机械化、电气化、自动化的基础上,进行数字化、智能化、网络化的改造升级,是实现信息化与工业化融合,提升黑龙江省传统装备制造企业竞争力的关键环节。加强企业信息化建设,加快黑龙江省装备制造业信息化和工业化融合步伐的主要途径有:一是装备制造企业生产开发设计的信息化。加快推广应用计算机辅助设计、个性化定制等技术将电子信息技术嵌入工业产品,促进产品的更新换代;二是装备制造企业工业生产过程自动化。在装备制造企业中推广应用电子信息技术,改进生产方式,提高效率,降低成本;三是加快产品数字化、智能化、升级换代;四是企业管理的信息化。推广应用企业资源计划,业务流程管理等信息系统,强化生产经营各环节的管理,促进企业资源优化和产业链的合理化;五是企业产品流通和市场的信息化。推广供应链管理,加强产品市场营销的信息化建设,建立健全现代工业流通体系;六是加快实现装备制造业从生产型制造业向服务型制造业的转变。

五、市场营销支持子系统的优化

(一)树立超前的销售意识

新产品上市,几乎所有的工作环节都涉及销售。制定超前的新产品销售策略,就是在合适的时间和市场环境下运用合适的销售方式。对于黑龙江省装备制造企业而言也一样,制定超前的产品销售策略,产品就会更早地占领市场,获取更大的市场份额,得到更高的创新投入。

因此,要使黑龙江省装备制造企业更好地树立超前的产品销售意识,在开发新产品前就要预先做好市场调查与预测工作。市场对企业所推出的新产品是否接受,一要看新产品是否能迎合需求者的感性消费心理;二是要看新产品的“差异性”是否突出。要对这两方面做出有效合理的判断,就必须树立超前的销售意识,预先做好市场调查与预测工作,提早发现市场商机。这方面可以通过收集有效的市场信息,并通过对这些相关信息的整理、加工,使其能够更为有效地提炼出对企业销售有益的信息,以从中了解市场中需求者的心理,把握好市场需求的动态,从而果断决策,抢先推出新产品,占据市场高位,进而推动装备制造企业的发展[167]。

(二)重视新产品的售后服务

黑龙江省装备制造企业作为销售装备制造产品的企业,售后服务的利润也是企业利润的重要来源,做好售后服务不但可以增长利润,而且可以提高客户的回头率,提升企业自身的信誉,从而提高企业产品的销售量。

黑龙江省装备制造企业为了满足日益增长的市场需求,必须重视产品的售后服务,售后服务已经成为企业推广的一个品牌,是企业不可分割的一部分。在企业不断完善售后服务网络的同时,消费者的自我消费意识也在迅速提高。从最初的解决问题就行,到现在必须在指定时间内满足特定要求,消费者的自我意识已经有了相当程度的提高。

因此,在售后服务方面,黑龙江省装备制造企业应遵循“用户至上”的理念,设立服务热线,在主要城市设立客服中心,保证顾客可以及时反馈问题。对于能够通过指导解决的问题,熟悉产品知识的客服可以在电话里解答顾客问题;而对于那些需要上门服务的顾客,企业会把顾客信息输入到系统里,然后指派最近的维修站去上门维修;在维修完成后,企业会根据维修站报回来的结果对顾客进行电话回访或网上满意度测评,直到顾客满意为止[168]。只有完善了企业的整体售后服务体系,才会为企业吸引到更多的客户,从而为企业创造更高的利润。

第三节　黑龙江省装备制造企业自主创新外部支持系统优化的对策

一、市场环境支持子系统的优化

(一)鼓励企业积极参与国际竞争

外国装备制造企业的进入与我国装备制造企业形成了一定程度上的竞争,但同时也为我国装备制造企业的发展起到了十分重要的示范作用和激励企业进行自主创新的作用。黑龙江省是我国的装备制造业大省,因此,黑龙江省政府更应该利用各种机会吸引外资制造企业。

(1)发挥哈尔滨经济贸易洽谈会这一平台的示范作用。哈尔滨经济贸易洽谈会作为黑龙江省影响力较大的国际经贸盛会,近年来已经受到中外企业的高度关注。因此,黑龙江省政府应充分借助这一平台的影响力,宣传黑龙江省装备制造企业所取得的成绩和存在的商业契机,强调在本省进行装备制造企业投资的可行性。

(2)降低外资企业进入成本。通过采取相关便利措施,提高相关政府部门的行政审批效率,降低企业进入成本,吸引广大外资制造企业前来投资。由于外资企业进入之后需要投入大量资本进行前期建设,有时会因此裹足不前。因此,当地政府在严格审批的前提之下,应减少不必要的核准步骤,提高行政效率,增加外资企业进入的可能性。

(二)努力扩大企业产品市场需求水平

市场需求是企业进行创新的动力之一,黑龙江省装备制造企业也是一样,国内市场需求是有限的。企业必须能够打开国外市场,在更广阔的市场上分一杯羹,才能有效扩大市场需求,进而刺激企业的创新欲望。为此,黑龙江省政府可以制定相关优惠政策,鼓励本省制造业企业在海外目标市场建立办事处等来培育企业产品销售的新增长点,来增加黑龙江省装备制造企业的市场需求[169]。

二、政策法规支持子系统的优化

（一）完善企业信用担保体系和融资政策

融资问题已成为阻碍企业从自主创新中脱颖而出的“瓶颈”，因此，良好的融资政策环境已成为提高企业自主创新动力的关键因素。黑龙江省现有融资环境已经有了显著改善，但与国内其他经济发达地区和欧美发达国家相比还有很大的差距。因此，黑龙江省实施金融扶持政策的主要目的就是为装备制造企业与银行等金融机构之间搭建桥梁，增加双方合作的信用保障。通过完善相关企业的贷款担保体系，为企业提供公平的融资环境，以解决装备制造企业融资难的问题。完善这一问题需要从以下 3 个方面入手：第一，由省政府带领建立企业创新融资“绿色通道”。对黑龙江省装备制造企业用于自主创新的资金申请采取降低门槛、简化程序、缩短时间、减少费用等政策。第二，改善企业自主创新的资本市场环境。黑龙江省政府部门应建立一套优化企业发展环境的配套机制和多层次融资体系，这就需要建立健全包括税收、财政和金融等政策在内的一整套政府公共政策。第三，应建立担保机构风险准备金制度，根据业务量的一定比例提取准备金以冲抵坏账损失。

（二）制定积极的政府采购政策

政府采购一直是各国政府支持本国企业创新的重要工具之一。因此，黑龙江省应规定政府相关部门以及其他接受财政拨款的企事业单位必须按一定比例采购本省装备制造企业自主创新产品，从而实现全社会对装备制造企业的创新支持。黑龙江省各级政府应根据《中华人民共和国政府采购法》的相关规定，优先采购本省制造业企业的产品特别是企业生产或开发的试制品和首次投向市场的产品，以此来促进关系国家和黑龙江省利益的关键装备制造行业的产业成长和技术进步[170]。

（三）全面落实鼓励企业自主创新的税收优惠政策

目前，黑龙江省有关装备制造企业自主创新方面的税收政策较多，以国家制定的税收政策为主体，包括流转税类和所得税类。

从税收优惠政策来看，黑龙江省政策法规体系逐步修订与完善。但是，现有的政策体系侧重于使用相关财政政策，即通过创新专项资金、财政拨款等方式直接将资金注入企业，而由于现有的激励企业自主创新的税收优惠方式单一，税收优惠政策的杠杆作用未能充分发挥，导致税收优惠政策未能实现对企业自主创新活动的持续有效的激励。此外，现有的税收优惠政策在政策执行上的不力是制约黑龙江省装备制造企业开展自主创新活动的一大障碍。为此，应该完善与加强政策执行的具体操作流程建设，明确各部门责任，加强税务人员的专业素质，并就税收政策实施情况定期对企业进行回访，搜集反馈信息，及时调整实施过程中的不规范操作问题,做到公平公正地对待每一家符合税收优惠要求的装备制造企业。

三、资源环境支持子系统的优化

(一)建立稳定的财政科技投入增长机制,优化科技投入结构

装备制造企业自主创新的资金来源有财政拨款、企业自有和自筹资金三条途径,根据国家明确的企业为创新主体地位的要求,除了给予必要的财政辅助外,自筹资金应该作为鼓励企业进行自主创新的主要资金来源。

近年来,黑龙江省财政收入保持了良好的增长势头,但是政府的财政科技投入则出现了一定程度的下降趋势,这种并不协调的局面致使相关制造企业自主创新的积极性遭受一定打击。因此,黑龙江省政府在财政收入增长的同时,应切实加大对科技的投入力度,保持政府科技投入规模持续稳定增长,杜绝科技投入决策的随意性。具体要求是制定相关政策,建立稳定的财政科技投入增长机制,确保科技经费的增长幅度高于财政经常性收入增长幅度,优化投入结构,提高使用效率。

(二)加强基础设施建设,构建企业信息服务体系

基础设施建设主要包括区域交通运输系统、能源、电力、公用图书馆、公共实验室、公用会议室、公共信息服务网络以及其他一些为知识交流学习提供的公共空间等有形设施以及互联网络这一无形设施。对于黑龙江省的基础设施建设来说,应加大对信息基础设施建设的投入,构建面向社会开放的企业信息服务体系。黑龙江省政府应积极探索建立政府支持、工业部门协办、采取市场化运作方式的地区企业创新信息网,为制造企业自主创新提供信息服务[171]。

(三)提高人才培养与人才引进的力度

人才是装备制造企业发展的根本保证,重大科技项目和产品研发的成功关键在于人才。在装备制造企业中,人力资源已经日益成为企业的重要资源。人才对装备制造企业的作用特别突出,企业自主创新活动本质上是由一大批卓越的创新人才和管理人才所推动和引领的。

对于黑龙江省装备制造企业来讲可以通过以下几方面来提高人才培养和人才引进的力度。第一,完善企业内的人才培养机制。企业应该首先完善企业内部对员工的培训机制,对于新入职的员工要进行企业文化、企业制度、企业愿景等方面的培训,还要协助员工做好个人的职业生涯规划,同时也要为更多的企业员工提供继续学习和深造的机会,通过企业出资让员工到高校里进行学位的进修。第二,加强和高校的合作。通过在高校内设立奖学金或进行校企合作等方式,让学生更加了解企业,从而也可以使学校培养出更多的适合企业需要的人才。第三,完善企业引进人才的制度法规。企业应该对从外部引进的人才建立合理的引进制度,包括

适合该人才的职业发展通道以及合理的薪酬福利体系等，从而为引进人才在企业内部的发展提供更为广阔的空间。

四、社会服务环境支持子系统的优化

科技成为第一生产力的必要条件是科技成果转化为现实生产力，并且其产品进入社会经济生活。黑龙江省科技成果转化率不高，大量科研成果以学术成果的形式存在于各大高校以及各类研究机构中，为此，政府需要创造条件加速科技成果转化。

（一）加快建设公共研发机构

对于大部分黑龙江省中小装备制造企业而言，由于企业规模、资金、技术力量等诸多原因的限制，企业没有自身独立的研发机构。因此，要提高行业的整体创新能力，需要建立公共研发机构来向行业提供共性技术帮助企业提高创新能力。遵循"政府引导、市场运作，统筹规划、分步实施，整合集成、共建共享，围绕产业、支撑发展"的原则，以提高产业自主创新能力和增强核心竞争力为目标，建设为装备制造企业服务的公共研发机构，以此来实现行业重大关键技术或共性技术的攻关，破解技术难题。

（二）加大对企业自主创新研发中心的支持

为了更好地提升装备制造企业的技术水平，加快企业科技成果的转化，政府应该加大支持企业自主创新研发中心的建设。首先，要大力鼓励、扶持具有一定条件的企业建立自主创新研发机构，使其直接为提升企业自身的创新能力服务。其次，政府相关部门应按照"择优试点、稳步推进、分类管理"的原则，依托大企业建设一批国家级和省市级重点实验室、工程研究中心、技术中心，支持企业的自主研发和创新，培育一批具有持续创新能力、自主知识产权和知名品牌的创新型制造企业[172]。

五、科学技术环境支持子系统的优化

（一）提高科研机构科技产出的创新性

高校和研究所等科研机构作为黑龙江省创新系统的组成主体，在装备制造企业自主创新活动中起着举足轻重的作用。科研机构作为装备制造企业创新的重要技术来源，其科技成果的创新性决定了企业技术能力和新产品的市场竞争力。为此，应加快科研院所的改革，通过体制与机制的转变，提高研究开发水平和创新能力，进而使研究院所的科技资源得以充分利用，并通过建立健全的激励机制，着力构建物质层面和精神层面相结合的多层激励机制，营造适宜的环境。

（二）构建黑龙江省技术标准体系

我国大部分行业标准的行政主管部门已经取消，但是在实际操作中依然遵循国家标准、行业标准、地方标准和企业标准四级体系。体系的差异将对企业自主创新造成一定的阻碍。因此,政府部门应该成立相应的行业协会,将行业标准转化为以企业为主体的标准制定机制。企业熟悉本领域的最新技术和市场信息,可以根据用户需求进行相应的研发创新,从而制定出反映市场需求和最新技术发展的技术标准,这样制定出来的技术标准更容易实施。在技术标准的制定过程中,政府部门应做到:积极鼓励和引导企业参加全国专业标准化技术委员会、分技术委员会,鼓励和引导企业参与国际、国内标准化活动,参与相关的国际标准、国家标准和行业标准的制修订工作,掌控标准“话语权”[173]。

六、社会文化支持子系统的优化

(一)加强企业创新型文化的建设

世界范围内各种思想文化的相互冲击,必然对企业文化产生极大的冲击。在内外文化夹击下,企业不可能完全保持原有的文化不变,必然会吸收这些文化而发生变革。一方面,黑龙江省装备制造企业应当结合企业自身的特点,以企业的核心价值观、企业经营宗旨为导向,不断汲取国际先进企业文化理念,形成自身独有的创新型文化。这种创新型文化的核心在于使创新思想渗透到企业所有人员的意识深处,并成为企业员工的行为习惯。另一方面,黑龙江省政府部门应该充分发挥舆论引导功能,大力宣传创新和创业的典型案例及榜样人物,以榜样的力量激励人们去创新、追求成功。同时,优秀的企业创新文化,不但能够形成以企业为核心的向心凝聚力,而且能够形成独有的组织文化竞争力,对组织以外的社会进行扩散辐射[174]。其作用主要体现在:第一,基本价值观与行为规范的辐射。组织鲜明的基本价值观与行为规范向组织以外的社会进行辐射,与社会契合形成共识,为其他组织仿效、借鉴、吸收。第二,品牌辐射,组织的产出是组织文化的物质载体之一。公众可以通过组织的有形产品或无形服务深化对组织的认可。第三,员工形象辐射。优秀的组织员工是组织的象征,是组织价值观、行为规范的化身。通过他们的理想、行为,可以向社会传播、扩散、辐射组织文化。

(二)积极发挥大学引领社会创新文化发展的功能

一般认为大学具有三大功能:人才培养、科学研究和社会服务,而引领文化,是大学的第四功能,并且这是大学与生俱来、更为独有、影响更为深远的社会功能[175]。大力发展黑龙江省装备制造企业,需要培育和发展社会创新文化,在全社会培育创新意识。为此,黑龙江省各高校应注重大学自身文化,特别是创新文化的建设,更加主动地发挥大学第四功能的作用,培育和引领社会创新文化的发展。

(三)加大对创新创业人才的培养、吸引、激励力度,全面提高企业自主创新能力

推动与支持黑龙江省装备制造企业自主创新,人才是关键,而各类创业、创新

人才则是核心。为此,黑龙江省要通过加大对创新创业人才的培养、吸引与激励,从源头上提升黑龙江省装备制造企业的自主创新能力。具体可以通过以下两个方面来实现。

第一,应积极鼓励高校开展创业教育,培养大学生创业意识,提高创业能力。创新、创业教育是创新人才培养的重要方式和有效途径,缺乏创业教育的培养,将极大地影响创新人才的脱颖而出,而创新人才的培养则是创业教育的关键。从长远来看,创业教育的扎实开展和推进,必将为黑龙江省装备制造业产业结构战略性调整和可持续发展注入不竭动力。一方面,高校通过开设创业教育课程,开展创业实训,定期举办创业计划大赛等,给大学生提供模拟演练的机会,定期邀请一些创业成功者举办创业现身讲座,营造全社会鼓励创业、支持创业、宽容失败的良好氛围;另一方面,学校本身也可以利用自身的优势创办一些实体,为学生提供创业实战演习场所,提供工商、税收、信贷、项目评估审批等一门式服务,提供信息咨询、资产评估、财务顾问、产权交易等各类中介服务。

第二,搭建创新创业平台,吸引和激励创新创业型人才。首先,加快高层次创新团队的培育和建设,充分发挥院士在吸引、聚集、培养高层次人才上不可替代的作用,不断壮大黑龙江省高端人才队伍,加快培养和造就一批具有较强创新能力的科技领军人物的步伐。其次,完善激励人才创新创业机制,鼓励技术、管理等生产要素参与收益分配,探索高级经营管理人员、骨干技术人员的薪酬制度,支持实行期权、期股奖励和企业年薪制度,允许科技人员提取所完成的省级科技开发类项目经费的一定比例作为劳务费,鼓励高校、企业、科研机构的人员在合作研发项目和科技成果产业化期间交流兼职,允许兼职人员兼职兼薪。最后,健全和完善引智政策。对带高技术成果来黑龙江省实施产业化或从事高新技术项目研发的高层次人才,要开辟绿色通道,不受编制、工资总额、户口等限制,实行特事特办。

第四节　优化对策案例解析

企业自主创新内部支持系统优化的对象是企业自身,而外部支持系统优化主要是针对政府及社会而言。对于企业,其更多的是适应外部环境、优化内部系统,因此,本书案例通过对不同企业的研究,着重分析企业如何优化自主创新内部支持系统。

一、企业创新文化建设的典范——贝尔实验室[176~178]

美国贝尔实验室成立于1925年1月1日,实验室成立至今,共获得3万余项专利,平均每个工作日获得3.5项,影响全世界的重大发明如晶体管、激光器、太阳能电池、发光二极管、通信卫星、蜂窝移动通信设备、长途电视传送、仿真语言、有声电影以及通信网等均诞生于此。有人这样评价贝尔实验室,“他们当时创造的未来,就是我们生活的现在”。贝尔实验室的研究成果并不仅仅限于应用科学,实验室的研究人员编撰了许多具有重大意义的文献,显著拓展了物理、化学、天文学、数学的学术领域;还有一部分工程师们,则集中精力为贝尔实体产业创立了新的生产流程,在产品创新的同时逐步进行工艺与结构创新,如今常用的产品质量控制统计分析方法(质量控制),也是贝尔实验室的数学家首次使用的。在几乎整个 20 世纪里,贝尔实验室都是全球最著名的科技创新机构。美国企业文化专家劳伦斯·米勒在其主编《美国企业精神——未来企业经营的八大原则》中强调:“管理正在重新寻找它的灵魂。这个灵魂就是企业文化。”这句话在贝尔实验室的成功中得到了充分的印证。弥漫在贝尔实验室空气中的创新精神、创新文化和激发创新的环境是贝尔实验室成立 87 年来,一直被誉为世界著名的发明之母的主要原因。

在贝尔实验室,创新文化的主要创始人是 Mervin Kelly。1950 年 Mervin Kelly 在欧洲巡回演说时,向听众解释了贝尔实验室的运作环境。此外,贝尔实验室总裁金钟勋、实验室高级副总裁许浚博士,也分别向外界阐述了贝尔实验室的创新文化。

(一)活跃的思想交流

Mervin Kelly 认为,一个“创新科技研究所”——正如它拥有的贝尔实验室那样,需要足够多的天赋异禀的人不断地交换思想。但是真正要创新,这些还不够。Kelly 先生坚信面对面交流的重要性。通过电话交换思想?不行!因此,他有目的地把贝尔实验室的思想者和实践者集中在同一屋檐下。在晶体管开发项目中,他将物理学家、冶金学家、电气工程师混合在一个项目组里,项目组中的每个人都各自是理论、实验或者制造领域的专家。像一个老练的交响乐指挥一样,Kelly 先生在科学定律之间,研究院和开发者之间,个人和团队之间游刃有余,时而寻找和谐,时而要求张力。目前,在贝尔实验室也经常可以看到这样的场景:走廊里、餐桌边,随时都会有一些研究人员甚至是大师在辩论。他们的辩论并不需要主题,甚至可能两个人的想法都不完全正确,但是,错误的人并不会因为自己的错误而懊恼或是退出,他会从辩论的过程中探寻自己想法错误的地方及原因,并由此进行改进,希望在下次的辩论中胜出或是说服对方。这种自由探讨的氛围,使得研究人员能够得到充分的激励和思维的激发,往往成为新思路的起点。

此外,Mervin Kelly 通过建筑结构学等方式,设计出一套完整的体系,从外部环境促进交流的进行。他亲自参与了新泽西茉莉山的一栋建筑的设计。在那里,该建筑的部分走廊被设计得一眼望不到尽头,当穿越走廊进入餐厅或是回家的路上,不遇到熟人、不产生任何思考或者创意,几乎是不可能的。因此,人与人的交流成为惯例,也变得轻而易举。

（二）开放式的研究环境

Mervin Kelly 相信自由的重要性，尤其是在科研上。因此，贝尔实验室的研究人员都具有非常高的自主权。从 Kelly 的理论到现在总裁金钟勋先生，他们都认为，科学家所作的研究不一定需要在市场价值上得到体现。对于成功的定义，贝尔实验室一贯认为，市场上的成功固然是成功，而有研究价值尽管没有形成生产力的成果，也算是成功。到目前为止，贝尔实验室的研究人员已获得 7 项诺贝尔奖、12 项美国国家技术奖以及 27 项 IEEE 荣誉奖。事实上，为了推动创新计划的实施，贝尔实验室打造了一个开放式的创新环境，与全球250 多个研究所和高校建立起研发伙伴关系并制订了合作计划，以便发现新的创意并加快研发项目的进展。此外，充足的科研经费也是研究开发自由度提升的重要原因。

（三）建立稳固的创新链

许浚博士认为："创新其实是一件很简单的事情，就是一直做新的东西，并确保新的东西比旧的东西质量好、便宜、功能多，这就是创新。但这种创新面临的最大挑战，就是市场面和技术面要结合得好，用最快的速度将新技术引入到市场，这样才能赚更多的钱，才有可能继续支持基础研究和产品开发，形成良性循环。"

贝尔实验室的做法是将团队中每个研究人员的能力都发挥到极致，并且通过良性运转的创新链，将无论是身处基础研究、产品开发还是处于市场推广、销售的人们紧密衔接。一方面，它鼓励有相同研究兴趣和研究领域的科学家合作，彼此之间取长补短；也鼓励基础研究和应用研究的人们进行交流与沟通，以利于理论与应用的同时进步；另一方面，实验室通过会议、联谊等活动鼓励研究人员和市场人员进行充分交流，从而从客户需求入手，实现实验室人员衔接的同时，更实现研发与客户的需求衔接，使做产品的人知道未来市场潜在的需求是什么。这种创新链结合得越好，开发出的产品就越会有市场、有效益，在实验室赚取更多利润的同时，也能为充足的科研经费和产品开发经费提供保障，这是贝尔实验室创新取得成功的关键。

（四）容许失败才能有所创新

创新和失败基本上是一体的两面，没有人喜欢失败，可是即使是再伟大的成功者，其失败的次数还是要超过成功的次数，像崔琦等不少诺贝尔奖获得者都是在经历了许多次失败以后才换来了成功。一次大的成功往往是 10 次、20 次甚至上百次的失败积累起来的。

许浚博士认为："如果我们觉得失败是一件不好的事，不愿面对它，那么创新就几无可能，因为世界上没有什么事是一定能够做成功的。如果说贝尔实验室的创新文化有什么特点的话，很重要的一点就是我们允许失败，特别对那些从事基础研究的科学家的失败容忍度要更大一些。因为做基础研究,就是要尽量去胡思乱想,要挑战别人认为理所当然的事情。从产生这样的想法一直到最后终于有一个东西出来,其间又会历经许多的失败,可以这么说,越是突破性大的成果,失败的几率就越高。”在贝尔实验室,若产品开发历时一年,则产品的设计时间通常是3个月,其余9个月时间都是用在对这一设计的不断测试、改进上。可见一件产品研制的大部分时间(至少一半)不是在设计上,而是用在改错上。

贝尔实验室的研发,很多情况是构建新的理念,研发未来需要的产品,会遇到更多的困难,遭到经常性的失败。因此,对于失败的容忍,如何将失败的颓废转变成正面的力量,正是成功的关键。

案例评析

企业文化是企业形成并共同遵守的价值观、信念和行为方式的综合。创新企业文化建设是加快科技企业发展、提高整体创新能力的重要手段。企业管理者应通过核心价值观的构建、企业精神的塑造、企业目标的设计使创新成为企业内部自上而下、自下而上的形成对技术创新的共识,从而推动技术创新的持续进行。贝尔实验室的成功经验已成为世界上科技研发的创新文化,并带来了许多有益的启示。首先,需要创建优良的科技文化环境。对于一个企业的研发机构而言,软环境(科技文化)是它的神经和灵魂,其对进步的作用不亚于硬环境(物质和资金等),在现代企业运营管理中,环境和氛围不再是可有可无或只起辅助作用,而是评价优秀研发机构的主要标志之一。第二,需要明确的宗旨和原则。这些宗旨和原则是创立者和改革者们在长期的经历中悟出的理念,是从成功与失败的经验教训中总结出来的,并且能够根据发展和社会的需要,适当地做出修改和改进。第三,需要自由宽松的研发氛围。企业科技研发机构应该鼓励和倡导自由、宽松的研发氛围,建立富有激励性的研发环境,尊重研发人员的特长和情绪。最后,还需要基础研究与技术开发、个人创造与集体力量的有效融合。企业做科学研发不能仅仅专注于技术开发,很多时候基础科学的研究能够从理论上攻克技术难题。科学研究的过程中,研究人员个人的努力十分重要,但必须形成组织性很强的团队,才能够持续性地获得创新成果;交叉人才的分布,有利于团队的综合进步。

二、企业领导者的自主创新决策典范——苏宁模式[179~180]

张近东,1963年3月出生于安徽,苏宁电器股份有限公司董事长兼总裁。1984年毕业于南京师范大学中文系,后供职于南京鼓楼区工业公司;1990年12月26日,张近东以10万元自有资金,在南京宁海路租下一个200 m^2 的门面房,取名为苏宁家电,专营空调;2004年7月21日,苏宁电器连锁集团股份有限公司首发2 500万股股票,正式登陆深圳证券交易所中小企业板;2004年被评为"2004年度中国民营经济十大风云人物";2009年,"苏宁"已发展成为拥有近1 000家连锁企业、110 000多名员工、年销售额达近1 000亿元,仅次于国美电器的全国第二大电器连锁销售集团。现为苏宁电器连锁集团董事长;2011年,《福布斯》中国富豪榜资产排名第九位。

苏宁电器1990年创立于中国南京,是中国3C(家电、IT、消费类电子)家电连锁零售企业的领先者,国家商务部重点培育的"全国15家大型商业企业集团"之一,中国最大的商业零售企业。截至2011年年底,苏宁在中国大陆300多个城市开设了近1 700家连锁店。2011年销售规模预计达1 800亿元,目前员工17万人。在商务部统计的全国前100家连锁企业中,位居前三甲,品牌价值728.16亿元。

苏宁电器的发家史很大程度上离不开张近东个人的努力和家族的支持,但张近东坚持"强化"苏宁团队的集体奋斗,并以"股权大派送"的形式实现老板与职业经理人的"团队致富"。

在创业发展早期,张近东就意识到以服务为企业核心竞争力的重要性,坚持"服务是苏宁的唯一产品",首创自营服务,并依靠"淡季打折"等创新模式迅速成为中国空调销售冠军。1999年张近东率苏宁全面切入综合电器领域,提出"3年1 500店"的发展目标,带领苏宁走向全国,率先开创了家电连锁发展模式,引起了深远的行业性变革,直接推动了中国现代零售业的发展进程。

在全国连锁过程中,本着"信息化、标准化、专业化"的发展策略,张近东又先后开创了"1200工程"、"3C模式"、"5315工程"、"3C+模式"、"旗舰店战略"、"后台战略"等系列经营管理创新模式,领导开发了全球领先的SAP/ERP系统,打造了自主培养为主的专业化人才梯队,构筑了国际化的管理平台。2004年苏宁电器在深交所中小企业板上市,成为中国家电连锁IPO第一股,这些都为苏宁电器的长远发展奠定了坚实基础。

(一)实施1200工程

1."1200工程"来历

早在1993年,苏宁电器董事长张近东先生便意识到电器经营发展需要成熟的专业人才,开始引进应届大学毕业生。实践证明,在那个年代,苏宁能够做出这样超前的决定是具有战略眼光和思维的,其中许多人才成为苏宁今天的栋梁,甚至包括集团副总裁的层面。2002年,苏宁迫切需要建立一支以大学生为主的人才队伍,为此,一项专项人才梯队建设计划便应运而生。"1200工程"是苏宁进行大规模人才自主培养的项目,企业建立招聘选拔、轮岗实习、培训培养、考核激励与晋升提拔的系统及发展规划体系,目标在于通过全面、系统、专业的培养,使应届大学毕业生在2~3年时间内,成长为集团中层管理团队的核心骨干,成为苏宁企业未来发展的中流砥柱。

2.“1200 工程”发展现状及效果

从1993年苏宁首次引进应届大学毕业生至今,“1200工程”连续实施了十期,共引进培养了近2万名高素质应届大学毕业生。根据苏宁企业发展战略与人才储备计划,2011年9月启动的苏宁“1200工程”十期计划招聘人数高达4 000人,这也是有史以来单期规模最大的一次,苏宁电器“1200工程”招聘人数规模迎来了跨越式、几何级增长。目前,“1200工程”员工作为集团“接班人”的定位得到广泛认同与重视,人员需求也从综合管理岗位向一线管理岗位扩展,成为公司各部门最抢手的人才。

苏宁“1200工程”的成功实施与发展得到社会的广泛认可,在广大学生、教师,以及政府、媒体中享有较高的影响力与号召力。家电零售连锁作为近10余年来的新兴产业,社会上并没有成熟的经验和案例可以借鉴,国外的类似企业又不符合中国的市场环境和消费特点。因此,通过“1200工程”培养的成熟专业人才,对苏宁电器的进一步发展具有重大意义。另一方面,“1200工程”培养的人才不仅符合企业管理精细化、信息化、国际化、专业化的目标,又能够与企业文化配合融合;再者,“1200工程”员工又都是刚刚步入社会的大学生,对未来充满了憧憬和期望,怀着成就一番事业的激情加入苏宁,工作投入和努力程度都非同一般,成为一股一股源源不断的新鲜血液注入公司,而苏宁快速发展也给每个员工提供了充足的成长空间,“内部提拔、大胆任用”不拘一格的人才使用观,真正实现了个人利益与企业发展的高度统一。

(二)“3C”模式与“3C+”模式

“3C模式”是指计算机、通信和家电的相互融通。进入21世纪,我国的手机、数码产品、IT等消费市场急速膨胀,相比传统家电产品市场更为开阔,产品利润空间也十分可观,因此,众多传统家电制造商纷纷上马3C产品生产线。2003年,我国3C产业全面铺开。同年3月,苏宁在南京开设了全国首家3C旗舰店,全面引入3C产品线,开始了电器、通信、IT产品的综合经营,并获得了巨大市场反响,3C经营模式迅速在全国范围得到了推广并为业内同行广泛借鉴。

2006年,苏宁推出“3C+”模式,并被国内知名媒体评为“2006中国十大营销事件”。“3C+模式”,其具体含义是:“+”就是“家”,是一个完全“以客户为中心”的3C经营模式;“+”就是“加”,就是在以前的3C模式上体现出人才更专业、产品更丰富、环境更舒适、系统更先进、服务更全面、购物更方便6大特点;“+”还是“佳”,即追求更好的服务,围绕消费者需求不断调整升级。

2006年7月1日,苏宁第一家3C+旗舰店——南京新街口店开业,3C+模式首次亮相,便引发了一系列连锁反应,给家电行业发展树立全新的行业标准。

(三)“5315 工程”

3月15日,全国家电连锁巨头苏宁电器宣布,将启动为期3年的“5315”服务平台建设工程。这一工程的具体内容是,在全国建设500个服务网点,30个客服中心,15 个物流基地。这一工程是苏宁电器阳光服务的升级行动,其目的在于实现苏宁电器服务平台的标准化、连锁化、规范化和信息化,以强大的连锁服务平台支撑店面和销售规模的扩张。

“5315”服务平台建设有利于苏宁营销服务的创新,为苏宁服务体系赚取利润提供了制度保障。长期以来,苏宁服务体系的收入来源于以下两个方面。在商品的三包期内,苏宁代替生产厂商直接为客户提供配送、安装、维修服务,从生产商获取服务报酬;在商品的三包期外,苏宁直接为客户提供维修、清洗、延长质保等以从用户处获取收益。目前,苏宁售后服务每年为公司提供上千万的利润,随着服务平台规模的扩张、服务能力的升级,服务在增收节支方面的价值会越来越显著,成为苏宁电器更强的利润保障。

案例评析

什么是企业家,早在 1800 年左右,法国经济学家赛伊就曾指出:“把经济资源从生产效率低、产量小的领域转到生产效率高、产量达的领域,便是企业家。”在熊彼特学派中,企业家就是创新家,他们根据市场、环境等的变化,不断地寻找变革的机会并对其做出反应。具体而言,领导者可以通过个人创造力、团队创新和组织创新 3 个层次对企业创新进行影响。

首先是个人创造力,具有变革性领导风格的领导者能激发下属思考,并具有领袖的魅力,一方面通过感召力激励下属,另一方面为下属提供个性化的关怀,从而鼓励员工发展和自我表现,有利于激发员工内在动机,提高员工的创造力。此外,领导者可以通过良好的创造性氛围的构建,辅助员工个人创造力的提升。具体而言,在组织中 ,员工会综合其接受的各种信息,形成个人对于组织行为模式和组织期望的认识,这些认识就是员工的心理氛围。如果领导者能够树立创新模范作用,能让员工感受到领导者对创新行为的支持,如绩效、组织解决问题的弹性等,能够带动下属对创新行为的感知程度,提高个人创新能力。

第二是团队创新,首先,团队领导者应帮助团队建立和共享创新目标,并像营造创新的员工心理氛围一样,营造团队创新氛围,并培养团队效能感。所谓团队效能感,即团队成员对团队工作能力的信念。效能感的提高,能够带动团队成员的积极性,保持团队的努力程度,优化团队表现。此外,对团队成员的信任、授权等也会增强团队成员的认同感和信心,这些都会影响成员的积极性与创新意图。

第三是组织创新。企业家是推动企业发展的创新者。如张近东一样,他们习惯于把新技术、新方法用新的组织形式引入企业中,从而实现生产要素的新组合并获得潜在的创新收益。

总之,企业家可以通过多重作用机制与方式,促进其团队的个人创造力和团队以及组织创新水平的提高。

三、选择合适的创新战略——格兰仕的飞跃

企业实现升级和创新的最佳路径是首先通过简单的委托代工(OEM)到模仿创新,研发设计(ODM),并最终建立自主品牌(OBM)。近十余年来,委托代工在中国大地上如火如荼地展开,在对外贸易中的份额始终占据50%以上,成为贸易顺差最重要的贡献力量,但是,随着劳动力成本优势的下降、行业生产规模的扩大,这类企业普遍面临利润率下降、发展速度减缓等问题,许多企业正在做二次发展方面的尝试。

格兰仕集团是一家世界级综合性白色家电品牌企业。1978年,格兰仕由一个7人创业的乡镇小厂开始发展,从引进生产线,为国外企业做OEM起家,发展至今天拥有近5万名员工的跨国白色家电集团,占据国内市场75%的份额,国际市场45%的份额。格兰仕过去30多年的创新发展历程,是改革开放成功推进的一个企业标志:在第一个10年里,格兰仕荒滩创业,创出了一个过亿元的轻纺工业区;在第二个10年里,格兰仕从轻纺业转入微波炉业,是中国首批转制成功、建立现代企业制度的乡镇企业之一,并迅猛赢得微波炉产销"世界冠军";在第3个10年里,格兰仕开始打造一个以微波炉、空调、冰箱、洗衣机、生活电器、厨房电器为核心的跨国白色家电集团。百届广交会期间,国家商务部网站公布的一份针对"中国制造企业品牌知名度"的调查报告中,格兰仕品牌在外商最喜欢的中国品牌中,名列第一。

(一)引进技术,开拓市场

1991年,公司高层认识到羽绒产品的出口前景不佳,所以决定转移到一个更具有前景的行业上去。1992年,格兰仕以400万美元从日本东芝公司引进了当时最先进的微波炉生产线及相关技术,并聘请东芝公司的管理人员从事生产线的管理与维护工作。1992年9月,第一台以"格兰仕"为品牌的微波炉正式诞生。1993年,格兰仕试产微波炉1万台,开始转向家电制造业为主;1994年,面对恶劣的宏观经济环境以及洪水的侵袭,格兰仕当年实现产销10万台;1995年,格兰仕成为行业的领导者,市场占有率达25.1%,位居市场第一;1996年,格兰仕在全国范围内打响价格战,平均降价幅度达40%,市场占有率达34.7%,企业无形资产达38.1亿元。

(二)消化吸收,大力贴牌

同年,格兰仕获得了ISO9001国际质量体系认证,不仅成为了中国第一家获此认证的民族品牌,而且随后又通过了德国GS、欧盟CE、美国UL等多国质量认证体系。自此,格兰仕微波炉走上了国际的舞台,并借着当时欧洲各国对LG等韩国微波炉品牌实施反倾销制裁之时,大举进入欧洲市场,迅速补充了韩国企业退出所留下的市场空缺,将被韩日企业垄断多年的国际微波炉制造市场夺了下来。格兰仕生产的微波炉的国际市场占有率在1998年也达到15%。格兰仕开始通过OEM的

方式，推行出口战略，开始了国际化经营的第一步。

（三）技术突破，开拓国际化市场

1995 年和 1997 年，格兰仕集团分别在中国本部和美国设立了“家用电器研究所”和“格兰仕美国研究中心”；并于 2000 年提出了由“世界工厂”向“全球名牌家电制造中心”转变的战略，强调“世界名牌格兰仕造”。在 2000 到 2003 年间，格兰仕研发投入超过 10 亿元人民币，其每年的技术投入保持在占全年销售额 3% 的水平。其间，格兰仕出口的中高档微波炉设计全部采用其自有专利技术，实现了 OEM 向 ODM 的转化，有效地提升了企业整体的升级。从 1997 年到 2003 年，格兰仕的出口产品总量中，自有品牌与贴牌产品总量之比从 1:9 上升到了 3:7。

2001 年 7 月，格兰仕美国家电研发中心成功研制出世界首台数码光波微波组合炉，这是格兰仕集团的首个具有自主知识产权的专利技术。数码光波技术的研发成功，是格兰仕集团技术发展路径上的一个重要的里程碑。数码光波与微波炉的结合，产生了破坏式效应，为微波炉行业设定了新的标准。

磁控管是微波炉产业的核心部件，其制造技术一直被外国企业牢牢地把持在自己手中。为了降低成本，全面掌握微波炉生产技术以降低成本增加利润，格兰仕于 2000 年底正式启动了磁控管的开发项目，并于 2001 年年底初步研制成功，2004 年形成制造规模。至此，格兰仕已经完全掌握了微波炉所有相关的核心制造技术。

（四）自主创新，构建世界品牌

2006 年，公司提出了从“世界工厂”向“世界品牌”的转变，全面加强自主品牌在国际市场的建设和推广，从而进一步明确并完善了企业发展升级的道路。与此同时，格兰仕分别在中国总部及韩国首尔建立了“博士后科研工作站”和“格兰仕韩国研发中心”。技术研发的全球化布局大举吸纳了海外权威技术专家，专门从事家电产品尖端技术以及新材料、智能化的应用研究，截至 2011 年底，格兰仕已拥有家电专利 1 473 项，其中发明专利 166 件，世界首创的 UOVO 圆形微波炉等多项国际专利，完成了由 OEM 向 OBM 转型升级的飞跃。

案例评析

当前我国许多企业都选择通过“OEM”代工的模式起步，主要在于这种模式的进入门槛低、风险小。但 OEM 的劣势也同样明显，其技术、品牌不归自身，阻碍了自主知识产权与品牌的开发，从而导致“制造车间”的帽子难以去除；核心技术严重缺乏导致不得不长期面临利润微薄及恶性竞争的问题；对于技术底子的忽略使其创新意识、创新能力在短时间内都难以得到加强。基于这些劣势，依靠 OEM 起家是良好的选择，但若想将企业做大做强，仅仅做 OEM 是难以达到的。格兰仕的成功为我国制造业企业提供了很好的范式:全力开拓 OEM 业务,抢占产品市场,在产品市场扩大到一定程度时,开始创造自身品牌,利用引进的设备和资源,开始生产自主品牌。一方面,开始做市场创新,开拓非消费群体;另一方面积极寻求与国内外科研机构的合作,进行自主创新,逐渐将格兰仕从行业进入者打造成为世界最大的微波炉制造企业,继而打造成为行业领导者。

四、完善组织协调沟通机制——上海涂装工程有限公司[181~182]

上海涂装工程有限公司成立于 1992 年,是上海航天局所属的新力机器厂组建的具有独立法人资格的经济实体。1999 年公司改制,上海涂装有限公司由上海航天局上海航天汽车机电有限公司和上海新力机器厂共同持股,其中,上海航天局上海航天汽车机电有限公司持股 90%,上海新力机器厂持股 10%。

公司是一家从事汽车、摩托车、家电等涂装自动化生产线设计、制造、安装和调试于一体的专业化工程设备公司。公司拥有与德国通快公司数控激光切割机、数控多功能冲床等最先进的各种板材、精密加工的设备。获得了美国 BBR 和中国商检 CQC 质量体系认证。上海涂装工程有限公司从成立发展到今天,已经拥有 100 多位核心员工,公司设立工程部、技术部、市场部、质量部、制造部、行政综合部、财务部 7 个部门,在自动化设备涂装行业中起步较早,具有较强的技术实力和种类齐全的设备,在涂装行业内处于相对领先的地位。

由于公司由国营企业发展而来,其相对陈旧的管理体制曾一度影响到公司的进一步发展。在人力资源管理方面,公司沿袭了国有企业的特点,人员结构臃肿,关系复杂,使得公司在日常运行中效率低下。人员的配置和提拔任用也沿袭了原来的做法,老师傅的“传、帮、带”虽然能快速地为企业培养新鲜血液,但也限制了新技术、新知识的学习与应用。此外,由于公司管理体系的相对缺乏,组织结构主要是按照部门职能进行划分,每个部门仅仅负责其下辖的职责与权限,使得公司在生产制造、产品销售乃至售后服务上都缺乏有效的联系,也是公司发展乏力的重要原因。首先,生产部门与销售部门的脱节使得生产部门和技术部门对现今市场的需求预期处于停滞阶段,无法与时俱进地理解和满足客户的需求;其次,由于销售规模的逐渐扩大,销售和售后的分离,使得公司一方面耗费了巨大的精力去开拓业务,另一方面却越来越缺乏对客户的后续联系,进而失去了一部分潜在客户。由于企业的运行是一套从资金流到信息流、物流到生产流程、销售及客户维护紧密相连的过程,因此,公司人为地割裂成一个一个环节进行运行,使得上述问题在公司的发展过程中普遍存在。

2003 年,上海涂装工程有限公司开始进行管理改革,力图通过流程再造来进行组织结构重构,从而提高工作效率和企业反应速度,最终提高企业核心竞争力。

首先,将基层员工分成 5 个团队,每个团队由 10 名员工构成,以团队为整体,打破传统的部门边检,以任务为导向进行工作。团队成员各司其职,可以涵盖从生产准备到最终形成产品的所有任务，并且，员工可以在整个流程中进行轮岗和轮训，这样对公司而言，可以使员工熟悉更多的工作内容，建立起学习型组织的文化氛围，提高公司的发展潜力和工作效率。于团队成员而言，可以在不同工种中获得学习的机会，一方面找到更适合自己的工作；另一方面也可以提高员工自身的活力与积极性。这样的横向型团队构建，在反应时间、快速决策和顾客满意度方面都具有良好的效果，生产上，车间加工能力比以前增加一倍，每月可加工的钣金由原来的60～70吨提高至140～150吨，报废和返工比率也明显下降，工人的熟练程度和技能得到明显提高，同时具有两个工种能力和证书的员工占到了一半以上，为公司引进新技术从基础上做了保证。

其次，以团队为单位进行薪酬设计，因为团队人数较少，职能分工明确，个人的成长与竞争力直接关系到团队的核心竞争力，又直接与员工的薪酬挂钩，并通过月度奖金、季度奖金、年终奖金等方式鼓励业绩优异的团队，从而提高团队热情与员工积极性、消除消极怠工行为。

在生产部门进行项目管理取得了较好的业绩以后，公司将技术部门和销售部门也纳入到团队中，扩大初始阶段的团队职能。以前的情况是，技术部门的员工只能接触到工厂和产品中的技术问题，比如生产工艺的优化、产品的创新等，对于产品在用户现场的工作情况、用户对产品功能的需求等并不了解；而负责销售的销售工程师尽管对用户反馈和用户需求了解较多，却无法对产品前期的设计进行干涉，通过将技术部门和销售部门的融入，使公司产品的需求立即得到了提高。

2004年底，公司接到了长春一汽公司的涂装烘房改造项目，这项工程的规模十分浩大，并且是异地施工，增加了公司的难度。公司通过新建立的项目管理制度，将项目交给新建立的一个项目团队，并首先将项目分解为两个阶段。一个阶段由生产管理组完成，即车间和半成品的制作；另一个阶段以销售工程师为主，负责现场部件拼装和安装。由于是一套人马进行工作，在前期设计和半成品制作的过程中，就尽量采用统一的部件或互换性好的部件，负责安装的工程师对这些类型的半成品熟悉程度高，可以更为方便地进行后续操作，避免了前期产品和后期组装不合的问题，为项日的顺利进行提供了极大的便利。

案例评析

管理创新主要是通过流程再造来进行组织结构重构，提高工作效率和企业反应速度，从而提高企业竞争力。上海涂装工程有限公司通过重整业务流程，将组织结构扁平化和网络化，减少了内部冲突，使员工拥有了自主权从而大大调动了员工的积极性，增加了凝聚力。以绩效为评定标准，在强调提高顾客满意度的前提下，通过对原有业务的重新思考和设计，从而取得产品成本、质量服务以及市场反应速度的显著改善。此外,组织设计提高了企业的灵活性,摆脱了过去上层负担过重的职能式结构,提高了组织的工作效率。

五、积极培养、吸引创新人才——思科[183~184]

1984 年 12 月,思科系统公司(Cisco Systems, Inc.)在美国成立,创始人是斯坦福大学的一对教师夫妇,计算机系的计算机中心主任莱昂纳德·波萨克(Leonard Bosack)和商学院的计算机中心主任桑蒂·勒纳(Sandy Lerner),夫妇二人设计了叫做"多协议路由器"的联网设备,用于斯坦福校园网络(SUNet),将校园内不兼容的计算机局域网整合在一起,形成一个统一的网络。这个联网设备被认为是联网时代真正到来的标志。约翰·钱伯斯于 1991 年加入思科,1996 年,钱伯斯执掌思科帅印,是钱伯斯把思科变成了一代王朝。

思科是一个融会了多代人努力以及多元文化的跨国企业。截至 2009 年 7 月,思科员工总数已超过 65 500 人,遍布全球 92 个国家及 372 个地区。如何管理这一庞大的群体,对任何一个公司而言,都是复杂而又难以面面俱到的问题。但思科一直能保持整个 IT 行业内员工自愿离职率最低(见表 10.1)的企业之一。除此之外,其员工满意度也十分高(见图 10.1)。

表 10.1　员工自愿离职占员工综述的比例

年份	2005	2006	2007	2008	2009
离职率	4.59%	5.45%	4.52%	5.01%	3.22%

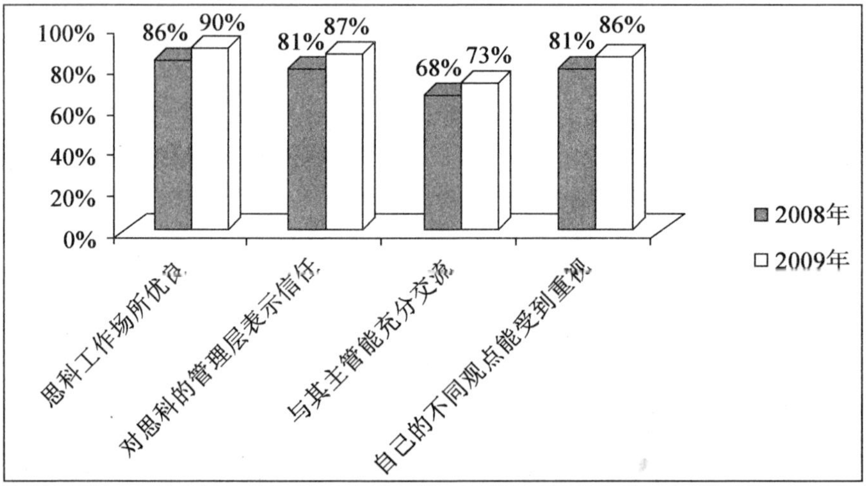

图 10.1　思科员工工作满意度调查图

思科企业事务高级副总裁 Tae Yoo 说:“针对我们的员工,我们努力营造一种鼓励员工创造更佳业绩的企业文化。我们提供极具吸引力同时又充满挑战性的职业环境以及事业发展平台,旨在激励我们的员工为信息与通信技术(ICT)行业做出显著贡献。同样,我们还鼓励员工发起企业社会责任倡议以及其他活动,从而促进经济的可持续发展、改善社区生活。”正是因为良好的人才战略,使得思科市值于2000年跃居世界第一。

(一)合理的薪酬体系

在设计薪酬时,思科进行了全面的市场调研,以确保员工的底薪以及最终的薪酬具有足够的竞争力,但也不会为企业运营成本带来更多的负担,思科的薪酬水准只是在业界的前1/4。因此,只能说,思科的薪酬在业内具有一定的竞争力,但并非是思科人才战略中最关键的部分,合理的薪酬体系设置,是公司员工对薪酬满意的主要原因。思科的薪酬设置主要分为3个部分。

1. 业绩奖金

对于销售人员,思科每年都会制定当年的销售计划,包括具体的销售数量、渠道建设等,各个区域、各个部门由上到下、由下至上制定工作目标,然后根据工作计划的完成情况以及为公司创造的价值等来安排销售奖金;对于非销售人员,其业绩奖金决定于其完成的工作量、客户满意度、公司整体财务情况以及个人表现。

2. 年度绩效考核

年度绩效管理(ePM)审核与发展流程,为思科员工提供了总结过去一年的成绩、确定下一年新目标的机会。ePM 评估提供了员工和经理间的对话框架,使员工能发现自己的优势、问题和为实现职业目标所需采取的行动。ePM 流程也是思科整体薪酬回报的一个重要组成部分,思科整体薪酬回报是根据员工对公司所作贡献而奖励员工的薪酬理念。

ePM 流程的一个重要部分,是就员工与其合作人、同事和管理人员进行团队协作的技能和工作表现收集反馈。该反馈不仅来自于员工所处的工作组,而且也来自其他与该员工定期合作的职能部门与团队,这样,就能够全方位、完整地了解该名员工的工作表现以及协作技能。

3. 期权

思科实行全员持股模式,普通员工所拥有的股权占公司总股权的40%。公司每年会根据业绩情况发放一定的期权,也就是说,在公司的时间越长,其期权的数量将会越大;公司的业绩越高,其期权的价值也就越高。当整个 IT 业界都渐渐对期权的魅力失去兴趣的时候,思科(中国)的人力资源总监关迟认为,思科之所以一直保留期权制度,主要是在于调动员工的积极性,使员工随着入职时间、公司的发展而得到个人价值的提升,这比工龄工资或者单纯的绩效奖金会更加科学。

(二)灵活性与信任

思科认为生产力、灵活性、信任以及员工流失等因素间存在着相关的关系。因此,思科一直努力营造一种充满灵活性与信任的文化,令高绩效员工在为公司创造价值的同时,也能够保证一种平衡健康的生活状态。一方面通过自己的技术营造一种协作式工作环境;另一方面为员工提供自主决定工作方式、工作时间及工作地点的自由,从而成功实现上述目标。通过这种做法,思科本身就成为一个最好的例证,它充分证明了信息与通信技术(ICT)为当今工作环境及员工所带来的变革。通过思科技术,员工可不受地域影响,实现高效工作,无论他们身处何处,都能够像在办公室内一样随时获取实时业务信息,并与全球任意地点的同事和客户交换意见。灵活的工作时间表赋予员工充分的选择自由,令他们协调好工作与家庭生活的关系。对于有子女的员工来说,这种灵活性使他们既有机会从事富有挑战性的职业,同时也能享受到充实圆满的家庭生活。而对于有父母需要照顾的员工来说,这种灵活性使员工既能尽孝双亲,也能够实现自己的职业抱负。

2008 年 10 月份,思科进行了一次远程工作人员调查,期间对近 2 000 名公司职员进行了深入调查,旨在评估远程办公对社会、经济以及环境的影响。大部分受调查者认为,由于他们能够在各种不同地点,包括家里进行办公,他们在工作与生活的协调度、生产力以及总体满意度方面都实现了显著提升。随着现代办公环境的日益演变及全球化趋势,越来越多的企业转向采用远程办公方式,以节省成本、降低碳排放和留住高级人才。此次调查凸显出有效的远程办公战略为员工及雇主所带来的好处。虽然远程办公并不适用于所有工作,不过我们发现,企业通过令身处不同地点的人们共同工作,可以将效率和效益提到一个全新的水平。事实上,公司每年通过允许员工远程办公,显著提升了生产力,从而节省了 2.77 亿美元。

(三)重视员工的职业规划

正如思科在客户需求及市场突变时采取综合化、全方位对策的企业战略一样,在员工发展政策方面也着眼于全体员工:员工会如何为集体的成功做出贡献,他或她在未来将有可能会为集体做出哪些贡献。思科通过完善的培训计划不断提高员工的技能,并通过创新的学习机会为其个人成长做出贡献。思科逐渐形成一种跨职能部门的领导方法,即“协作管理模式”(Collaborative Management Model)。通过任命若干同级别的领导成员,让他们在营造的企业环境中大显身手。为了实现这一目标,思科启动了一些旨在提升领导技能的计划,使他们能够广泛运用思科的协作技术、社交网络渠道以及 Web 2.0 技术。

对于高层管理人才,思科明确指出能够帮助他们实现积极成长目标的领导行为。思科领导者培养(C－LEAD)模式定义了思科希望其领导者具备的素质,以及领导者在相互交往中希望对方具备的素质。2009 年,思科将 450 余名高级管理人员纳入高层管理人员评估和培养流程(Executive Assessment and Development Process)中。思科的高层管理人员评估和培养规划依据个人而定,并得到扩展性高层管理人员培养及内部指导计划的支持。通过高层管理人员行动学习论坛(Executive Action Learning Forum),思科为那些潜力无限的领导人员提供机会,通过让他们负责重要的战略性项目,加快他们个人事业的发展。该论坛是思科的代表性项目之一,被业界公认为最佳实践,它将一流商学院的教育内容,引入公司战略性项目的运作中。

对于基层管理人员和员工,思科重点促进他们的学习与发展,以提升学习成效,并在整个企业内合理利用培训资源。公司成立学习与培养解决方案小组(Learning and Development Solutions Group),它的工作重点是培养优秀而且与企业核心业务保持一致的员工,同时提供客户支持方面的培训。该团队的首要目标是满足思科核心业务的学习需求,同时创建一种能够在全公司内合理分配和利用学习解决问题的方法。公司希望把思科的学习与发展方法变成一种全球业务“加速器”,以及与其他竞争公司在员工、合作伙伴和客户的一个关键差异化优势。

此外,思科还建立了传统式的学习,包括思科管理系列课程和思科领导系列课程供员工免费学习,并通过非传统、非正式的课程学习,如构建的“我的学习网络”(My Learning Network),满足公司员工自我知识补充,并对每名员工提供 Safari 电子书阅览证等。

2009 年中,思科建立了员工敬业度管理团队,其目的是评估和完善我们员工的工作体验。该团队的工作重点是改善工作体验、加快职业发展、扩大管理人员技能组合,以及增强公司的包容性与多元化,进一步了解员工的需求、员工对公司的满意程度等。

(四)培养员工的归属感

员工归属感是指员工经过在企业的一段时期的工作后,在思想、感情、心理上对企业产生了认同感、公平感、安全感、价值感、工作使命感和成就感,这些感觉最终转化为员工的企业归属感。思科公司通过建立卓越的沟通中心、对员工的充分关怀、包容性与多元化文化等增强员工的归属感。

1. 卓越沟通中心(Communications Center of Excellence)

思科鼓励员工使用 Web 2.0 社区网站及相关工具表达自己的想法与意见。思科也使用协作技术以个人化的方式及时、坦诚地向员工传达自己的信息,从而在信息获取方面,给予员工更多选择的自由。卓越沟通中心是一个由员工创建、服务于员工的资源中心,它采用 Web 2.0 技术,提供有关最新工具及做法的信息,从而在公司内部实现有效的沟通。通过博客、社区论坛以及其他协作技术,员工可组建虚拟团队,就某一话题或关切问题征集及交换信息。该中心也会为员工提供有关最新协作工具的信息,并提供相关的培训及指导。

2. 对员工的充分关怀

例如,生日谈心(Birthday Chats)是思科一贯坚持的一项传统,它为思科董事会提供了一个与员工一起庆祝私人节日的机会,也为他们提供了一个敞开心扉共享信息的机遇。Birthday Chats 每隔一个月举行一次,它提供了一个开放的论坛,员工能够在这里发表自己的观点,提出疑问,并为各种问题寻求不同的观点或见解。在公司总部工作的员工可亲临现场或利用思科电视远程参与活动,而位于其他远程地点的员工则通过思科协作技术参与到活动中。活动结束后,公司将通过内部网向所有员工提供一个按提问编排的完整视频。由于其规律性和坦诚性,这种谈话活动已成为思科沟通程序中的一个基本要素。

3. 包容性与多元化文化

在思科公司,包容性与多元化是一种业务需要。员工的个人身份、国籍、性别、工作方式、生活方式、观念以及期望各不相同。思科总部的一位高层管理人员如是说道:"公司努力营造一种文化,使所有员工能够为公司贡献其全部潜能,帮助思科实现愿景与目标。但是并不仅仅是多元化令我们的公司变得强大,还有我们充满包容性的做事方法,正是通过这种方法令我们走到一起,携手合作和创新。我们的文化确保了更多不同的观点和看法都有其容身之地,这样我们便创造出最佳、最具创新性的产品和服务。我们相信在整个组织的所有级别内,将技能、经验和观点的多元化原则融入我们的文化,这一点至关重要。"

案例评析

企业在生产规模和产品产量上进行发展的同时,更要从产品质量、科技含量上提高水平,不断开发新技术、新产品,提高企业核心竞争力。而这一切的发展最终取决于人才的发展。因此,人才发展是企业可持续发展和提高核心竞争力的关键因素。人才发展主要在于人才培养与引进、人才使用与集聚。思科的人才发展模式,从薪酬体系、职业规划上激励员工;从员工的工作弹性与员工信任提升员工积极性;从提升员工的归属感上集聚员工,这些都是吸引、留住创新新人才值得借鉴的。

六、加强对先进设备的引进和消化吸收——科达机电[185~187]

广东科达机电股份有限公司创建于 1992 年,坐落于民营经济繁荣的广东省佛山市顺德区陈村镇广隆工业园,2002 年 10 月 10 日在上海证券交易所挂牌上市,是一家以生产制造陶瓷、石材、墙体材料、节能环保等大型机械及机电一体化装备,并从事陶瓷、石材整线工程建设和技术服务的专业公司,也是目前国内专业性、配套性最强的建材装备研发生产高科技企业。

科达机电自1992年筹资不足9万元,从事简单的陶瓷机械维修业务的作坊式工厂创立以来,始终立足于自主创新,坚持走持续创新发展之路,短短十几年时间,其迅速成为中国陶瓷装备的领军企业,到2011年,科达机电共实现年销售收入24.9亿元,年税后利润3.49亿元,总资产47亿元。实现综合实力行业排名中国第一,世界第二(按产出总量计,则为世界第一大陶机装备供应商)。

回顾总结科达机电的成功经验,最核心的因素就是持续不断的创新。从消化吸收到模仿创新最终达到自主创新,科达的成长之路是一个紧紧围绕国家的产业政策导向,在大有可为的节能减排领域,立足自主创新稳健地拓展企业的业务范围,实现公司业务的不断转型升级,获得滚动发展不断壮大的历程。

科达机电从依靠创新滚动发展不断壮大的过程来看,主要走过了以下6个阶段。

第一个阶段:1992年成立初期初创基业的阶段

科达机电成立初期的理想和目标,是立足于自主创新实现陶机装备的国产化,打破国外装备技术的垄断,支撑国内建陶产业的低成本发展。1992年末成立时,由于资本金仅有9万元,还没有条件实现依托主导产品规范化的经营运作。因此,选择了一边做技术服务积累资本,一边通过学习模仿国外先进的技术和产品,开发国内市场急需的陶机装备。1995年,科达机电已经相继开发出了瓷砖磨边机、刮平定厚机和抛光线机,在世界上独创了抛光砖的五工序抛光工艺,完成了抛光砖深加工设备的国产化。而科达机电在这3年中也实现了企业发展资本的原始积累,为下一个阶段步入依靠主导产品实现规模化、规范化经营奠定了基础。

第二个阶段:以抛光砖深加工整线装备的诞生为标志,科达机电步入了依托主导产品实现滚动发展的经营阶段

科达机电1992年开发出了中国第一台陶瓷磨边机,1994年开发出了中国第一台刮平定厚机,1995年开发出了当时陶瓷机械领域还属于国外控制技术的抛光机和磨边机,当时,进口抛光机的价格是1 000多万元,科达抛光机的价格是200万元;进口磨边机的价格是100多万元,科达磨边机的价格是20万元,均为进口设备的1/5,而设备及性能也能达到国际水平。科达此举结束了陶机被以意大利为代表的国际陶机生产国所垄断的时代,使得陶瓷企业购买抛光砖深加工整线设备的综合成本大幅度下降。这一开拓性的进步,也让企业抓住了抛光线机这一领域的垄断地位,是企业发展的第一轮黄金期,到2002年,抛光线机的盈利能力达到了顶峰,完成了2个亿的销值,实现了2000万的利润,并于当年实现了上市,

第三个阶段:科达机电攻克大吨位压机技术,标志着建筑陶瓷装备核心技术实现了国产化同时形成了科达机电第二轮发展的主导产品

在第一轮的主导产品——抛光线机的赢利能力如日中天时的1998年,科达即

着手攻克大吨位压机的核心技术。立项伊始，科达高层就明确提出两条指示：(1)给资金给政策全力以赴保成功。(2)科达愿意承担项目失败可能造成的所有损失。研发阶段，所有技术人员几乎每天工作到晚上10点以后，中间仅休息过一天；生产组织阶段，正值严冬，项目负责人许建清几个月马不停蹄奔波在东北、华北各厂家跑外协；生产装配阶段，全体项目人员齐上阵，动不动就是几十吨的横梁、底座没有挡住科达的汉子们；调试阶段技术人员忍受着病痛仍然战斗在一线。一切困难仿佛都被科达人顺利克服掉了。1999年4月，唐山，科达第一台KD3200压机调试完成达到拆机条件。又经过了5年时间的完善，到2004年，大吨位压机开始产生效益，为市场广泛接受，奠定了科达机电陶机装备主要供应商的行业地位。经营业绩由单一主导产品抛光线机时期的2个亿上升到了4个多亿，业绩增长了1倍。不仅如此，从1999年开始，科达机电开始参与国际陶瓷工业展，在国际上的知名度不断提高，并与众多国际知名陶瓷企业建立了良好的合作关系，到2004年，科达机电出口额较2000年增长了309.5%。

第四个阶段：以形成整厂整线能力为标志，科达机电的“创新”形式实现了由单机技术设备创新到整线装备集成优化创新的跨越

1999年开始，科达机电着手优化组合国产陶机装备，开始向国外引进陶瓷整线工程技术，2002年，站到行业制高点观察行业形势的科达机电决策层又把目光瞄准了操作难度最大的整厂整线工程能力的提升和集成创新，第一条国产整线工程在肇庆R.A.K公司诞生。2003年11月，科达机电的大规模陶瓷墙地砖自动成套设备通过广东省科技厅的技术鉴定，标志着陶机装备技术的国产化任务全部完成。2007年至今，科达迎来了整线装备的收获期，至此，从总产量的角度讲，科达机电已经成为事实上的世界陶机装备行业的第一大供应商。

第五个阶段：干法磨边机和超洁亮生产线的研发成功，使中国的陶机装备技术完成了从“抄”到“超”的历史性跨越

2005年5月15日，在第十九届中国国际陶瓷工业展览会上，科达机电推出的包括“魔术师布料系统”、“干法磨边生产线”等均属于世界首创技术，标志着国产陶机装备技术已实现了由“抄”到“超”的跨越。

第六个阶段：紧跟形势，注重环保陶瓷的开发

在陶机装备技术创新的历史任务完成之后，陶机装备市场的增长空间已经接近顶峰。随着人们对环境问题的逐渐关注，国家开始对高污染、高耗能的企业进行整顿。同时，随着石油、煤炭、电力价格的持续上涨，科达机电决定主动调整创新方向，经过仔细的论证和筛选锁定了急需国家大力提供政策扶持的清洁能源和节能减排方向，于2005~2006年着手新型能源领域的清洁煤技术的研发、大规格陶瓷薄板的研发、废物料循环利用的新型墙体材料和人造石材的研发，并取得了突破性的

进展，获得了多项创新成果，为我国的清洁能源供应、能源安全的保障和建材行业向节能降耗绿色生产方向发展又贡献多项新技术，诸如新型能源领域的清洁煤气化技术、粉煤灰和陶瓷废渣等固体废弃物制砖技术等。这些绿色生产模式的重要技术成果，已经进入市场化推广的阶段，得到了市场的积极响应和好评，产生了显著的经济和社会效益。尤其是科达清洁煤技术更是为中国的大规模经济建设提供了最为现实的清洁能源解决方案。

案例评析

我国制造业技术水平相对于西方国家的落后是不可否认的事实，在这样一个大背景中，要完全通过自身的努力去赶超国外的水平是极为困难的，也不是明智之举。广东科达机电的成功提供了一条对先进设备引进和消化吸收而成功的道路。从技术引进到技术发展、从分散技术的研制成功到核心技术的彻底掌握、从模仿创新到完全自主创新，广东科达机电走出了一条从仿造到超越的转型发展之路。

七、推行绿色制造——扬农化工股份有限公司[188~190]

江苏扬农化工股份有限公司位于历史文化名城扬州，坐落在风景秀丽的古运河畔。公司成立于1999年12月，主营业务为农药、氯碱、精细化工产品，是国内规模最大的新型仿生农药——拟除虫菊酯生产基地，也是我国目前规模最大、品种最全、技术水平最高的菊酯生产基地。公司已于2002年4月成功上市。已通过ISO9001(2000版)质量体系认证、ISO14001环境管理体系认证。为满足国内及国际市场的需求，响应国家及地方政府退城进园的要求，公司在2003年底在扬州化学工业园投资设立了子公司——江苏优士化学有限公司，主要从事菊酯中间体及农用类拟除虫菊酯的生产。

作为生产以农药为主的企业，其仅仅用了10年的时间就赶超了国内外同行50年的发展水平，成为国内最大的菊酯生产基地，并已实现销售收入21亿元、利润2.23亿元。

公司秉持“对客户负责、对员工负责、对股东负责、对社会负责”的经营理念，坚持以科学发展观为指导，立足国内国际两个市场，专注农药产业，使企业保持了平稳较快的发展势头。由于行业的特殊性，使得外界惊叹于扬农化工取得的骄人成绩的同时，也担心这些销售业绩以及创新成果的取得，将对环境造成严重的污染。不过，扬农化工以健康、安全、环保这三项环境指标，证明了自己不仅不是环境污染的重头企业，而且其各项指标均优于认证标准。

(一)持续改进，源头控制

扬农化工的生产基地与扬州主城区相隔很近，并且坐落在运河畔。因此，公司深知对环境造成污染无异于消灭自己的企业，公司一直具备很强的危机感，始终把环境保护工作放在企业规模扩展和科技创新的首要位置。

公司以源头治理为原则，对设备进入生产领域严格把关。一方面，扬农化工对购买的生产线进行环境保护的严格把关；另一方面，公司的技术研发部门一直严守以环保为前提的研发目标，对研发的新产品不仅仅要性能过硬，更要进行环保论证。在生产工艺选择方面，公司将环保性放在第一位，宁愿多花成本，也要对污染物进行严格控制。

2001 年，扬农化工已通过 ISO14001 环境管理体系认证。近几年来，公司通过内部评审和外部监督的方式，使环境管理体系一直处于有效运行、持续改进的状态，取得了良好的管理效益和社会评价。

公司在生产过程中，严格控制环境污染物的产生和排放，密切关注重点污染物的浓度，定期开展对重点污染源的评审，详细制定污染控制方案。大力推广 DCS 集散控制技术，提高生产的精细化程度和生产过程的稳定性，在确保生产线对环境影响尽可能小的同时，尽量杜绝生产异常对环境造成的影响。

公司注重生产环境和企业文化的发展，在扬农化工的内部，尽管密布化工设备，但园区绿化覆盖率达到 60%，子公司优士化学用于环保和厂区绿化的投资达到 3 600 万元，达到总投资的 20%。公司将环境保护作为企业文化灌输到每一名员工的头脑之中，有计划地组织对各级人员从意识、能力到技能、操作进行环境保护培训，使员工自发地参与环保工作。

（二）节能减排，清洁生产

公司在节能减排方面各级职责明确，先后制定了有关能源控制、清洁生产管理、物料消耗管理等各方面的管理制度。

管理上，公司通过建立合理的奖惩制度深化节能减排工作的进一步开展，并形成详细的部门以及个人奖惩方案，对节能减排成效显著的部门以及个人进行奖励。

节能方面，公司建立完备的计量管理体系，配备充分的计量器具，保障节能减排工作的有效实施。每个工段都安装有废水流量计、蒸汽表、电表以及水表，对于每个点产生的水、电、汽都能够进行计量，并有专门的计量室对各类计量器具进行校准，确保计量的准确。同时，公司通过设备改造，引用先进设备取代高耗能设备，并积极推广节能技术，对生产过程中的废气和废物进行综合利用。2008 年，公司保证产值稳中有升的情况下，生产车间蒸汽量下降了 6%，用电量下降了 0.4%。

减排方面，公司为了积极响应国家节能减排的要求，自 2007 年 4 月 30 日起专门成立了废水减排及清洁生产的攻关小组，通过工艺、技术的改进，到 2008 年 5 月为止，公司先后投入近 1 亿元用于技术改造和先进的环保、节能设备装置的引进，废水总量累计下降了 30% 以上。

公司通过工艺水平的提高，进一步提高清洁生产的能力。扬农化工紧紧围绕减少废水和降低物料消耗两方面，积极改进工艺。在消旋后处理工序，采用了中和法替代原皂化酸化工艺，使该工序废水量减少了80%；在酰氯化工序，通过调整合成方式，使含有氯化亚砜的溶剂实现了直接套用，减少了处理溶剂时产生的废水量，同时降低了氯化亚砜的消耗，使氯化亚砜的耗用量减少了10%。在多个合成反应工序通过优化原料投料的比例，在保证反应转化率达到正常水平的同时减少原料的耗用，仅烯酯合成工序，原料醋酸钠每年的耗用量就减少了4.5%。

（三）引用技术，优化治理

公司的主营业务以农药为主，其废水中COD含量一般达到2万mg/L以上，通过传统的稀释COD至1 000 mg/L后再进行升华，需要消耗巨大的水资源，不符合清洁生产的要求。公司通过技术调研，选择了利用膜生化高浓度废水处理技术（MBR），2006年投入4 200万元建成了膜生化废水处理装置，攻克了高COD高含盐废水处理难题，进水COD浓度稳定在25 000 mg/L左右，COD去除率在90%以上，其中由于进水浓度的提高，每天可减少配水量1万t；投入1 500万元建设各类废气回收装置和工艺酸性气体降膜吸收装置10多套，引进国外先进的真空设备替代大量水循环产生真空的方式，解决了稀废水及废气的发生；同时，公司也投入巨资引进高效的蒸馏设备，减少残液的产生量。2007年，公司产品生产总量比2006年增长近40%，工艺废渣总量缩减20%以上。

扬农化工作为全国千家节能企业，坚持发展与节能同步、开发与节约并举的指导方针，以加强节能管理为基础，以产业结构调整为依托，以节能新技术、新工艺的引进推广为重点，切实加强组织领导，严格目标责任管理，提高全员节能意识，节能降耗取得了明显成效。

案例评析

正如扬农化工所从事的行业一样，我国许多制造业对环境也不可避免地产生破坏式影响。而扬农化工从理念入手，将“资源—产品—污染排放”的单向线性流程，向“资源—产品—再生资源”的反馈式流程转变，促进了发展方式的变革，逐步实现可持续发展。正是贯穿于生产与创新过程中的绿色理念，极大地增强了企业的生命力，其推行的环保理念与环保措施，无疑是公司的一次良好形象广告，为公司赢得了广泛的客户与美誉。

绿色创新是一种现代技术创新的新理念，是人类实现可持续发展、拥有高质量生存环境、享受健康生活的必然要求，也是未来技术经济发展的大势所趋。从环境角度而言，制造业的绿色创新能减少环境污染、节能降耗，对有限的资源进行充分利用，对新能源的开发提供有利的条件和广阔空间。从经济学角度而言，制造业的绿色创新最终目的是消除企业带来的外部环境成本，是当前制造业增强产品竞争力的重要途径。从企业的角度而言，绿色创新这一特色一方面为企业贴上社会责任与环保的标签，另一方面也使得企业在今后的竞争中能处于先手地位。

◈ 本书结论

本书在全面整理和分析现有企业自主创新系统、创新支持系统（体系）等理论的基础上，确定企业自主创新系统的模型，并对其内涵、要素、结构功能进行细致分析；在此基础上，结合黑龙江省装备制造业实际情况，对黑龙江省装备制造企业自主创新支持系统的运行效果进行实证评价，并进行仿真模拟。主要得出以下结论：

（1）在系统回顾国内外“创新支持”相关研究的基础上，界定了企业自主创新支持系统的内涵和特征。本书认为，企业自主创新支持系统是指有利于企业自主创新发展，帮助企业自主创新系统与组织内外进行物质、能量和信息等要素交换的运行系统；创新支持系统不是组织内外部环境因素的简单表现，而是各环境因素的有机组合和耦合运行，也即系统中各因素相互促进、相互制约，在动态发展过程中寻找推进组织创新行为的平衡点；创新支持系统除了具备一般复杂大系统的特征以外，还具有系统自我完善及演化发展性、开放性、系统耦合的整体性、涨落性、关联复杂性、可调控性（他组织性）等特征。

（2）企业自主创新支持系统由内部支持系统与外部支持系统构成。内部支持系统是指企业内部与创新系统相联系的创新支持要素，一般表现为管理与制度支持子系统、创新资源投入支持子系统、知识存量支持子系统、生产制造支持子系统、市场营销支持子系统 5 个方面。外部支持系统是指企业外部与创新系统相联系的创新支持要素，包括市场环境支持子系统、政策法规支持子系统、资源环境支持子系统、服务环境支持子系统、科学技术支持子系统、社会文化支持子系统 6 个方面。

（3）企业支持系统与自主创新系统之间始终处于不断调整和适应的动态过程。企业支持系统对其自主创新系统既有促进，又有约束作用，同时二者相互适应与调整。良好的支持系统促使自主创新系统向更协调、更完善的方向进化，为创新系统功能的发挥创造良好的条件。发展不完善的、消极的、失效并最终崩溃的支持系统会阻碍自主创新系统的演化及优化过程甚至会使之退化，抑制其创新功能的发挥。同时，自主创新系统也可以选择、影响乃至创造其支持系统。自主创新系统的发展演化会对其支持系统不断提出要求和价值目标，潜移默化地影响支持系统的内涵、特征、存在方式、功能表现等，推动支持系统的变革与发展。

(4)企业的创新活动受到内外支持系统的共同影响。其中,外部支持系统为企业自主创新提供了机遇,而内部支持系统为企业自主创新提供了条件保障。内外部支持系统相互联系、相互制约,共同支持着企业的创新过程。创新的主体是企业,企业内部各项人、财、物等有形资源和文化、信息等无形资源的综合运用是企业自主创新的条件保证。在此基础上,通过对政府、市场、中介机构及其他社会资源的有效利用和协调,通过宏观调控机制、市场导向机制、动力机制、协同机制和保障机制的有机结合,充分发挥外部环境对创新的推动和促进作用。

(5)运用微粒群算法(PSO)对黑龙江省装备制造企业自主创新支持系统的运行效果进行综合评价。通过对黑龙江省装备制造企业自主创新支持系统内涵、结构、功能的分析,结合评价的目的及原则,采用逐层细分的方法构建了支持系统的评价指标体系,并通过 PSO 模型对该系统的整体运行效果进行综合评价。具体而言,黑龙江省装备制造企业自主创新支持系统的构成子系统的运行效果分别是:管理与制度支持子系统、市场营销支持子系统、服务环境支持子系统、社会文化支持子系统属于“较差”,创新资源投入支持子系统、知识存量支持子系统、生产制造支持子系统、市场环境支持子系统、政策法规支持子系统、科学技术支持子系统属于“一般”;资源环境支持子系统属于“较好”。最终得出黑龙江省装备制造企业自主创新支持系统的运行效果为“一般”,表明自主创新支持系统对黑龙江省装备制造企业自主创新活动的支撑作用未充分发挥出来,支持系统有待完善与优化。

(6)运用系统动力学 Vensim 软件对系统模型进行计算机仿真,并对仿真结果进行分析。对装备制造企业自主创新支持系统中的典型要素变量进行了分析,分析了创新收益子系统和知识存量子系统的仿真结果。从仿真结果中可以发现,市场环境支持子系统与政策法规支持子系统对装备制造业自主创新活动影响较大,其包含的市场竞争、市场需求与政府物质投入因子对装备制造业自主创新活动的影响尤为明显。对系统的仿真主要侧重于系统对环境要素变化的敏感程度以及系统内部的运行机制和运行状态的观察与研究,仿真结果清晰地反映了在装备制造企业进行自主创新活动的过程中,创新收益与创新成本,企业知识存量系统的构成与创新不同阶段投入的影响关系。

(7)通过对黑龙江省装备制造企业自主创新支持系统的评价结果及仿真分析结果的比较分析,提出了黑龙江省装备制造企业内部支持系统的优化对策。具体而言,提出从加强企业创新文化建设,选择合适的创新战略,建立有效的激励机制,提高企业的自主创新决策水平来对管理与制度支持子系统进行优化;提出从积极培养、吸引创新人才,加大创新资金投入,提高信息获取能力和利用水平对资源投入支持子系统进行优化;提出从加强装备制造企业的知识产权保护,加强隐性知识的积累对知识存量支持子系统进行优化;提出从加强对先进设备的引进和消化吸收，推行绿色制造，通过工艺优化、缩短产品生产周期，推进信息化建设、加快装备制造业工业化和信息化融合对生产制造支持子系统进行优化；提出从树立超前的销售意识，重视新产品的售后服务对市场营销支持子系统进行优化。

(8)根据实证分析的结果，提出了黑龙江省装备制造企业外部支持系统的优化对策。具体而言，提出从鼓励企业积极参与国际竞争，努力扩大企业产品市场需求水平对市场环境支持子系统进行优化；提出从完善企业信用担保体系和融资政策，制定积极的政府采购政策，全面落实鼓励企业自主创新的税收政策对政策法规支持子系统进行优化；提出从建立稳定的财政科技投入增长机制、优化科技投入机构，加强基础设施建设、构建企业信息网络服务体系，提高人才培养与人才引进力度对资源环境支持子系统进行优化；提出从加快建设公共研发机构，加大对企业自主创新研发中心的支持对社会服务环境支持子系统进行优化；提出从提高科研机构科技产出的创新性，构建黑龙江省技术标准制定体系对科学技术环境支持子系统进行优化；提出从加强企业创新型文化的建设，积极发挥大学引领社会创新文化发展的功能，加大创新创业人才的培养、吸引、激励力度，全面提高企业自主创新能力对社会文化支持子系统进行优化。

虽然在本书的写作过程中笔者已尽了最大的努力，但由于自身水平所限，研究中还存在着不完善之处，如所选取的评价方法的适用性需进一步论证等。因此，笔者将在今后对这些方面做进一步的研究。

附录 A　调查问卷

黑龙江省装备制造企业自主创新支持系统运行效果调查问卷

各企业有关部门领导：

你们好！本问卷是我们正在进行的一项研究课题，旨在调查黑龙江省装备制造企业自主创新支持系统运行效果，希望您能认真填写这份调查问卷，请选择最接近您看法的答案。

本问卷均是采用选择答案的方式填写（均为单项选择），您只需在相应的答案上打"√"。我们将对您所有的回答严格保密，请不要顾虑，如果您希望得到我们的研究成果，我们将欣然提供。衷心感谢您的支持与参与，期望尽快收到您的反馈信息。

《装备制造企业自主创新支持系统研究》课题组

一、企业基本情况

(1)企业名称：____________________

(2)注册资本________万元；总资产________万元

(3)职工人数________人

(4)大专学历以上人数________人；其中从事研发工作人员________人

(5)问卷调查表填表人所在部门/职务/工龄：________________

二、企业自主创新支持系统运行效果

(1)以下为企业管理与制度支持子系统的各项要素的运行效果(请打分)

差——————好

1	高层领导对自主创新活动的支持力度	1	2	3	4	5
2	高层领导创新的预测和评估水平	1	2	3	4	5
3	高层领导的创新欲望和责任心	1	2	3	4	5
4	创新资源的优化配置能力水平	1	2	3	4	5
5	新产品研发机制有效性	1	2	3	4	5

6	企业创新文化氛围	1	2	3	4	5
7	企业的创新决策水平	1	2	3	4	5
8	研发人员的技术创新成果与工资收入和晋升机会的关联程度	1	2	3	4	5
9	组织协调沟通机制的有效性	1	2	3	4	5
10	组织学习能力	1	2	3	4	5
11	研发部门与生产、营销部门的合作程度	1	2	3	4	5
12	产学研或其他形式的合作研发机构的建设情况	1	2	3	4	5

(2)以下为创新资源投入支持子系统的各项要素的运行效果(请打分)

差——————好

13	科学家充裕程度	1	2	3	4	5
14	科技活动人员充裕程度	1	2	3	4	5
15	R&D 人员充裕程度	1	2	3	4	5
16	工程师充裕程度	1	2	3	4	5
17	科技活动经费的投入力度	1	2	3	4	5
18	技术改造经费支出的投入力度	1	2	3	4	5
19	消化吸收经费支出的投入力度	1	2	3	4	5
20	新产品开发经费支出的投入力度	1	2	3	4	5
21	企业信息平台的建设水平	1	2	3	4	5

(3)以下为知识存量支持子系统的各项要素的运行效果(请打分)

差——————好

22	知识产权(专利授权)	1	2	3	4	5
23	科技文献	1	2	3	4	5
24	人力知识资本	1	2	3	4	5
25	企业内部对创新成功经验、案例的认同度	1	2	3	4	5

(4)以下为生产制造支持子系统的各项要素的运行效果(请打分)

差——————好

26	工程技术人员结构合理程度	1	2	3	4	5
27	工人的技术等级水平	1	2	3	4	5
28	企业装备的先进性	1	2	3	4	5
29	现代制造技术的使用情况	1	2	3	4	5
30	工艺设计和管理水平	1	2	3	4	5
31	样机生产周期	1	2	3	4	5
32	模具生产周期	1	2	3	4	5
33	工艺准备周期	1	2	3	4	5
34	产品生产周期	1	2	3	4	5

(5)以下为市场营销支持子系统的各项要素的运行效果(请打分)

		差				好
35	针对开发新产品或进行重大技术改进的企业调研机制的完善程度	1	2	3	4	5
36	处理客户反馈信息的有效性	1	2	3	4	5
37	销售渠道的管理和控制水平	1	2	3	4	5
38	营销队伍的建设水平	1	2	3	4	5
39	企业品牌管理的水平	1	2	3	4	5
40	售后服务和技术支持水平	1	2	3	4	5

(6)以下为市场环境支持子系统的各项要素的运行效果(请打分)

		差				好
41	市场前景景气程度	1	2	3	4	5
42	市场化水平	1	2	3	4	5
43	市场竞争强度	1	2	3	4	5
44	市场竞争的公平程度	1	2	3	4	5
45	市场规则的完善程度	1	2	3	4	5
46	市场道德和信用的良好性	1	2	3	4	5
47	市场需求水平	1	2	3	4	5
48	技术要素市场健全程度	1	2	3	4	5

(7)以下为政策法规支持子系统的各项要素的运行效果(请打分)

		差				好
49	减税政策实施效果	1	2	3	4	5
50	对创新产品的政府采购政策实施效果	1	2	3	4	5
51	创新资助专项资金的实施效果	1	2	3	4	5
52	政府的信用担保有效性	1	2	3	4	5
53	政府实施自主创新引导性投资的有效性	1	2	3	4	5
54	风险投资制度的有效性	1	2	3	4	5
55	知识产权保护法律制度的完善程度	1	2	3	4	5
56	公民知识产权法律保护意识	1	2	3	4	5

(8)以下为资源环境支持子系统的各项要素的运行效果(请打分)

		差				好
57	技术工人的充裕程度	1	2	3	4	5
58	区域内劳动力综合素质	1	2	3	4	5
59	人才流动机制的有效性	1	2	3	4	5
60	人才培养与人才引进的力度	1	2	3	4	5
61	获取银行贷款的难易程度	1	2	3	4	5
62	市场融资渠道的宽畅程度	1	2	3	4	5
63	资本市场的完善程度	1	2	3	4	5
64	互联网普及程度	1	2	3	4	5
65	交通物流设施的便利程度	1	2	3	4	5
66	创新、创业教育基础设施的建设情况	1	2	3	4	5

(9)以下为服务环境支持子系统的各项要素的运行效果(请打分)

差——————好

67	高新技术开发区	1	2	3	4	5
68	科研机构,科技园	1	2	3	4	5
69	科技企业孵化器	1	2	3	4	5
70	生产力促进中心	1	2	3	4	5
71	专利代理机构	1	2	3	4	5
72	产学研合作情况	1	2	3	4	5
73	服务机构人员素质	1	2	3	4	5
74	服务机构服务质量	1	2	3	4	5

(10)以下为科学技术支持子系统的各项要素的运行效果(请打分)

差——————好

75	技术的丰富多样程度	1	2	3	4	5
76	技术标准体系建设的完善程度	1	2	3	4	5
77	技术市场的交易活跃程度	1	2	3	4	5
78	企业间技术合作水平	1	2	3	4	5
79	高等院校、科研院所与企业合作创新水平	1	2	3	4	5
80	科技市场技术转移的水平	1	2	3	4	5
81	科技市场对国外先进技术的消化吸收能力	1	2	3	4	5

(11)以下为社会文化支持子系统的各项要素的运行效果(请打分)

差——————好

82	消费者愿意购买正版产品的社会风气	1	2	3	4	5
83	“鼓励探索,容忍失败”的社会氛围	1	2	3	4	5
84	消费者的产权意识强度	1	2	3	4	5
85	社会教育中对创新精神的重视程度	1	2	3	4	5
86	创业培训的开展	1	2	3	4	5

附录 B　PSO 主程序

PSO 主程序

% position(微粒位置):POPSIZE * DIMENSION; speed(微粒速度):POPSIZE * DIMENSION;
% pBest_position(个体微粒最好位置):POPSIZE * DIMENSION; pBest_fitness(个体微粒最好适应值):POPSIZE * 1;
% fitness(微粒个体当前适应值):POPSIZE * 1;
% gBest_position(群体最好位置):DIMENSION * 1; gBest_fitness(群体最好适应值):1 * 1;

```
clear
clc
R =[0.163   0.232   0.281   0.197   0.128;
    0.084   0.163   0.232   0.330   0.192;
    0.099   0.094   0.266   0.384   0.158;
    0.049   0.148   0.443   0.241   0.118];
[m,n] =size(R);
POPSIZE =200;
DIMENSION =m;
XMIN =0;
XMAX =1.0;
VMAX =0.5;
W =1.0;
C1 =1.8;
C2 =1.8;
A =0.005; %优化第一项惩罚因子
```

```
B = 5; % 优化第二项惩罚因子
% 初始化微粒群的位置 position、速度 speed、个体最好位置 pBest_position
Temp_POP_D = rand(POPSIZE, DIMENSION);
for i1 = 1:POPSIZE
    for j 1 = 1:DIMENSION
        position(i1,j1) = Temp_POP_D(i1,j1) * (XMAX - XMIN) + XMIN;
        speed(i1,j1) = VMAX * Temp_POP_D(i1,j1);
        pBest_position(i1,j1) = position(i1,j1);
    end
end

% 计算个体当前的适应值 fitness、初始化个体最好适应值 pBest_fitness
S2 = zeros(m,1);
for i1 = 1:m
    for j = 1:n
        S2(i1,1) = S2(i1,1) + (1 - R(i1,j))^2 + R(i1,j)^2;
    end
end
S2 = S2/n;
S3 = 0;
for i1 = 1:POPSIZE
      S1 = ( sum(position(i1,:)) - 1 ).^2;
      for i2 = 1:DIMENSION
          S3 = S3 + position(i1,i2)^2 * S2(i2,1);
      end
      fitness(i1) = A * S1 + B * S3;
      pBest_fitness(i1) = fitness(i1);
end
% 计算出群体最好位置 gBest_position、群体最好适应值 gBest_fitness
s1 = pBest_fitness(1);
flag = 1;
for i1 = 1:POPSIZE
    if(pBest_fitness(i1) < s1)
        s1 = pBest_fitness(i1);
```

```
        flag = i1;
    end
end
for i1 = 1:DIMENSION
    gBest_position(i1) = position(flag,i1);
end
gBest_fitness = pBest_fitness(flag);

Count = 1000;
for i = 1:Count
    W = 1.4 - i * 0.6/Count;
    for k = 1:POPSIZE
        %------------------------------------
        %群体运动方程
        for t = 1:DIMENSION
            speed(k,t) = W * speed(k,t) + C1 * rand * (pBest_position(k,t) -
position(k,t)) + C2 * rand * (gBest_position(t) - position(k,t));
            if(speed(k,t) > VMAX)
                speed(k,t) = VMAX;
            end
            position(k,t) = position(k,t) + speed(k,t);
            if(position(k,t) < XMIN)
                position(k,t) = 2 * XMIN - position(k,t);
            end
            if(position(k,t) > XMAX)
                position(k,t) = 2 * XMAX - position(k,t);
            end
    end

    %计算个体当前适应值 fitness
    H1 = 0;
    H2 = ( sum(position(k,:)) - 1 ).^2;
    for i2 = 1:DIMENSION
        H1 = H1 + position(k,i2)^2 * S2(i2,1);
```

```
        end
        fitness(k) = A * H1 + B * H2;

        % 找出个体最好位置 pBest_position、个体最好适应值 pBest_fitness
        if(pBest_fitness(k) > fitness(k))
            for t = 1:DIMENSION
                pBest_position(k,t) = position(k,t);
            end
            pBest_fitness(k) = fitness(k);
        end

        % 找出群体最好位置 gBest_position、群体最好适应值 gBest_fitness
        for i1  = 1:POPSIZE
            if (pBest_fitness(i1) < gBest_fitness)
                for j1 = 1:DIMENSION
                    gBest_position(j1) = pBest_position(i1,j1);
                end
                gBest_fitness = pBest_fitness(i1);
            end
        end
        % ------------------------------------
        end
end

% 输出群体最好适应值 gBest_fitness、群体最好位置 gBest_position
gBest_fitness
gBest_position
sum(gBest_position)
```

参考文献

[1] STORPER M. The regional world [M]. New York: Guilford Press,1997:16 -17.

[2] MAILLAT D. Innovative melieux and new generations of regional policies development [M]. Oxford: Oxford University Press,1998:16 -17.

[3] PORTER M. Cluster and the new economics of competition[J]. Harvard Business Review. 1998:77 -90.

[4] YE Feng. Research and development of the innovation support system basing on the information technology[C]. Proceedings of the 13th International Conference on Industrial Engineering and Engineering Management,2006:1407 -1411.

[5] LI Xinmiao,Li Xinhui,SHANG QC,et al. Study on web - based team knowledge innovation support system[C]. Proceedings of 2007 International Conference on Management Science & Engineering (14th),2007:58 -63.

[6] ZHANG Jing. On the integration frame of collaborative innovation support system for telecom operators[C]. Research and Practical Issues of Enterprise Information Systems II,2008:58 -63.

[7] XIE Ruiping. Small and Medium - sized Enterprises´(SMES) technological innovation supporting system[C]. Frontiers in Enterprise Integration,2008:1111 - 1115.

[8] BOTTER C. Decision support for innovation management:application to the lighting industry: international institute for applied systems analysis[J]. European Journal of Operational Research,1985,19(3):400.

[9] JINTRAWET A. A decision support system for rapid appraisal of rice - based agricultural innovations[D]. Honolulu:University of Hawaii,1991:183.

[10] KAKLAUSKAS A,ZAVADSKAS E K. Decision support system for innovation with a special emphasis on pollution[C]. International Jurnal of Environment and Pllution,2007:518 -528.

[11] SMITH J H,WERTZ J,WEISBIN C. A decision support system for technology R&D planning: connecting the dots from information to innovation[C]. Innova-

tions Through Information Technology,2004:603 –606.

[12] ELFVENGREN,KALLE K E. Group support system for managing the front end of innovation:case applications in business – to – business enterprises[J]. Finland:Lappeenrannan Teknillinen Korkeakoulu,2006:196.

[13] CHEN Yuchan,ZHAO Xichang. The construction of enterprise innovation capacity service supporting system[C]. Tirmdcm 2007:Proceedings of the First International Conference on Technology Innovation, Risk Management and Supply Chain Management,2007:602 –60.

[14] Gu Qinqin,ZHOU Nianlin,XIO Pichu. An approach to establish the policy supporting system for private enterprises technological innovation in China [C]. Proceeding of China Private Economy Innovation International Forum, 2007: 428 –430.

[15] Liu Xiangbin. A study on independent innovation and financial support system for regional small and medium – sized technological enterprises – based on the panel data unit root test and panel data co – integration test [C]. Proceedings of the 5th International Conference on Innovation & Management, 2008:796 –803.

[16] 王缉慈. 知识创新和区域创新环境[J]. 经济地理,1999,19(1):9.

[17] 盖文启. 论区域经济发展与区域创新环境[J]. 学术研究,2002(1):60 –63.

[18] 蔡秀玲. 试析政府在营造企业集群区域创新环境中的职能定位[J]. 当代经济研究,2004(6):23 –27.

[19] 纪德尚. 高新技术园区社会创新环境的系统整合[J]. 郑州大学学报:哲学社会科学版,2002(2):73 –76.

[20][172] 韩立民,赵新华. 企业自主创新环境分析及优化创新环境的对策——以国家创新体系企业研发中心青岛试点为例[J]. 科学学研究,2006(S1):304 –308.

[21] 朱建新,冯志军. 高新技术企业自主创新环境要素构成及测度研究[J]. 科学学与科学技术管理,2009(8):65 –71.

[22] 黄攸立,熊宇. 基于社会网络分析法的区域创新环境关键要素识别[J]. 北京邮电大学学报:社会科学版,2010(02):84 –89,102.

[23] 邱成利,魏际刚. 论构建区域创新文化环境与对策[J]. 科学管理研究,2003,21(5):25 –28.

[24] 冯之浚. 国家创新系统的理论与政策[M]. 北京:经济科学出版社,1999.

[25] 薛风平. 中国省级区域创新环境实证分析[J]. 青岛农业大学学报:社会科学版,2007(2):45 –48.

[26] 翁媛媛,高汝熹.科技创新环境的评价指标体系研究——基于上海市创新环境的因子分析[J].中国科技论坛,2009(2):31-35.
[27] 申晋哲,耿玉德.黑龙江省工业企业技术创新环境问题研究[J].中国林业经济,2009(3):1-6.
[28] 李习保.区域创新环境对创新活动效率影响的实证研究[J].数量经济技术经济研究,2007(8):13-24.
[29] 张永安,李志豹.基于集群创新环境的中小企业技术创新能力提升研究[J].中国高新技术企业,2008(10):13-18.
[30] 白俊红,江可申,李婧,等.区域创新效率的环境影响因素分析——基于DEA Tobit两步法的实证检验[J].研究与发展管理,2009,21(2):96-101.
[31] 王磊,安同良.长江三角洲地区经济增长的新引擎:技术创新[J].南通大学学报:社会科学版,2007(3):1-6.
[32] 金桔红.论知识创新的动力机制[D].长沙:中南大学,2002:27-47.
[33] 后锐,张毕西.我国中小民营制造业创新服务支撑体系研究[J].商业研究,2006(4):152-154.
[34] 李建军.高新技术企业自主创新支撑机制研究[D].西安:西安理工大学,2007:13-40.
[35] 胡艳,杨利宏.论中小企业技术创新的动力机制模式[J].科技进步与对策,2000(4):5.
[36] 王莉.中小企业技术创新的模型分析与对策研究[D].郑州:郑州大学,2002:59.
[37] 傅家骥.技术创新学[M].北京:清华大学出版社,1998.
[38] 汪洋.我国民营企业治理欲望与制度创新支撑系统研究[J].山东经济,2004(1):69-71.
[39] 王树林,宋艳丽,姜明辉.区域经济发展与科技创新支持系统功能分析[J].商业研究,2005(16):89-94.
[40] 吴晓倩.完善我国专利制度对技术创新的支持系统[D].成都:成都理工大学,2006:16.
[41] 赵林海.基于创新系统理论的中小企业技术创新支持体系[J].商业研究,2006(13):129-131.
[42] 陈丹红.国有企业技术自主创新支持系统的构建[J].技术创新,2007,8:12-14.
[43] 颜永才.基于知识管理的企业产品创新支持体系研究[D].武汉:武汉理工大学,2007:12-23.

[44] 陈申.科技型中小企业技术创新支持体系构建及其力学模型分析[J].商业研究,2008(11):5-8.

[45] 王珍,梁秀霞.科技型企业自主创新支持体系建构研究[J].科技管理研究,2010(12):4-5.

[46] 陈伟,冯志军,杜军. 企业自主创新支持系统的结构及运行机制研究[J].科技进步与对策,2011(12):88-91.

[47] 李美葳.装备制造业技术创新支持系统构建与功能研究[J].科技与管理,2012(1):35-38.

[48] 吴江,赵宗涛.创新支持系统模型及开发技术[J].西北大学学报:自然科学版,2005(5):531-535.

[49] 张伟.创新支持系统中管理创新功能的研究[D].保定:华北电力大学,2007:47.

[50] 陈至立.加强自主创新促进可持续发展[J].中国软科学,2005(9):1-6.

[51] 科学技术部,财政部,国家税务总局.高新技术企业认定管理办法,2008.

[52] 杨东奇,朱建新,刘茂长.高新技术企业自主创新环境研究[M].北京:科学出版社,2009:43-44.

[53] NICKELL S J. Competition and corporate performance[J]. Journal of Political Economy,1996(194):724-746.

[54] MINNITI A. Product market competition[J]. R&D Composition and Growth,2010(1):417-421.

[55] TANG Jianmin. Competition and innovation behavior[J]. Research Policy,2006(2):68-82.

[56] BUSENITZ, RORBERT E H. Signaling and initial public offerings: the use and impact of the lock-up period[J]. 2009(7):360-372.

[57] IANSITI M. Technology integration: making critical choices in a dynamic world[M]. Boston: Harvard Business School Press,1998.

[58] BEST M. The new competitive advantage: the renewal of American industry[M]. Oxford: Oxford University Press,2001.

[59] 成思危.在第五届中国软科学学术年会上的讲话[J].中国软科学,2006(1):1-6.

[60] 慕玲,路风.集成创新的要素[J].中国软科学, 2003(11):105-111.

[61] 张米尔,杨阿猛.基于技术集成的产品创新和产品衍生研究[J].科研管理,2005,26(1):36-41.

[62] 李垣,乔伟杰.基于价值管理中的企业创新系统构建[J].中国软科学,2002

(12):62 -65.
[63] THEORORE L. Innovative imitation[J]. Harvard Business Review ,1966(35): 45.
[64] SCHNAARS S P. Managing imitation strategy: how late entrants seize markets from pioneers[M]. New York: Free Press,1994.
[65] COOKE P. Regional innovation systems: institutional and organizational dimensions [J]. Research Policy, 1997(26):275 -289.
[66] LUNDVALL B A. User - producer relationships, national systems of innovation and international lisation[M]. London:Pinter Publisher,1992.
[67] ASHEIM B T. European planning studies[M]. London:Routledge,2006.
[68] 王稼琼,绳丽惠,陈鹏飞. 区域创新体系的功能与特征分析中国教科学. 1999 (2):53 -55.
[69] CHEN Kuomin, LIO R J. Interface strategies in modular product innovation[J]. Technovation,2005(25):771 -782.
[70] AUTIO E. Evaluation of RTD regional system of innovation [J]. European Planning Studies,1998(6):131 -140.
[71] GUTH M. Innovation social inclusion and coherent regional development: A new diamond for a socially inclusive innovation policy in regions [J]. European Planning Studies,2005,13(2):333 -348.
[72] 金吾伦. 创新理论新词典[M]. 长春:吉林人民出版社,2001:22 -23,311 - 312,210 -211,102 -103.
[73] MOROSINI P. Industrial clusters, knowledge integration and performance[J]. World Development,2004,32(2):305 -326.
[74] MAILLAT D. Innovative melieux and new generations of regional policies[M]. Entrepreneurship&Regional Development,1998.
[75] 孟宪昌. 风险投资于高兴技术企业成长[M]. 成都:西南财经大学出版社. 2003:24 -27
[76] 龚晓菊. 提高我国自主创新能力的制度保障[J]. 中国改革,2006(9):41.
[77] 林延东. 黑龙江省高新技术企业自主创新环境影响因素研究[D]. 哈尔滨:哈尔滨工程大学,2007.
[78] 梁菲. 太原高新区推进自主创新的现状及其对策[D]. 太原:山西大学,2006.
[79][152] 王靖. 黑龙江省高新技术企业的系统管理研究[D]. 哈尔滨:哈尔滨理工大学,2005.

[80] 杨镜江. 文化学引论[M]. 北京:北京师范大学出版社, 1992: 140.
[81] 王同庆,王晓玲. 企业集群与技术创新[J]. 市场经济研究,2003(5):27 -36.
[82] 贺明,李芳. 中关村科技园区创新支持系统研究[J]. 北京理工大学学报:社会科学版,2009,11(2):73.
[83] 毛佳. 科技企业技术创新系统运作与绩效评价[D]. 青岛:山东科技大学,2007:21.
[84] 陈伟,冯志军. 企业自主创新支持系统的构建及整体协调度评价模型研究[J]. 科技与经济,2010,23(1):34.
[85] 张华新. 企业创新系统探析[J]. 武汉理工大学学报,2002,24(8):105 -107.
[86] 王丽莉. 我国民营科技企业自主创新系统研究[D]. 哈尔滨:哈尔滨工程大学,2007:25.
[87] 王彬. 企业创新系统研究[D]. 成都:四川大学,2004:42.
[88] 李正风. 中国科技系统中的"系统失效"及解决初探[J]. 清华大学学报:哲学社会科学版,1999,14(4):19.
[89] 樊华,陶学禹. 复合系统协调度模型及其应用[J]. 中国矿业大学学报,2006(7):515 -520.
[90] 黄润荣,任光耀. 耗散结构与协同学[M]. 贵阳:贵阳人民出版社,1988.
[91] 雷晓莉. 基于耗散结构的企业动态竞争优势分析[J]. 商业时代,2007(11):41 -42.
[92] 郭伟,方淑芬. 旅游地复合系统开发运行协调机制研究[J]. 中国软科学,2003(7):16.
[93] 王义银,王雷,丁黎黎. 企业聚核化战略研究的熵理论导入[J]. 山东科技大学学报:社会科学版,2006(6):93 -96.
[94] 段学民. 演化视角下的自主创新导向型公共科技管理制度研究[D]. 兰州:兰州大学,2009:24 -25.
[95] 曹兴,郭志玲. 企业知识存量增长与技术核心能力提升的作用分析[J]. 科学决策,2009(8):241 -47.
[96] 苏淑香,孟宪华,杜志渊. 面向产品的生产系统功能分析及创新[J]. 山东经济,1999(4):63 -64.
[97] 李霞. 我国中小企业技术创新与市场营销创新的互动研究[J]. 企业家天地:理论版,2009(7):87.
[98] 池仁勇. 企业技术创新效率及其影响因素研究[J]. 数量经济技术经济研究,2003(6):105 -108.
[99] 尚建珊. 我国装备制造业技术创新初探[J]. 中国机电业,2001(11):24 -25.

[100] 谭开明,王宇楠. 财政政策支持中小企业自主创新的路径分析[J]. 技术经济与管理研究,2010(3):44 -47.

[101] 江永众,章群,苗森. 科技中介服务体系的形成与促进机制研究[J]. 科技进步与对策,2010(8):15 -19.

[102][112] 陈依元. 创新文化:自主创新的文化驱动力[J]. 福建论坛,2007(3):131 -134.

[103] 赵建英. 企业自主创新的生态分析[J]. 生产力研究,2006(10):236.

[104] 武刚尧. 企业自主创新动力机制的演化分析[D]. 太原:山西大学,2008.

[105] 陈娟. 创新环境对黑龙江省高新技术企业自主创新影响程度分析[D]. 哈尔滨:哈尔滨工程大学,2008:47.

[106][122] 孙伟,王雅林. 黑龙江省装备制造业高新技术应用对策研究[J]. 哈尔滨工业大学学报,2007(1):76 -80.

[107] 蒋兴华,万庆良,邓飞其,等. 区域产业技术自主创新体系构建及运行机制分析[J]. 研究与发展管理,2008(4):46 -50.

[108] 魏潾. 私营经济发展的软环境研究[D]. 哈尔滨:哈尔滨工程大学,2005:78 -80.

[109] 胡忠瑞. 企业绿色技术创新的动办机制与模型研究[D]. 长沙:中南大学,2006.

[110] 鲁贵宝. 企业技术自主创新中政府支撑体系建设[J]. 贵州财经学院学报,2006(6):60 -63.

[111] 朱有为,徐康宁. 中国高技术产业研发效率的实证研究[J]. 中国工业经济,2006(11):38 -45.

[113] 陈功玉. 企业技术创新行为非线性系统的动力学分析[J]. 系统工程,2005,23(12):74.

[114] 邓晓岚. 企业技术创新行为非线性系统的理论和方法研究[D]. 福州大学,2002:17,29.

[115] 张英杰. 军民结合自主创新风险评价研究[J]. 学术交流,2008(12):194 -196.

[116] 李兴文. 企业自主创新能力的形成机理及评价指标体系研究[D]. 武汉:武汉理工大学,2007:42.

[117] 张洪石,付玉秀. 影响突破性创新的环境因素分析和实证研究[J]. 科学学研究,2005(12):255 -263.

[118] 张国良. 基于核心技术的中小企业自主创新机理及对策研究[J]. 中州学刊,2009(3):38 -41.

[119] 许庆瑞. 组织社会性创新体系构建要素的理论研究[J]. 中国地质大学学报,2005(2):42.
[120] 于翠芳. 基于循环经济的煤炭企业绩效评价体系的构建[J]. 中国矿业,2009,18(11):22-25.
[121] 区贤明. 装备制造业自主创新[J]. 现代制造技术与装备,2006(6):5-6.
[123] 夏桂梅,曾建潮. 微粒群算法的研究现状及发展趋势[J]. 山西师范大学学报:自然科学版,2005,19(1):23.
[124] 王万良,唐宇. 微粒群算法的研究现状与展望[J]. 浙江工业大学学报,2007,35(2):136-141.
[125] 孙德轩,赵息,杨黎明. 基于提高全局搜索能力的微粒群优化研究[J]. 中国制造业信息化,2007,36(9):76-79.
[126] 肖智,吕世畅. 基于微粒群算法的自主创新能力综合评价研究[J]. 科技进步与对策,2008,25(4):122-126.
[127] 肖智,吕世畅. 基于微粒群算法的外贸竞争力建模方法研究[D]. 重庆:重庆大学,2007:20-21.
[128] 柳毅,叶春明. 模糊交货期 Flow-shop 调度问题的改进微粒群算法[J]. 哈尔滨工业大学学报,2009,41(1):146.
[129] 肖智,吕世畅. 基于微粒群算法的西部地区自主创新能力综合评价研究[J]. 科技管理研究,2007(8):24-26.
[130] 孙德忠,王英照. 基于自主创新的黑龙江省装备制造业发展思路探析[J]. 现代科学管理,2008(3):67-68.
[131] 金碚. 世界分工体系中的中国制造业[J]. 中国工业经济,2003(5):38-47.
[132] 高松凡. 黑龙江省装备制造业发展现状及对策[J]. 统计与咨询,2012(1):24-25.
[133] 祝明涛,王巍,綦良群. 黑龙江省装备制造业发展及其结构现状分析[J]. 科技与管理,2007(2):4-5.
[134] 刘翰宏. 黑龙江省装备制造业发展的 SWOT 分析及对策[J]. 商业经济,2009(9):16.
[135] 李京文,李平. 大力振兴我国装备制造业刻不容缓[J]. 科学新闻,2003(5):8-9.
[136] 刘春芝. 集群式创新——以辽宁装备制造业发展为例[M]. 北京:中国社会科学出版社,2005:80-105.
[137] 阮国祥,毛荐其. 合作创新伙伴选择的 ANP 方法研究[J]. 科技进步与对策,2007,24(11):31-33.

[138] 孙冰. 企业自主创新动力机制研究[J]. 软科学,2007,21(3):104 -107.

[139] MONAIYAPONG M S. An arising concept of national innovation system in thailand[J]. Dissertation Abstracts International,2005,65(08):84.

[140] 林迎星. 民营企业自主创新当前区域软环境[J]. 科学学与科学技术管理,2006(9):65 -70.

[141] 刘兆森. 黑龙江省企业的知识产权战略应对[J]. 经济与法,2010(1):60 -62.

[142] 李兆友,张瑞雪,王路. 提高生产制造能力打通制约中国企业技术创新能力瓶颈[J]. 科技成果纵横,2005(1):40 -42.

[143] 李先江. 高新技术企业市场营销管理存在的问题及对策[J]. 武汉工程大学学报,2009(10):49 -53.

[144] 叶帆. 自主创新的环境制约及其对策[J]. 实事求是,2006(2):20 -24.

[145] 刘玉奎. 面向自主创新的东北地区产学研合作模式研究[D]. 大连:大连理工大学,2006:37 -45.

[146] LI Ning. Innovation systems and technology spillovers: Economic, geographical, and institutional perspectives[J]. Dissertation Abstracts International,2004,65(02):694.

[147] 叶柏林. 标准——应对贸易技术壁垒的利器[J]. 信息技术与标准化,2003(7):4 -6.

[148] 胡实秋,梅静,宋化民. 企业技术创新系统动力学分析[J]. 科技管理研究,2001(5):14 -16.

[149] LOTTI F,SANTARELLI E,VIVARELLI M. The relationship between size and growth:the case of Italian newborn firms[J]. Applied Economics Letters,2001(8):451 -454.

[150] 姚晓霞. 企业技术创新的立足点是自主创新[J]. 现代经济探讨,2005(5):24 -25.

[151] 赵黎明,李振华. 城市创新系统的动力学机制研究[J]. 科学学研究,2003(2):97 -100.

[153] 李直. 用创新文化推动装备制造业振兴——创新文化与振兴装备制造业高层论坛在沈阳成功举办[J]. 企业文明,2008(10):10 -13.

[154] 万希. 论企业创新型文化的构建[J]. 郑州航空工业管理学院学报,2009. 27(1):72 -76.

[155] 李诗和. 企业创新文化的创建[J]. 科技创业月刊,2004(7):21 -22.

[156] 李转珍,赵安启. 浅谈我国企业创新文化建设[J]. 西安建筑科技大学学报:

社会科学版,2008,27(1):45 -48.
[157] 高中海.我国企业技术创新影响因素的系统研究[D].南京:河海大学,2005:46 -49.
[158] 许庆瑞.技术创新管理[M].浙江:浙江大学出版社,1990:89 -97.
[159] 周海燕,潘留栓.分享型激励与高科技企业的激励机制创新[J].兰州大学学报:社会科学版,2001,29(4):148 -152.
[160] 王宗科.略论中青年领导干部创新能力的培养[J].聊城大学学报:社会科学版,2006(5):13 -14.
[161] ROBINSON T, COUSINS J. Internal participatory evaluation as an organizational learning system: A longitudinal case study [J]. Studies in Educational Evaluation, 2004(30):1 -22.
[162] 周耀烈,王茜.基于GEO维度的企业创新文化影响因素实证研究——以浙江省为例[J].软科学,2010,24(1):60 -64.
[163] ENGERS M,SHANNON K M. R&D policy with layers of economic integration [J]. European Eeonomic Review,2005,12:1791 -1815.
[164] 李红,刘军跃,阎建明,等.产学研联盟合作创新,企业技术创新的理想模式[J].重庆工业高等专科学校学报,2003(3):9.
[165] 李双评.提升企业自主创新能力构建良好创新环境[J].改革与探索,2006(1):7 -9.
[166] 王子龙.中国装备制造业系统演化与评价研究[D].南京:南京航空航天大学,2007:341.
[167] COOPER. Winning at new products: Accelerating the process from idea to launch[M]. 3rd edition. Cambridge, Mass: Perseus Books, 2001(20) -35.
[168] HULTINK,ROBBEN. Measuring new product success: The difference that time perspective makes [J]. Journal of Product Innovation Management, 1995(5): 392 -405.
[169] 张建敏.国际高新技术产业转移背景下内资企业的生存空间分析[J].北方经济,2007(2):38 -39.
[170] 黄毅凤.公共财政与自主创新[J].经济论坛,2007(1):87 -90.
[171] 周国红,陆立军.高新技术企业成长与人力资源环境塑造[J].经济管理,2001(24):40 -44.
[173] 赵斌.以技术标准推进科技研发创新[J].石油工业技术监督,2007(9):20 -22.
[174] 时勘.组织创新文化建设[J].新资本,2007(2):48 -53.

[175] 赵沁平. 发挥大学第四功能作用,引领社会创新文化发展[J]. 中国高等教育,2006(Z3):特稿.

[176] True Innovation – Bell Labs Miracle[OL]. JON GERTNER,2012 – 02 – 27. http://www.nytimes.com.

[177] 贝尔实验室总裁金钟勋:创新需要全球开放视野[OL]. http://tech.sina.com.cn/t/2010 – 09 – 15/14084659346.shtml.

[178] 贝尔实验室高级副总裁许浚博士谈创新文化[OL]. http://news.eastday.com/epublish/gb/paper10/20001223/class001000014/hwz274455.

[179] 苏宁文化[OL]. http://www.cnsuning.com/snsite/index/gysn/qywh/qywh – 1.html.

[180] 苏宁新闻[OL]. http://www.cnsuning.com/snsite/index/xwzx/snxw/zxdt/zxdt – 1.html.

[181] 上海航天汽车机电股份有限公司[OL]. http://www.ht – saae.com/cn/faces/index.jspx? _afrLoop = 651840520430833&_afrWindowMode = 0&_adf.ctrl – state = z3s5b4vx3_4.

[182] 石永刚. SCEC 公司竞争力研究[D]. 上海:上海海事大学,2006.

[183] 百度百科 – 思科[OL]. http://baike.baidu.com/view/23860.htm.

[184] 思科中国[OL]. http://www.cisco.com/web/CN/index.html.

[185] 科达机电 – 企业展望[OL]. http://www.kedachina.com.cn/AboutKD/company.aspx? id = 136.

[186] 科达机电的创新发展之路[OL]. http://www.kedachina.com.cn/AboutKD/company.aspx? id = 134.

[187] 百度百科 – 科达机电[OL]. http://baike.baidu.com/view/3534565.htm.

[188] 江苏扬农化工股份有限公司节能减排经验介绍[OL]. http://www.cpcia.org.cn/html/news/200812/61702_5779.shtml.

[189] 百度百科 – 江苏扬农化工集团有限公司[OL]. http://baike.baidu.com/view/205245.htm.

[190] 江苏扬农化工集团有限公司[OL]. http://www.yangnong.com.cn/default.asp.

后　记

当这本《企业自主创新支持系统:运行机制·作用机理·系统仿真》书稿摆在我面前的时候,一种莫名的喜悦和感动涌上心头。本书是在我的博士学位论文基础上,融入近年来相关领域的学习与研究成果编著而成。值此书稿付梓之际,回望紧张而充实的写作时光,个中滋味只有自己能够体会。繁忙的工作、紧张的学习生活交织在一起,仿佛就像一幅人生的美丽画卷,慢慢地、轻轻地而又希冀地展现在眼前。在紧张而又忙碌的工作中完成写作,数易其稿,我从未懈怠;在耳熟能详的军号声中,在哈军工大院丁香花数度花开花落之后,几番辛苦,历历在目。在掩卷沉思的时刻,我深切地体悟到“学无止境,学业终生”的道理。

本书的完成,首先我要衷心感谢在我求学期间老师和同学的热心指导与帮助,老师们将我领入管理科学与工程学科的神圣殿堂。在此,我要感谢哈尔滨工程大学经济管理学院的朱建新教授、马永红教授、张铁男教授、傅毓维教授、陈伟教授、赵金楼教授、陈恒教授、孙冰教授、史丽萍教授、肖振红教授、曹霞教授……感谢我的同学和朋友冯志军博士、孙明博士、陈娟博士、刘凇佐博士、朱祎宏硕士、丁可硕士、杨雪林硕士、王延意硕士、唐海涛硕士、宋鹏硕士,我们共同学习、互相帮助,在科学研究的道路上不断进步。

我还要感谢领导和同事对我的关心与支持。许多领导经常关心我的工作和学业情况,鼓励我在学习的道路上不断前进;工作中,很多同事一直坚定地支持我、鼓励我、帮助我,与我并肩战斗。难以忘怀我们在一起奋斗的青葱岁月。

本书能够顺利出版印刷,要感谢哈尔滨工业大学科工院刘光惠处长,江苏省如皋市政府孙宏放市长以及哈尔滨工程大学科技园李洪波总经理、核学院刘振宇书记、发计处万建处长等众多好友的鼎力相助;同时还要特别感谢黑龙江省社科联对本书出版的资助和哈尔滨工业大学出版社的大力支持。

我还要感谢我的家人。我的妻子李松，她一直默默地支持我，为我们的家庭付出了许多，她是我的精神支柱。在忙碌的学习、工作、生活中，她是我快乐生活的源泉，在本书即将出版的时候，我只想真诚地问候一声：辛苦了，我的至爱！感谢我的父母，他们将所有的爱都给予了我，养育我长大，教育我成人。他们的信任和支持使我更加自信地面对我的人生，他们的爱将伴随我一生，也将激励我一生。书稿最终核校之际，恰逢我的女儿杜明芮来到这个世界，谨以此书作为爸爸送给女儿的第一份礼物。

“为学日益，格物致知”。在知识的海洋里，我只是一叶扁舟，但我无惧惊涛骇浪，只有坚定的航向和不断前行。学习与研究的过程，就是一个不断求真至善的过程，没有终点，但有目标；没有坦途，但有方向。我相信，恒则成！

虽然本人对企业与自主创新的理论有一定积累，但由于相关领域问题的前沿性、复杂性与广泛性，以及本人学术水平有限，难免有错误、疏漏与不妥之处，恳请读者朋友给予批评指正。

dujun@ hrbeu. edu. cn

2012 年 11 月 30 日于哈尔滨